国家社会科学基金项目（07B

河北经贸大学学术著作出版基金

U0587160

清代前期民间
商业信用问题研究

谢秀丽　韩瑞军　著

人民出版社

责任编辑:邵永忠
封面设计:杨林楠
责任校对:吕 飞

图书在版编目(CIP)数据

清代前期民间商业信用问题研究/谢秀丽 韩瑞军 著.
 -北京:人民出版社,2012.7
ISBN 978-7-01-010774-5

Ⅰ.①清… Ⅱ.①谢…②韩… Ⅲ.①商业信用-经济史-研究-中国-清代
 Ⅳ.①F832.9

中国版本图书馆 CIP 数据核字(2012)第 051603 号

清代前期民间商业信用问题研究
QINGDAI QIANQI MINJIAN SHANGYE XINYONG WENTI YANJIU

谢秀丽 韩瑞军 著

人民出版社 出版发行
(100706 北京朝阳门内大街 166 号)

北京中科印刷有限公司印刷 新华书店经销

2012 年 7 月第 1 版 2012 年 7 月北京第 1 次印刷
开本:710 毫米×1000 毫米 1/16 印张:16.5
字数:300 千字 印数:0,001-3,000 册

ISBN 978-7-01-010774-5 定价:38.00 元

邮购地址 100706 北京朝阳门内大街 166 号
人民东方图书销售中心 电话 (010)65250042 65289539

版权所有·侵权必究
凡购买本社图书,如有印制质量问题,我社负责调换。
服务电话:(010)65250042

目 录

绪　论

◇◇◇◇◇◇◇◇◇◇◇◇◇◇◇◇◇◇◇◇◇◇◇◇◇◇◇◇◇◇◇◇

信用（credit）一词有多种含义，从经济学的角度解释，信用是"以现有的财物或货币，回复将来支付的一种承诺（Present goods or money in return for a promise to pay in the future）"[1]。其基本特征是以将来的归还为条件（通常带有利息），实现货币或商品使用权的单方面让渡。一般说来，"它是以偿还为条件的价值的特殊运动形式。"[2]在信用行为中涉及双方，分别是债权人（授信方，即出借东西的人）和债务人（受信方，即承诺将来履行归还义务的人）。经济学上的信用，至少包括三个因素，"一是必须涉及财货、劳务的转移，但财货并不以商品或货币为限，也包括非商品的生产物或使用物；二是必须是同种或异种财货相对付给而不能同时履行，也就是说这种相对付给必须和交易及契约有关；三是必须包含信任心，即先行付出的一方，信任其对方将来也会作相对的付出，这种信任心的根据不是专注于对方既往的行为，或道德上的可信，更重视的是对方的各种经济条件"[3]。信用是从属于商品交换和货币流通的一种经济关系，在不同的社会经济条件下，信用所反映的经济关系也不同。当商品通过赊销而让渡，货币执行支付手段的职能时，信用随之产生。根据不同的标准，信用分为不同的类型。普莱兹对信用的分类，分为：（1）公家信用与私人信用。前者包括对各级政府所有信用的授予，而私人信用则为对个人、合伙组织以及私人公司所有信用的授予。（2）有保证与无保证的信用。以有无财产留置权或财产担保为基础。（3）按用途分类。依照所措基金的使用而分，如商业信用与投资信用。（4）时间的分类。不及一年者，为短期信用，5年以

---

[1]　周大中：《现代金融学》，北京大学出版社1994年版，第44页。

[2]　梁小民等主编：《经济学大辞典》，团结出版社1994年版，第1270页。

[3]　徐迎冰：《中国早期的信用和信用业》（上），《广东金融》1982年第7期。

上者为长期信用，1年以上5年以下者为中期信用。[1]中国古代的信用划分，根据债务主体可以分为个人信用、合伙信用、政府信用；根据信用发生的原因可分为高利贷信用与商业信用，高利贷信用是由于直接借贷而产生并伴有利息的信用关系，商业信用是在商品买卖中，买卖双方采取赊销和预付方式实行延期付款或提前付款而相互提供的信用。刘秋根则把中国古代信用分为三种类型：私人信用、公司信用和公共信用。[2]关于商业信用的分类，赵学军将商业信用分为"先货后款"与"先款后货"两大类，"先货后款"商业信用即先取得商品后支付货款，或先卖出商品后收取货款，有赊购赊销、分期付款、商业汇票、拖欠货款等形式；"先款后货"商业信用即先支付货款后得到商品，或先得到货款后交还货物，有预付货款或定金、预收货款或定金等形式。[3]本书主要研究清代前期民间商业信用状况，包括对"先货后款"和"先款后货"两类商业信用形式的研究，并将探讨清代商业信用与清以前商业信用的关系及其与同时代资本主义商业信用的异同。

一、学术史回顾

关于中国古代商业信用的起始时代问题，学术界尚无定论。公认的有关商业信用的最早史料见于《周礼》中关于"泉府"职能的记载，"泉府掌以市之征布。敛市之不售，货之滞于民用者，以其贾买之，物楬而书之，以待不时而买者。买者各从其抵，都鄙从其主，国人郊人从其有司，然后予之。凡赊者，祭祀无过旬日，丧纪无过三月；凡民之贷者，与其有司辨而授之，以国服为之息。"[4]这段文字，谈到了三种经济关系，一是直接买卖现货交易，二是因丧葬祭祀所需的赊买赊卖，三是要还利息的借贷关系。其中有"买者"、"赊者"、"贷者"之分，反映了战国时代消费信用乃至商业信用行为的发展，并且说明了赊买官府货物的期限，这是与国家有关的商业信用。

古代关于民间商业信用的文献记载较少，姜锡东认为最迟在秦汉时期就已存在，并且留下了明确记载。汉代商品经济进一步发展，商品交换中赊买

---

[1] 周大中：《现代金融学》，第50页。
[2] 刘秋根：《明代民间商业信用——兼及消费信用》，《河北大学学报》2006年第1期。
[3] 赵学军：《中国商业信用的发展与变迁》，方志出版社2008年版，第20页。
[4] 《周礼》卷六五《地官·司徒·泉府》。

赊卖现象多了起来，据姜锡东统计，在公开发表的汉简释文中，可以判定为赊卖赊买的文书有30余种，他经过梳理，列出21种直接记载赊买赊卖的汉简。这些赊买赊卖活动中有13例可确定赊销者的身份，11例是兵卒，2例是平民。五代时，民间的赊买赊卖开始出现于流通领域。到宋代，商业信用在流通领域就屡见不鲜，在商业批发、"分卖"中就比较普遍了。同时，民间的赊买赊卖在消费者与商人之间也更为常见。另外，宋代已出现商人与生产者之间的赊买赊卖活动。[1]民间商业信用在明代得到长足发展，在商品的批发、零售中广泛存在，在丝织业、棉织业、制衣业、首饰打造业、线香制造业及粮食与茶叶、桑麻、甘蔗等经济作物种植中均存在着，涉及的商贩包括绸缎商、布商、盐商、茶商、纸商、木材商、药材商、杂货商甚至经营酒店、饭馆的铺商和海外商人等。总之，明代商业信用已渗透到商品生产、流通与消费各领域，涉及各行各业，其中丝织行业发展最为普遍，发育最为成熟。

有关明代以前商业信用研究具有代表性的成果有：姜锡东的《宋代商业信用研究》，作者指出宋代商业信用的发达是以前任何一个朝代所无法比拟的。作者把宋代的商业信用分为民营和官营两种类型。缪坤和的《宋代信用票据研究》对宋代信用票据进行了界定和分类并考察了信用票据涌现后对社会经济发展产生的一些影响。[2]孙强在《晚明商业资本的筹集方式、经营机制及信用关系研究》中对牙行居间信用、赊卖赊买、以"会票"为中心的商业汇兑进行了论述。他指出明代的牙行居间是民间自发形成的具有交易代理性质的商业信用运营活动。居间信用规则对居间行为人有一定的约束作用。居间信用主要以财产保证和人情关系为基础，制度化的保障没有形成；赊卖赊买在消费领域和经营领域普遍发生，成为民间商业活动中的习俗和惯例，从而对商业行为人产生一定的约束作用；晚明会票已经用于商业经营中的资金异地汇兑，包括：大规模商业组织的异地资金拨兑、商贾埠际间的款项结算、中小商人的资本周转、商贾间的异地债务偿付，晚明会票总体上由商人经营，处于商业汇票阶段。[3]张彬村的《十六至十八世纪中国的长程贸易与信用市场》认为这一时期信用市场广泛存在，但信用机构和工具都十分简陋，因此无法有效地将储蓄导入消费与投资。其结果是信用供给不足，需求强烈，造成利率的偏高。而长程贸易利

---

[1] 姜锡东：《宋代商业信用研究》，河北教育出版社1993年版，第13、16、28页。
[2] 缪坤和：《宋代信用票据研究》，云南大学出版社2002年版。
[3] 孙强：《晚明商业资本的筹集方式、经营机制及信用关系研究》（博士学位论文），东北师范大学2005年。

用既有的信用市场来营运，但尚未能尽量利用该市场的运作方式和工具，因此也就无法促进信用市场的发展。文中称"赊账是一种销售信用，由客商直接提供给土商，经牙行保证；或由客商提供给牙行，而后者再提供给土商。同样地，土商也经常对客商赊账"[1]。赵学军的《中国商业信用的发展与变迁》主要研究了中华人民共和国成立后的商业信用发展与变迁，对古代商业信用和近代商业信用的发展情况也有论述并分析了传统商业信用的历史特点。这些成果既有对古代商业信用的实证研究，也有理论上的探讨，对研究清朝时期的商业信用有很强的借鉴意义。

清代是我国封建社会商品经济比较活跃的时期。清朝时期农业、手工业比前代有了更大的发展，"重要农产品和手工业产品的集中产区已经构成系列。重要农产品如棉花、蚕丝、烟草、茶、甘蔗、大豆、花生、水果、蓝靛、漆、蜡等等，重要手工业产品如棉布、纸、粮、油、席、陶器等等，均已形成了一系列大小不等的专业生产地区。"[2]这种产区的形成，表明农业、手工业的商品性生产有了很大程度的提高，推动了清代商品经济的发展和市场的活跃。16世纪中叶至19世纪初叶，不仅全国市场发育成熟，而且江南市场与海外市场有了越来越密切的联系。[3]正因为商品经济的发展和市场的繁荣，商品交换中的商业信用比前代更发达，也应成为清代经济史研究中的重要问题。但是，迄今学术界尚未对这一问题进行深入探讨。尽管如此，一些学者在研究其他清代经济史问题时，还是或多或少涉及了一些与商业信用相关的问题，综述如下：

第一，在研究明清商业、商业资本与商业经营方式时对商业信用的附带研究。汪士信的研究涉猎了牙行在商业信用中的作用，认为"牙行的经营方法，已在一定程度上改变了一手交货一手交钱的现金交易方式，形成了赊购赊销的商业信用制度"，"牙行所推行的商业信用制度，无疑对商品流通，乃至商品生产都起了促进作用"。[4]刘秀生在研究商业资本及其渗入生产的几种形式时，把商人分为批发商人和零售商人两类，批发商人内部又分为收购批发和转运批发。不同商人间的商品资金往来涉及商业信用；商人为保证货源，预先发

[1] 张彬村：《十六至十八世纪中国的长程贸易与信用市场》，《第二次中国近代经济史会议》，"中央"研究院经济研究所1989年版。
[2] 方行、经君健、魏金玉主编：《中国经济通史·清代经济卷》（下），经济日报出版社2000年版，第1994页。
[3] 张海英：《明清江南商品流通与市场体系》，华东师范大学出版社2002年版。
[4] 汪士信：《明清时期商业经营方式的变化》，《中国经济史研究》1988年第2期。

价定买是扩大的商业信用。[1]方行对清代农产品的预买作了深入的研究，认为预买是商人通过预付货款，或借垫资金，以收购农民的农产品和手工业品。其中，一部分预付货款是衍生的商业信用，到乾隆间臻于鼎盛；乾隆之后，逐渐走向衰微。[2]刘秋根认为明清时期民间商人与其他私人及商铺之间发生的商业信用关系主要采取的方式是"赊"，如贩商常通过牙行对零售业——铺店商人乃至直接对手工作坊和个体手工业者提供商业信用。这种商业信用从牙商角度看也是贩商给予自己的信用。[3]另外，美国学者郝延平的研究也涉及商业信用。[4]

第二，在研究货币、银行、高利贷时涉及商业信用。黄鉴晖在研究中国银行史时对商业信用的一些概念问题进行了界定，他指出："所谓商业信用，就是工商企业一方以商品形态向另一方提供的信用，俗称'赊销'，而收受信用的一方向提供信用的一方签发汇票"。"汇票是商业信用存在的代表或标志，但不是所有汇票都反映商业信用的性质。商业信用，必须是工商业间相互签发的汇票。其他如商人与官府之间、商人与世家或士子之间签发的汇票，虽具有银钱拨兑的性质，但不是商业信用"。通过考察明末清初汇票的流通情况，黄鉴晖认为"会票主要是各大市场各商帮与原籍之间的同行业、家族、亲戚、朋友相互签发的，限于乡里范围之内，还未在一个市场中商人间普遍使用，这反映了商业信用发展中的局限性和狭窄性"[5]。孔祥毅介绍了明末清初金融工具（即各种信用票据）、金融业务、金融机构与金融管理制度的创新。[6]刘秋根把商业信用归于资金市场，并认为商业信用与高利贷一样属于个人信用范畴；合伙制与官借民债则分别是近代股份有限公司制度暨公司信用及国债制度暨公共信用的源头。[7]

第三，在研究外贸和法律习惯时对商业信用的探讨。章文钦的研究不仅引用了许多有关行商赊欠的材料，而且分析了形成"商欠"的原因，以及行商与英商在信用条件方面存在的差别。作者指出行商本身资本有限，整个社会信用制度不发达；而英商的货币经营资本已发展到银行资本的阶段，资本主义信

[1] 刘秀生：《清代商品经济与商业资本》，中国商业出版社1993年版。
[2] 方行：《清代商人对农民产品的预买》，《中国农史》1998年第1期。
[3] 刘秋根：《对15—18世纪资金市场发育水平的估计问题》，《中国经济史研究》2003年第1期。
[4] 郝延平：《中国近代的商业革命》，上海社会科学院出版社1988年版。
[5] 黄鉴晖：《中国银行业史》，山西经济出版社1994年版，第15、18、21页。
[6] 孔祥毅：《山西票号与中国商业革命》，《金融研究》2002年第8期。
[7] 刘秋根：《中国封建社会资金市场分析——以高利贷资本为中心》，载《李埏九十华诞纪念文集》，云南大学出版社2003年版。

用制度十分发达，汇票、期票等信用工具的流通十分普遍，国内商业的转账办法和国际贸易的汇划办法节约了流通手段的使用，使交易过程中的支付尽量少用甚至完全不用金属货币，并能以小额的货币结清大额交易。这种银行资本和信用制度又被推广到印度，在孟加拉和马德拉斯开设了英国银行。[1]范丽萍在研究中遏海上民间贸易的资本经营方式时，就提到了赊贷经营型。[2]美国学者小弗雷德里克·D.格兰特的《丽泉行的败落——诉讼对19世纪外贸的危害》对"丽泉行"做了个案分析，认为潘长耀及其所开"丽泉行"之所以破产，是因为在对大规模贸易缺乏保护的年代，它将大部分资金赊给了西方私商。"丽泉行"在19世纪头10年允许美国商人大量赊账，为了追讨美国商人的欠款，潘崑水官越洋兴讼，却得不偿失，原本兴旺的行务濒临破产。中国商人在利用新手段参与对外贸易及信贷活动中，虽然受到了挫折，但中国的商业运作，已经开始发生了变化。[3]1937年，广州经营着数额庞大的对外贸易的兴泰行破产，欠下外商债务共240余万元。吴义雄认为除了其自身的一些原因外，"主要是由1830年代中西贸易关系的变化和行商贸易体制自身的弊端所导致"。"在兴泰行商欠案解决过程中复活的行商连带赔偿责任制度，使广州贸易体制陷入进一步危机"[4]。萧国亮指出行商制度，"具有对外贸易垄断所有权与垄断经营权相分离的特征"[5]，还分别论述了行商与清政府及其官吏之间的利益关系、行商与行外商人的利益关系、行商与外国商人之间的利益关系，涉及行商和行外商人与外国商人间的商业信用关系。

二、主要研究问题

本书在继承前人研究成果的基础上，坚持以马克思主义政治经济学、现代金融学和商业信用理论为指导，拟运用考证法、比较法等多种史学研究方法对清代前期民间商业信用问题进行较为系统和全面的研究：

第一，清代前期商人之间的商业信用关系问题。清代前期由于商品经济和

---

[1] 章文钦：《清代前期广州中西贸易中的商欠问题》，《中国经济史研究》1990年第1、2期。

[2] 范丽萍：《19世纪中遏海上民间贸易的市场运作》，《广西师范大学学报》2004年第2期。

[3] ［美］小弗雷德里克·D.格兰特：《丽泉行的败落——诉讼对19世纪外贸的危害》，《史林》2004年第4期。

[4] 吴义雄：《兴泰行商欠案与鸦片战争鸦片战争前夕的行商体制》，《近代史研究》2007年第1期。

[5] 萧国亮：《清代广州行商制度研究》，《清史研究》2007年第1期。

商业贸易的发展，使商人之间形成了比较长的信用链条，从商品生产到流入市场，从高级市场到初级市场都不断有商业信用产生。就商人而言，贩运商与坐商之间、坐商与小商贩和摊贩之间都建立了商业信用关系。这种商人之间商业信用关系的建立，对清朝社会经济的发展产生了很大的影响：一是加快了资本流通与周转，缓解了中小商贩资本匮乏的问题。二是促进了清朝前期农业、手工业的商品化生产。三是增加了商品的流通量，盘活了商品流通渠道，对推动清代商品交换和商业发展起了十分重要的作用。

第二，清代前期与生产者有关的商业信用问题。清代前期，在农产品与手工业产品进入市场的过程中，表现出了商人与生产者之间、生产者与生产者之间的一种信用关系。与生产者有关的商业信用主要是对生产资料的赊欠，其方式有两种：一是商品预先交付的赊买赊卖，包括生产者相互之间的赊买赊卖和生产者与商人间的赊买赊卖。生产者之间的赊买赊卖减少了商人这一媒介环节，从而可以节省交易费用，尤其是当交换双方在同一地域之内，还可减少运输费用，避免对商品的过多磨损。根据生产者是提供还是接受信用，可以把生产者与商人间信用关系分两种情况进行考察：生产者作为授信方，提供信用给商人；生产者作为受信方，接受商人提供的信用。二是货款预先支付的预买与定买。"预买"与"定买"是清代前期农产品和初级手工业品销售的重要途径，通过预买与定买，把商业中闲置的资金投入生产领域，既解决了生产的资本问题，又促进了商品生产、销售的自然衔接，进而推动了商品经济的发展。

第三，清代前期与消费者有关的商业信用问题。消费信用是零售商、生产者以赊销或分期付款方式向消费者提供的信用。清代前期，商铺、酒馆、摊贩及生产者向消费者提供的日常生活用品赊销或部分赊销广泛存在，成为这一时期商品零售的重要方式。赊销在满足赊买方的生活所需的同时，也扩大了赊卖方的销售量。清代前期消费信用主要是生活资料的赊销，生活资料的赊销有多种情况，如赊买者由于贫困被迫进行的赊欠，或是未带现钱发生的短期赊欠，或是由家庭日常生活引起的经常性赊欠。消费信用对清代农村经济的发展和农民购买力的增强起了重要的作用。

第四，清代前期的牙行与商业信用问题。清政府在商业与税收管理中承袭了明代的牙行制度，牙行在商品交易中的主要职能是中介作用，为买卖双方评估物价、说合交易，从中收取中介费用。牙行是联系外地客商与本地铺户及生产消费者的纽带，在商业信用中表现相当突出，大额的商业信用几乎都与牙行有着千丝万缕的关系。牙行在代客商买卖时，不论是现钱交易，还是赊销预买，客商都要经过一段时间的等待，因而客商选择诚实公正的牙行交易是保证自身利益的重要手段。牙行的经营同样面临着风险，在清代没有灾害保险和有限责任制度的情况下，牙行对客商提供的商业信用承担无限责任。

第五，清代前期商业信用的期限与贷款清偿问题。清代前期的民间商业信用中，货物赊销的期限与货债的清偿已形成一定的商业习惯。在赊销过程中，信用期限必须经过双方的协议，期限的确定要依据双方各自的资金状况、竞争情况、行规、季节因素以及社会习俗等来确定。影响赊销期限的因素很多，赊销的期限也长短不一。赊销作为一种商品销售方式，有利于商品的出售，同时也伴随着风险。期限约定后，合约的执行即货款的清偿是否及时、如何付款就要靠赊买方的信用和财务状况决定。清代前期民间债务的偿付形式主要有以物（工）抵债、债务抵消、债务转移等。清代商业信用也出现了一些新趋向，一些地区银行业已介入商业信用，如归化城（今内蒙古自治区呼和浩特市）钱行的"谱银"和"拨兑"、宁波钱庄的"过账"，说明清代前期商业信用已经通过银行来进行，这是清代商业信用进展到近代大商业的标志，亦是清代金融的创新。

第六，清代前期商业信用风险及防范问题。清代前期商业信用风险主要表现为价格风险和人为风险两种，本书主要研究人为风险。人为风险指由于买方或卖方的违约而给对方带来的可能损失，根据违约方的不同可分为买方违约和卖方违约两种。商业信用在促进商贸往来的同时，信用风险则与其形影相随。清代形成了一套防范商业信用风险的习惯性做法，目的是把商业风险控制在一定范围内。在清代的商业活动中，防范商业信用风险发生的机制主要有四种：一是签订买卖契约。在商品预买、定买或赊买时，为保证债权人的利益，一般由债务人写字约给债权人，即买者写字约给赊卖者，卖者写字约给定买方，在字约中会涉及货款交付期限和方式及违约后的补偿措施。二是通过中保来保证。清代前期的中保制度或习俗在全国各地的商业买卖中广泛存在，中保制度起到了公证和担保的双重作用，降低了赊销和预买预卖中的风险成本，促进了民间信用的发生，从而使商业流通更加顺畅。三是使用抵押品防范商业信用风险。四是行会通过自立行规防范商业信用风险。清代前期在同一地区、同一行业的手工业者或商业铺户为保护本行业从业者的利益共同组织起来成为行会。各行会都制定了保护和限制从事本行业的规定，即行规。行规中一般都有保护债权人利益的规定，使得商业赊销或预买的风险减小。

第七，清代前期商业信用票据问题。清代前期商业信用已经在相当程度上利用票据的方式完成，票据有"会票"、"期票"、"兑票"、"行票"、"粮帖"、"钱帖"等称呼，如按规范的现代金融学概念分析，分别具有汇票、支票、本票的性质。诸种票据的应用对于商人避免风险，节省资金，加快商业交易，扩大商业资本规模发挥了积极的作用，表明清代前期商业信用票据化已经有了初步的发展。尤其是商业店铺与钱铺间的金融关系，使商业信用与银行信用相结合，加强了商业票据的可信程度。但清代前期诸种票据的流通也存在较大的局限性，未能通过买卖、贴现等途径，在商业交易过程中流通起来，发挥更多的节省交易所用金属货币的功能，也未能建立起集中的商业信用票据交易所。因票据化程度的差异，中西商业信用表现出类型上的差异，商业信用类型的差异又是形成中西金融市场差异的关键因素。

第八，清代前期广州对外贸易中的商业信用问题。清代前期的广州行商是经官府批准的具有垄断地位的对外贸易商人，同时也承担着官府的多种责任与义务。在与外商做生意的过程中，他们要代政府收缴进出口货物的关商税，负责外商在广州的管理，帮助官府购买所需货物，此外还有各种捐纳。通过比较乾隆、嘉庆、道光朝行商和外商相互提供给对方的商业信用，尤其是东印度公司与行商之间的商业信用关系，笔者认为行商与外商的所处的信用环境不同，信用票据化程度相差悬殊，商业法律制度与理念存在差异，清代前期广州行商的信贷条件与信用发展程度都落后于与之交易的外商。

最后，本书从历史变化中概括出清代前期民间商业信用的特点。清代前期民间商业信用在继承中国古代封建社会民间商业信用的基础上有所发展，出现了新局面、新特点、新趋势。清代前期的民间商业信用呈现出六个特点：一是商业信用关系的普遍建立。在清代前期的民间商业信用中，商人与商人之间、商人与生产者之间、商人与消费者之间以及生产者与生产者之间都普遍建立了商业信用关系。二是牙行在商业信用中表现突出。三是农产品、手工业产品的赊销与预买增多。四是商业信用与高利贷作用有机结合。清代前期，商业信用处于基础地位，高利贷信用则是在商业信用基础上的发展、补充与升华。商业信用与高利贷信用在清代前期可以相互转化。五是商业信用出现票据化趋势。六是有关商业信用的法典与习惯逐步定型。风俗习惯在很大程度上弥补了法律规定的不足，使清代前期的商业有序进行。

三、研究意义

清代前期是中国封建社会商品经济发展最后一个高峰，表现在商品种类与数量的增加、新商路的开辟、农村集市与商业城镇的崛起、商人队伍与商人资本的增大以及商人组织的变化等方面。清代商品经济的发展，要求比以往任何时候都更经常地、在更大的范围内使用货币。然而，当时仍然缺乏有效的交换手段，通行的货币（白银与铜钱）取决于两种金属的可得性，政府对此不能实行有效控制。[1]因此，资本短缺是大部分商人与手工业者面临的问题，而信用（主要包括高利贷信用、合伙信用、商业信用）则成为缓解这一难题的有效手段。目前，已有学者对高利贷信用与合伙信用作了专门研究，并已取得显著的成果，而清代商业信用至今仍是一个薄弱环节，尚无人专门研究，只是在研究商业、资本、市场、消费、高利贷、对外贸易等问题时，间接涉及这一课题。本书对清代前期民间商业信用的研究在这方面有所创新和突破。

首先，清代史料浩如烟海，有关商业信用的材料分布广而散，因此史料的收集与整理需要投入大量的时间与精力。与民间信用相关的材料在正史和一般文集中较少，要从档案、文言白话小说、日用百科全书、民间契约与账簿中发掘，这是清代前期民间商业信用研究的重点与难点。如中国第一历史档案馆所藏清代档案中，"土地债务类包括所有的以刑事杀人罪告终的广泛界定的土地债务争端"，"债务争端包括借债、赊卖产品债、拒付工资以及赌债引起的争端，此类十分广泛也能包括诸如锅、农具之类的其他物件的借出和被控告违背风水原则以及牲畜课外破坏农作物引起的争端"。[2]本书所用史料的主体即来源于档案文献。这对清代档案史料的发掘与应用是有意义的。

其次，商业信用的研究，将有助于进一步打开思路，从新角度对封建社会商品经济进行探讨。商业信用是经济生活中不可或缺的因素，存在于生产、流通、消费各环节，从原料的购买到商品的加工生产，从生产者手中经过贩运

---

[1] ［美］郝延平：《中国近代商业革命》，上海人民出版社1991年版，第37页。
[2] ［美］步德茂：《过失杀人、市场与道德经济——18世纪中国财产权的暴力纠纷》，社会科学文献出版社2008年版，第236页。

商、零售商，直到每个消费者手里，各环节都离不开商业信用的辅助。通过清代商业信用的研究，能更好地、更全面地了解社会各阶层的经济生活，同时对清代社会生活史的研究亦将有所裨益。

再次，清代处于由封建社会向近代社会过渡时期，这一时期人口迅速增加，商业持续发展，商业信用开始出现票据化趋势，由此导致银行开始参与商业信用。这是清代商业信用走向近代商业信用的表现，本书对此进行研究，对于认识封建社会后期经济的演变将提供有益的借鉴。

最后，"信用是现代金融的基石"[1]，商业信用是最基本的信用形式，可以节省货币、促进资本的形成，保证生产和流通过程的顺畅，从而促进工商业的发展；可以增加消费，促进就业，提高国民收入；"商业信用的发育程度和运行状况直接影响一国经济的运行状况"[2]。目前，我国的信用体系尚不完善，政府正在从道德文化、法律环境、市场和中介组织、技术支撑体系、政府监督和行业自律等环节，全面加快信用体系的建设，商业信用的票据化、法律化是中国信用体系建设过程中的重要环节。本书的研究将有助于信用制度的制定者更全面地了解中国信用制度的历史，包括中国古代的信用种类和信用习惯，从而更好地处理传统与现代、中国与西方的关系，最终实现本土化的现代信用方式。

[1] 姚长辉：《货币银行学》，北京大学出版社2002年第2版，第3页。
[2] 姚长辉：《货币银行学》，第9页。

第一章　清代前期商人间的商业信用关系

清朝是我国封建社会商品经济发展的最后一个高峰，"商人队伍的庞大可以说已经发展到了中国封建社会的顶峰"[1]，"清代商人的等级构成包括了皇帝、宗室贵族、官僚缙绅、绅衿、凡人、雇工人、贱民全部七个等级的成员，职业构成则包括了自身以外的十类职业人群和流犯、乞丐等无业人员。"[2]商人队伍的扩大推动了清朝商品经济的发展和各地货物的流通。以往对清代商人的研究多侧重区域性的商人群体，即商帮，也有学者根据商人"是否承担政府经济任务"，将商人分为两大类："官商和民商"，分别进行研究。[3]这些研究已经相当深入，内容涉及商人资本的来源、组成与运营，商人的交易活动与组织、商人的文化思想与伦理等各个层面。其中部分成果也涉及商人的信用问题，但基本上是从商人职业道德、经营伦理的角度讲商人的诚信经营。很少有从具体的商业操作细节，从资本融通的视角来对商人间的信用关系进行专门论述的。[4]本章试图通过分析清代前期各类商人间的信用往来，进一步探讨商业信用在清代商业资金融通及在商品买卖中的作用。

一、贩运商与坐商的信用关系

（一）长途贩运与商业信用

从商品在市场的流程来看，主要有三种商人发挥着作用，即贩运商、坐商

---

[1] 方行等主编：《中国经济通史·清代经济卷》，光明日报出版社2000年版，第1251页。

[2] 封越健：《清代前期商人的社会构成分析》，《中国经济史研究》2000年第2期。

[3] 邓亦兵：《清代前期的民商》，《中国经济史研究》1997年第4期。

[4] 刘健生、刘鹏生、燕红忠等：《明清晋商制度变迁研究》，山西人民出版社2005年版，第205—206页。

和摊贩。贩运商，指客走他乡长途贩运大宗货物的商人。坐商则指在固定的集市或城镇设有固定经营场所的兼营批发或零售的商人。摊贩指各类零售商人，包括只经营零售业的铺户和走街串巷没有固定经营地点的小贩。

贩运商主要是组织货源，即把货物的产地与市场连接起来，通过他们的长途贩运把货物运输到各地市场中去，如"上海县治当黄浦、吴淞合流处，势极浩瀚，然地形高亢，支港为潮泥所壅，水田绝少，仅宜木棉。惟富商大贾北贩辽左，南通闽粤，百货集萃，民每因其利。"[1]全国各地的货物是通过贩运商运输到上海的。宝坻县"邑之列肆开典者，大率来自他省，惟山右为多，本邑殊少大商，所贸易不过布、米、鱼、盐之类。"[2]咸阳"城内系水陆码头，商贾云集，气象颇形富庶，其实各铺皆系浮居客商，货物皆从各县驮载至此，由水路运往晋、豫，至粮食、木板亦由西路车运而来，用舟载至下路"。[3]延长县"棉花不种……所以地少织布，所需白蓝大布率自同州驮来，各色梭布又皆自晋之平降购以成衣"[4]。甘肃甘州（今张掖）"布絮其来自中州，帛其来荆扬，其值昂"[5]。福建惠安"滨海业海，亦不废田事，自青山以往近盐，又出细白布，通商贾，辇货之境外，几遍天下"[6]。直隶河间府"阜城行货之商，贩缯，贩粟，贩盐铁木植。贩缯至江宁、苏州、临清、济宁。贩粟至卫辉、磁州并天津沿河一带。间以年之丰歉，或籴之使来，粜之使去，皆辇致之。贩铁者，农器居多，西至自获鹿，东至自临清泊头。贩盐者自沧州、天津。贩木植者至自正定。其诸贩瓷器、漆器之类，至自饶州、徽州。而贩阜城之斜纹带、布被、毛巾等于京师者，多聚于花市。贩鸡子者多聚于三转桥。居货之贾谓之铺，来买之商谓之贩"[7]。台湾淡水厅"货之大者，莫如油、米，次麻、豆，次糖、菁，至樟、栳、茄、藤、薯、椰、通草藤、苎之属，多出山内，茶叶、樟脑又惟内港有之。商人择地所宜，雇船装贩，近则福州、漳、泉、厦门，远则宁波、上海、乍铺、天津以及广东，凡港路可通，争相贸易。"[8]黑龙江"齐齐哈尔卖香囊者，河南人，夏来秋去。卖通花草者，宝坻人，冬

---

[1] ［同治］《上海县志》卷一《疆域·形胜》。
[2] ［乾隆］《宝坻县志》卷七《风物·风俗》。
[3] ［道光］《陕西志辑要》，附《秦疆治略·咸阳县》。
[4] ［乾隆］《延长县志》卷四《食货志·服食》。
[5] ［乾隆］《甘州府志》卷六《食货·市易》。
[6] ［嘉靖］《惠安县志》卷四《风俗》。
[7] ［雍正］《阜城县志》卷一二《风俗》。
[8] ［同治］《淡水厅志》卷一一《风俗考》。

来春去"[1]。安徽石埭"居人贩鬻杉纸，轻去其乡，远者达京师，近者适吴、会"[2]。从以上资料来看，清朝前期，长途贩运已经十分普遍。贩运商在沟通货物与市场联系方面起着很大的作用，贩运的货物也多种多样，既包括了生活用品，也包括了生产用品。

贩运商将货物运输到目的市场后，大多不是亲自摆摊设点进行销售，而是进入下一个环节，即通过赊卖或部分赊卖的途径转手给坐商或牙商。坐商和牙商各地都有，在集市、市镇设有固定商铺，从贩运商手里获得货物，进行批发或零售。绥远清水河"所有商贾阛阓者率皆边内人，或负贩，或坐售"[3]。陕西宜川"城内市廛以及各乡镇集，均系隔河晋民暨邻邑韩城、澄城等处商贾，盘踞渔猎，坐致其赢"[4]。商州镇安县"妇女……不工纺织，布匹所需多从西安贩入，价昂数倍，有一时赊用加息以价者"[5]。《隆德县志》记载："隆人购货，西由静宁，东则平凉，南则水洛城。从前大商与小商交易，货价率交半数或并半数不交，即得发运货物。"[6]因此，在商品的长途贩运中形成了贩运商与坐商之间的信用关系。

（二）赊销货物的种类及赊销方法

因贩运商长途贩运的货物种类繁多，涉及各个行业，因此在清朝前期商业信用发生的行业范围很广，进入流通领域的货物，有相当部分以赊销的方式进行交易，举其要者有粮食、棉花、棉布、丝绸、药材、各种器皿、皮毛等，涉及生活与生产的各个部门。

粮食、棉花、棉布是人们日常生活必需品，是赊销的主要货物。由于清代农业生产的地域性分工和城镇人口的增加，粮食贩运和销售在人们的日常生活中占有重要的地位，一些粮商在交易中实行赊销。如湖南安乡县"邓南珍率子邓士侯载运包谷至安川地方发卖，有周方度与邹南占合伙贩卖，乾隆二十二年（1757）四月初二日，二人共存包谷三十石五斗，议价二十八两零五分，当交银二十两，尚少银八两零五分。"[7]从交易量来看，贩运商邓南珍父子卖给

---

[1] 西清：《黑龙江外纪》卷五。嘉庆十五年修，光绪间刻本。
[2] ［康熙］《石埭县志》卷二《风土志·风俗》。
[3] ［光绪］《新修青水河厅志》卷一六《风俗》。
[4] ［乾隆］《宜川县志》卷一《方舆志·风俗》。
[5] ［乾隆］《镇安县志》卷六《风俗》。
[6] ［民国］《重修隆德县志》卷二《食货志·商》。
[7] 《巡抚湖南等处地方提督蒋炳谨题》（乾隆二十二年九月初七日），中国第一历史档案馆藏，刑科题本1216；《刑部等衙门鄂弥达等谨题》（乾隆二十三年十月二十八日），刑科题本1287。

周、邹二氏包谷35石，价值28两5分，其中赊销部分价值8两5分，赊销比值占28.7%。福建浦城县，嘉庆十六年（1811）十月间，"张花芷仔问蔡盘仔买米十桶，欠钱六千八百文。"[1]蔡盘仔将10桶米赊卖给张花芷，尽管没有米的总价值，但赊欠钱达6800文，这宗买卖的赊欠量比较大。在粮食交易中，不仅有商人之间的赊销，也有商人与斗行之间的赊销，如道光五年（1825）十二月，直隶正定县"刘得心向斗行许燕赊买九石五斗麦子，共合七十一千二百五十大钱。"[2]嘉庆七年（1802），在洛阳监生朱秉肃、宋宝善为铺债互控一案中，属于粮商与粮坊之间的赊销交易。[3]在粮食赊销中，交易量大的赊销，一般都有担保人或保人参与，如陕西同州府白水县嘉庆四年（1799）"八月二十二日，高大略代王有潮作保赊买小的麦子十五石，讲定每石价钱一千八百文，共该钱二十七千文。"[4]这笔交易因有保人高大略的参与，商人王有潮将价值27千文的小麦全部通过赊销的途径获得。因此，保人参与商人之间的交易，可以降低赊销风险，增加交易量。通过上述考察可见，清代前期粮食买卖中，赊销在贩运商与坐商之间、商贩与斗行之间、坐商与牙行之间、粮商与粮行之间进行，可见在粮食交易过程中，赊销具有普遍性。就赊销粮食价格和担保而言，有的赊销量小，属于部分赊销；有的赊销额度则较大，甚至是全部价款赊销，这样的赊销一般有保人参与。

清代前期，随着棉花种植面积的扩大，棉花的流通范围也在扩大，许多地区出现了专门做棉花生意的花行。贩运棉商与坐商之间经常发生棉花赊销交易。和粮食赊销一样，大宗买卖一般要有保人担保，保人有商人，也有牙行，如江清（贩运商合伙人之一）从湖广贩棉花到渝发卖，"嘉庆十三年六月间有江津县郭双顺凭经纪刘瑶赊买小的们棉花七十一包，共该银一千五百三十七两零，原议是年九月兑足，不料双顺过期无银交兑，小的江清亲往江津收讨。延至腊底无银，郭双顺未面，即串赖天成、王腾龙二人亲笔立约承担，并掌双顺一千五百两的红契存他二人手里，约限次年兑交小的银两。到次年小的又往津邑收讨，有刘立远们做成郭双顺把他永川县得买田业一处，卖与小的作抵花账。"[5]郭双顺赊买江清等人棉花，欠银1537两多，到期无银交兑，第二年

---

[1] 《兵部侍郎巡抚福建张师诚谨题》（嘉庆十八年三月三十日），刑科题本5418。

[2] 《刑部等衙门经筵讲官太子太傅文渊阁领阁事东阁大学士管理部务臣托津等谨题》（道光八年四月二十五日），刑科题本6509。

[3] ［清］李钧：《亏东抗债事》（道光九年十二月初七日），《判语录存》卷一，第26页。

[4] 《刑部等衙门经筵讲官董诰等谨题》（嘉庆五年十月十七日），刑科题本4505。

[5] 《清代乾嘉道巴县档案选编》（上册），四川大学出版社1989年版，第339页。

用价值一千五百两的田产抵账。下面的材料是道光年间发生的一起因棉花、米赊销引起的纠纷案件，纠纷的一方是福建商人廖吉顺，另一方是四川长宁县商人王宽堂、王惠堂兄弟，参与赊销的说合人是陈荣昌、方志亿。道光十八年（1838）正月二十四日《廖吉顺禀状》称：

> 情职福建民籍，贸易治渝。道光十年有长宁县民王宽堂、惠堂弟兄将业扫卖职银三千二百两，佃转居耕。后伊弟兄来渝开设正兴花行，套去职棉花、米银三千八百余金。……今惠堂于今正月携银来渝，贩买棉花，经职撞获，伊更凶恶图通，职出情迫，于二十（日）扭惠堂鸣冤案下。[1]

在四月的供状中，廖吉顺称：

> 道光十年有长宁的王宽堂弟兄该欠职员棉花米银三千二百余两无给，就把他受分田业立约卖与了职员过耕招佃栽种，那时他弟兄立约佃转居耕，职员收过租谷一载，余下就没有收租了。过后，王宽堂弟兄陆续又该欠职员棉花、米银三千七百余两，两起共给银七千余两是实。[2]

又据说合人陈荣昌、方志亿的供词：

> 王宽堂们弟兄该欠廖吉顺的棉花米银两起，共该银七千余两无给。王宽堂们才将田业作抵银三千二百两，吉顺承买进手，未经收租，廖吉顺才来具禀在案。前蒙审讯，沐将惠堂押候，断令宽堂回邑将业变卖，缴还吉顺银两。今王宽堂遵断回邑业已将业出售，获银来渝，经小的们在场说合算明，付还廖吉顺银一千四百余两，余银让讫，所有契约字据，凭小的们在场一并揭清，并无下欠。[3]

通过对所引资料的分析，笔者认为清朝时期贩运商与坐商之间所建立的赊销关系主要有：第一，贩运商与坐商之间建立的是一种比较固定的赊买关系。该案件中，四川长宁县王宽堂兄弟第一次赊销福建商人廖吉顺棉花、米值银三千八百多两；在没有还清的情况下，王氏兄弟又陆续赊欠廖氏棉花、米银达三千七百余两。可见王氏兄弟与廖氏建立了比较固定的赊买赊卖关系。第二，

[1] 《清代乾嘉道巴县档案选编》（上册），第199—201页。
[2] 《清代乾嘉道巴县档案选编》（上册），第199—201页。
[3] 《清代乾嘉道巴县档案选编》（上册），第199—201页。

为了降低赊卖所带来的风险，赊销大宗货物一般都要以赊买人的资产做抵押。在郭氏的案件和廖氏的案件中，都是以土地做抵押。第三，赊销中有保人做担保或有中人说合。在嘉庆年间的"郭案"中，一笔交易中出现了两次担保，第一次是牙行做保人，第二次保人的身份不清楚；在道光年间的"廖案"中，经陈荣昌、方志亿说合"付还廖吉顺银一千四百余两"。充分说明，保人或说合人在赊销买卖中发挥着重要的作用。

布匹是消费量很大的商品，也是长途贩运的主要商品。在布匹贸易中，坐商也是通过赊买的途径向贩运商获得棉布，在清朝刑科题本中有许多关于棉布赊销的案件，从中我们可以看到棉布赊销的一些情况。如乾隆元年（1736），任邱县人张二供："在上年四月内上京卖布，有卢四赊我布十匹，共该小钱八千六百八十文。"[1]即客商张二将价值8680文的10匹布赊卖给零售商卢四。乾隆十七年（1752）三月间，索超云在西宁府西宁县开张梭布头行，侯几"向索超云赊布二卷，作价二十二两八钱。"[2]在西安汉中府南郑县，杨李氏的已故丈夫杨有以"贩卖布匹生理"，嘉庆八年（1803），杨有"央刘大寅赊李荸布五十匹，价钱二十千文，除还，下欠钱七千六百文，因生意折本，没有清还。十年正月里，李荸要布钱无出，因公公还有地一亩五分，男人把八分地抵当与李荸为业，作价钱八千文，算还旧欠，李荸找给四百文。"[3]这是一宗比较大的棉布赊销生意，因杨有生意亏本，生前也没有能够偿还全部赊销债务，最终由其父亲将自家的土地抵当给李荸为业，才还清赊欠债务。道光四年（1824）三月初一日，四川商人"刘成才与史扬谦向余老幺赊布二十匹，合钱十一千四百五十文。"[4]这种赊销属于合伙贩运商与批发商间的商业信用关系。湖南芷江县商人梁麻子在云南安平厅做赊买棉布兼屠宰生意，梁麻子供："原籍湖南芷江县，移居云南安平厅……贩卖布匹并屠宰生理……道光八年（1828）三月内，张正发向小的赊布二匹，说定价钱三千文。"[5]道光十一年（1831）三月初六日，四川宁远府西昌县商人殷学发向贩运商赵兴泷"赊买广布七匹，说明价钱七千三百文。"[6]道光二十一年（1841）三月初二日，云南

[1] 《刑部王允礼等谨题》（乾隆元年五月十七日），刑科题本0024。
[2] 《刑部阿克敦谨题》（乾隆十九年二月十七日），刑科题本0983。
[3] 《刑部等衙门董诰等谨题》（嘉庆十一年四月十四日），刑科题本4908。
[4] 《刑部衙门臣托津等谨题》（道光五年六月十六日），刑科题本6242。
[5] 《刑科等衙门经筵讲官托津等谨题》（道光十年四月初六日），刑科题本6626。
[6] 《刑部等衙门经筵讲官卢荫溥等谨题》（道光十二年七月二十七日），刑科题本6752。

镇雄州商人"游老八向李洪顺赊布二十一匹，议定价钱十二千六百文。"[1]除了棉布外，麻布也属商人赊销的货物，如道光十五年（1835）六月间，浙江台州府天台县商人杨利勇诉"姚邦沁殿的长子姚友丁邀小的合伙贩麻布，布三十帐［丈］是姚友丁央姚邦祧赊取，计钱十二千文，后来姚友丁贩往新昌卖，折去本钱四千一百余文，经姚邦祧算账要小的分认一半，小的不忍[认]。"[2]杨氏、姚氏二人合伙赊销麻布到新昌贩卖。从上面的一些事例中我们看出，一方面，在布匹赊销中，只有大宗的赊销有保人或说合人，而小额的赊销没有保人或说合人参与。另一方面，有商人独立赊销，也有合伙赊销。

丝绸在人们的日常生活中，用途虽不及粮食、棉花、布匹普遍，但因上层阶级的消费，它也成为商人贩卖的主要商品。乾隆二十二年（1757）七月，直隶保定府清苑县商人李尚仁贩卖茧绸，"党玉美因伊次子党学令求谋生，恳李尚仁发给茧绸数匹，转卖图利，约俟卖后还来，尚仁因所贩茧绸亦系赊取客货，当即依允，两次共给党玉美茧绸八匹，言明每匹制钱二千三百五十文，共应制钱十八千八百文，嗣后党玉美还过李尚仁制钱五千五百文，尚欠制钱十三千三百文未楚"。[3]党玉美儿子分两次赊买茧绸，李尚仁属于批发商，他先从丝绸生产者或贩运商的手中赊买丝绸，然后转赊给零售商人。小商贩党学令缺少资本购买货物，其父亲出面代他向李尚仁赊来茧绸八匹，价钱十八千八百文，后来只还过五千五百文，还欠制钱十三千三百文。乾隆四十六年（1781），"有豪户周林信赊倭缎[4]与氏夫黄永乡，该银五十两无给，林信勒立字约"，强耕黄氏大田一丘，黄氏因为周林信霸占耕地控案。[5]豪户周林信的倭缎应是从福建等地贩运回来，赊给黄永乡时立有字约。道光十四年（1834）二月贵州清江商人李老三赊给小贩周云亮："绸子一匹，价银二两一钱，约期五月内归还。"[6]

除了以上日用品外，商人赊销的货物还有山货、酒、海鲜、小商品等，不一而足，关于这些商品的赊销情况在档案资料里有大量的记载。嘉庆十年（1805）八月，四川峨眉县商人陈允万与李连安合伙贩卖五棓子，"赵承林来

[1] 《兵部侍郎巡抚云南张浓中谨题》（道光二十二年正月二十六日），刑科题本7363。
[2] 《兵部侍郎巡抚浙江等处地方乌尔兼额谨题》（道光十六年三月十四日），刑科题本6813。
[3] 《刑部等衙门鄂弥达等谨题》（乾隆二十四年五月十八日），刑科题本1381。
[4] 倭缎原是日本制造的缎匹，后来福建漳州、泉州等地仿制，统称为"倭缎"。
[5] 《黄田氏告状》（乾隆五十二年三月五日），《清代乾嘉道巴县档案选编》（上册），第177页。
[6] 《刑部等衙门经筵讲官王鼎等谨题》（道光十五年七月二十六日），刑科题本6859。

买五棓子二百斤，议定价银二十三两，当收银十两，下欠十三两。"[1]赊欠额占货物总价值的56.5%。在贵州仁怀厅，道光八年（1828）十月，"有四川人任麻子来店住歇，贩卖白蜡，韩丙寅向任麻子赊买白蜡一块，欠钱一千三百文。"[2]白蜡是西南地区的特产，四川是主要产区，任麻子从四川贩白蜡到贵州，将价值1300文的白蜡赊卖给零售商韩丙寅，赊欠额达100%。道光七年（1827）十二月，江苏通州如皋县商人"吴加喜向沈客赊买海蜇六百四十斤，计钱三千二百文。"[3]道光十一年（1831）十月，四川雅州府名山县，贩卖小帽的商人张现坤向坐商刘万全赊欠"帽子钱二万文。"[4]以上资料反映了贩运商与坐商之间赊欠数量方面的问题，有的是全额赊欠，有的则是部分赊欠。另外，在赊买中，还有一家商铺和多家牙行建立了赊欠关系，如道光四年（1824）正月，陈泌荣与杨应源合伙在泸州开设京果铺，具体分工是陈氏在泸经理铺务，杨氏在渝城调取货物，运往泸州。"不料应源在泸花销本银四百余金，又遭帮卖之徐尚钦装货往内江县等处发卖，亏空银二百余两，铺内折去本银一百余金，放出外账亦有一百余两，未经收回。致欠严悦丰行银二百三十余两，并熊世兴、陈隆泰、邹乾春、李泰来各行之项，共银九百余两无偿。不意杨应源病故，悦丰一人不由蚁另觅生业，填还各账。去年八月十五，叫蚁至伊行内关押要钱，蚁无设借，悦丰关押月余，至九月二十八日蚁将熊世兴金簪一支、金滕一支、金箍一对、羽毛女褂一件给伊作抵，放蚁出外借银取物。蚁难设办，今正初八，蚁请李联升等各行求宽，各行议蚁五年措还，殊悦丰一人不依，正月二十五日以局掣伙骗事控蚁在案。"[5]陈泌荣与杨应源合伙从事贩卖京果生意，在七个月的时间内，共欠悦丰等五行银子一千一百三十多两没有偿还。这些债务当是因为赊欠货物而致，陈泌荣和多家牙行进行交易，大都以赊购方式取到货物，仅欠悦丰行一家就达银二百三十余两，因杨应源在泸州经营不善，后又病故，使货款不能按期偿还。经人调解，其他牙行同意限期五年归还，而悦丰行不依，上告陈泌荣与杨氏合伙欺骗。这是一起果铺与牙行之间因赊欠而产生的民事纠纷。在山货买卖中有一种小商贩之间的担保赊欠，如道光七年（1827）九月，在四川宁远府蒲江县小商贩王正荣"与死的田有倖邻

[1] 《刑部等衙门董诰等谨题》（嘉庆十二年十二月初十日），刑科题本4930。

[2] 《刑部等衙门经筵讲官托津等谨题》（道光十年四月二十三日），刑科题本6621。

[3] 《刑部等衙门经筵讲官托津等谨题》（道光十三年闰四月初一日），刑科题本6613。

[4] 《总督四川等处地方军务鄂山谨题》（道光十二年八月二十二日），刑科题本6722。

[5] 《陈泌荣诉状》（道光五年四月十八日），《清代乾嘉道巴县档案选编》（上册），第386页。

居熟识，并没仇隙。道光七年（1827）九月二十一日，小的向夷人买了两驮梨子，共钱五百二十文，田有俸看见要分买一驮，因无钱开给，叫小的与他担保。"[1]由王正荣担保给邻居田有俸向少数民族商人赊欠梨子一驮，因田有俸的死而产生赊欠纠纷。

客商乐于贩运的另一类商品是具有高附加值的奢侈品，如玉器、宝石等。乾隆年间"高朴私鬻玉石案"[2]涉及的商人都是长途贩运商，从新疆贩卖玉石到苏州，在该案中涉及了商人之间的赊销关系。案发之前，他们就是通过从苏州长途贩运货物到西北而发展起来的。这些商人不单纯贩运同一种商品，而是根据市场需求与供给来选择所贩货物。他们把苏杭的丝绸、茶叶、瓷器等贩运到新疆，再把玉石从新疆贩运到苏州，而来往货物多以赊欠的形式进行交易。如山西商人张鸣远（即张鸢）是直接帮高朴贩玉石到苏州的主犯，乾隆四十三年（1778）十一月初七日，《杨魁折十》中云："臣以张鸢在苏买卖，必有外欠未归之项，还细跟追，查出应追陈德昌等欠项银二千三百二十一两，又有茶叶本银五百两，发往甘省肃州刘三益店售卖，又磁器本银五百两，交柴安国、李以挺等带往陕西甘肃货卖，并有青金石佛头一副，交冯应钟带赴广东售卖……统共在苏估变，应追市平色银六千九百四两零。"[3]陈德昌是赊欠张鸣远的货账，尚未偿还；张鸣远把价值五百两的茶叶发往肃州刘三益店售卖，这属于赊卖；另有价值五百两的瓷器让柴、李二人运到陕西、甘肃销售；还有青金石佛头一副，让冯应钟带到广东售卖。这柴、李二人是张鸣远的伙计，冯则是商业伙伴。从以上资料来看，张鸣远介于官商之间，做长途贩运生意，并且和西北各地坐商之间建立了比较多的信用关系。"高朴案"中涉及的另一个商人是赵钧瑞，他的经历丰富，资金雄厚，是帮高朴贩卖玉石的主要商人：

> （赵钧瑞）年四十六岁，陕西渭南县回民，于乾隆十二年在肃州做靴子卖，二十一年带靴子往巴里坤售卖，二十三年到了辟展，二十四年到哈尔沙尔，这都是卖靴子。二十五年赶羊到库车去卖，就在那里当了乡约，二十七年四月就不当了，就到渭南家里，那年九月又回到肃州买了骡子十五个驮脚。于二十八年六月到阿克苏，九月内

---

[1] 《刑部等衙门经筵讲官托津等谨题》（道光八年十一月二十三日），刑科题本6495。
[2] 距叶尔羌四百余里地有密尔岱山产玉石，旧被封禁。乾隆四十一年（1776），高朴为叶尔羌办事大臣，奏请开采，私将玉石运至内地售卖，乾隆四十三年（1778）为人所告，被夺官籍家，就地正法。此即所谓高朴私鬻玉石案。
[3] 《高朴私鬻玉石案》，《史料旬刊》第二十六期，第948页。

又回到肃州。二十九年买了些粗磁器、绸子、茶叶等货到阿克苏开了杂货铺做买卖。三十年买了些棉花到伊犁去卖，三十一年十二月又回到阿克苏，三十二年又回到肃州置货，三十三年又到阿克苏。三十四年由哈密往叶尔羌，是三十五年正月到的，那里有发卖变价的官玉，我买了一千三百余斤，每斤价值四两六两不等，就起了票到肃州售卖，每斤只卖了二三两银子，这次折亏了本钱，拖欠了人家四五千银子的账目，于三十七年只得又躲到叶尔羌去。三十九年被欠账的人在肃州告了，有文书将我关回肃州，众亲友都我还清了帐，又帮了我三十九个骆驼，于六月到阿克苏驮了茶叶到叶尔羌开了一个饭铺子，买了两所房子。四十年又到阿克苏买了些货，仍旧到叶尔羌。四十一年、四十二年陆续买了些官玉约有四千二百多斤，每斤都是一两或八钱买的，就起了票交给我儿子赵世保拿到肃州售卖，每斤卖了二三两不等。[1]

从上述资料来看，赵钧瑞从十五岁开始，长年在外谋生，经历丰富，身份复杂，既作为坐商开过杂货铺、饭铺，又从事长途贩运，贩卖棉花、玉石等，最终在贩运茶叶、玉石中发了财，主要通过赊买赊卖方法贩卖茶叶、玉石等。乾隆四十一年、四十二年买了四千二百多斤玉石。赵钧瑞便以玉作本，或者赊给合伙商人，让人将玉带到苏州变卖。四十二年年底赵世保（赵钧瑞养子）和赵金海（赵钧瑞之叔）回渭南老家，其父让他带四十九块玉石（三百八十余斤）到肃州售卖，并告称：

> 有同伙卫良弼、徐盛如等陆续带有玉石数起已赴南方货卖，嘱赵世保到彼算账收银。赵世保路经西安因回渭南家中娶亲，将玉石暂寄素识之马花奇家内。本年三月内赵世保同赵金海、佘金宝三人，并雇黄虎儿跟随同赴苏州，住居穿珠巷汪姓店内询知：卫良弼等所带玉石四起，共约重四千余斤，每起合伙人数多寡不一，各人所出本金亦多寡不齐，玉石所卖银两照股分收，共计卖出苏平色银一十四万一千两。除现在约期候交银八千两，内赵世保应分银二千六百六十六两，尚未收到外；赵钧瑞名下实收过苏平合曹平纹银三万二千两外，赵金海在苏州收存玉如意一枝、玉瓶一件，又苏州未卖玉石二百斤。其赵

---

[1] 《乾隆朝惩办贪污档案选编》（一），第676页。

世保所收银两，在苏州置买绸绫杂货等物，共本银七千余两；又绸箱内元宝三个，计重一百四十八两零，同货物前已起获；又付江西买磁器银三千两，运至西安，现已起获；又会借与西安三原、长安、肃州五票，共计银九千四百两，又还伊父赊欠各家货帐银九千四百五十两，有中人王九、叶五可凭。又在苏给玉匠手工银二百两，统计共支过银二万九千一百九十八两零，下存银一千八百两，现已交出，其余银一千余两，俱系盘费脚价使用……因苏州尚有尾帐未清，留赵金海在彼讨取。[1]

赵金海要讨取的尾账包括前文中提到的卖玉之欠账。尚未收到的"约期候交银八千两"是指贩玉商人提供给当地玉行的商业信用。赵钧瑞名下收到的三万二千两中，七千余两置买绸绫杂货，瓷器银三千两；借给西安、肃州客商银九千四百两，此外，还了赵钧瑞以前赊欠各家货账银九千四百五十两。客商与坐商之间互有赊欠，在苏州，赵钧瑞将从新疆贩运的玉石赊销给当地坐商，同时他又从当地商家赊购绸绫、杂货等。赵金海即赵四，系肃州东关人，自幼做鞋匠生意，与赵钧瑞的父亲相识并认作兄长。据赵金海称："赵世保于三十八年出口，去年回来到苏州讨账，带小的同来。……九月内赵世保、佘金宝一同起身回西，小的因病与王洪绪留下在苏，赵世保还有余账一千多银子，叫王洪绪讨清，给小的二百两银做盘缠。"据赵金海的小厮元德供："赵金海本住在苏州周姓行中，缘周姓有事，是以来扬，我见他在扬州要的欠账银约有二三千两，于初八日将银箱一只，寄放同兴号缎铺是有的，其余并无见过他的银子。"[2]因此，赵金海留在苏州主要就是为了讨取尾欠。

在"高朴案"中，与赵世保有赊欠关系的还有陕西商人徐子建，乾隆四十二年（1777），"在肃州地方向赵世保赊了玉石，作银五千两，与魏良弼、朱锦瑜合伙贩玉，共本银二万一千两，买玉八十一块，交魏良弼等带到苏州变卖。又魏良弼领他叔祖魏佳士资本，同毛有恒买玉，我也将玉作本，共银一万六千二百两，交李攀龙带往苏州变卖。我又同牛四、王洪绪、祝文相、高端五、朱锦瑜、王时中、叶青等合伙贩玉一次，共凑本银二万七千余两，我也是以玉作本的。我平日与赵钧瑞的儿子赵世保做伙计，所有玉石都是向他

[1] 《陕西巡抚毕沅折》，《乾隆朝惩办贪污档案选编》（一），第685—686页；《毕沅折九》，《史料旬刊》第二十六期，《高仆私鬻玉石案》，第957—958页。
[2] 《乾隆朝惩办贪污档案选编》（一），第722—723页；《伊龄阿折八》（乾隆四十三年十一月十六日），《史料旬刊》第二十七期，《高仆私鬻玉石案》，第985页。

赊来，原说卖出之后，加利偿还，后来他们变卖银子，令赵世保前往收银，即被拿获"。[1]徐子建三次与人合伙贩玉，每次都是以玉作本，都是向赵世保赊来，其中一次所赊玉石价值就达五千两。赵世保肯赊给徐子建如此多的玉石，一是因为徐是他的伙计，他不仅对徐本人了解，而且对他所进行的合伙生意完全掌握；二是因为玉石的赊销还带有利息，是赵世保的投资方式。最后，赵世保父子也参与了这些交易，徐子建应得利润是赵世保亲自到苏州分取的。可见，商人间熟识了解程度与相互提供信用额的大小成正比例关系。

贩运商与坐商之间信用关系发生的方法多种多样。在长途贩运中，贩运商与坐商之间建立了一种季节性的信用关系，陕西商人与苏州、松江等地商贩就属于这一类。康熙年间"有陕西人至苏州府、松江府等处，卖藤凉帽，不要现钱，肯赊与众人。抚臣张伯行因其异省之人，远来散给帽子，未必不是结党聚众，谋为不轨之徒。现在查拿，发府、县官究审，尚未得其确实口供。"[2]李煦经过查访，弄清事情原委，原来"陕西人春间贩帽至南方，散于铺家，及至秋间，又贩皮货复来，方收春间所散帽银。再于明春贩帽来南，又收上年皮货价值。连环交易，相率为常。而今春西人因交易之事，与牙行角口，牙人遂造出散帽结党等语"[3]。陕西商人春季贩卖藤凉帽到苏州、松江等处，赊给各商铺，秋季又贩皮货来，再赊给商铺并收取帽子钱，到第二年春天再运来帽子并收取皮货价值，这是一种十分有规律的赊销活动，也就是说陕商与苏、松等地商贩、商铺建立了比较固定和长期的信用关系。而这种赊销关系引起了当地牙行的不满，才招致了麻烦，说明在商人的赊销活动中，客商与土商之间既有合作又有冲突的关系。在商人之间的信用关系发生的过程中，以一种货物赊销，而以另一种货物抵债也是十分常见的。如在"高朴案"中，陕西省蒲城商人孙全德，在哈密田登集杂货铺内生理，有哈密回民马交临、马阿红欠他货账，以玉石一百三十斤二两抵银五百余两。山西太谷县人郭同兴，在凉州府开布铺生理，乡亲范康赊了五百多两银子的货到肃州贩卖，后来折了本钱不能还钱，就用二百三十一斤半玉石抵还货账。肃州人刘大魁在太州开估衣铺，宁夏回族商人苏大赊了他货银一千七百两，用七十多斤玉石来抵账。[4]以上三例都是坐商

---

[1] 《乾隆朝惩办贪污档案选编》（一），第935页。

[2] 李煦：《抚臣查拿散帽之人及宋启福折》（康熙五十三年五月初七日），《李煦奏折》，中华书局1976年版，第156—157页。

[3] 李煦：《回奏宋启福及散藤帽两事情形折》（康熙五十三年七月十三日），《李煦奏折》，第161—162页。

[4] 《乾隆朝惩办贪污档案选编》（一），第646、707页。

赊卖货物给贩运商，贩运商用玉石归还赊欠。在赊销活动中，有时候牙行起着很大的作用，除了我们前文一些事例外，又如乾隆二十一年（1756）五月，湖北沔阳州石灰商人陈尔位将一船石灰卖给开石灰行的雷国泰，"共一百五十石"，然后由雷氏"赊给本地铺户零卖，议定每石石灰七分银子，合钱五十六文，共该钱八千四百文，约定月内归清。"[1]可见牙行在赊销活动中起很重要的作用，至少表现在三个方面：一是沟通了贩运商与坐商之间的关系；二是起信用担保作用；三是议定价格和赊销期限。从我们上面所列举的一些商人间的赊销事例来看，在赊销过程中，首先要讲明赊销商品价钱，其次要讲明赊销期限，只有做到了这两个方面，赊销才能发生。但也有例外，在比较熟识的商人之间，发生赊销时其方法往往比较简单，甚至先赊货，后议价。如道光三年（1823）正月十四日，山东莒州商人苑瑞庭贩酒两篓住在陈全的店内，商人"陈丕忠、陈锡武先后去向苑瑞庭各买烧酒一篓，并没讲定价钱，先行把酒抬回……以后一同算账，苑瑞庭原说每斤要京钱一百二十文，陈锡武只肯出钱一百一十文，苑瑞庭不肯。"[2]这种赊销一般发生在比较熟识的商人之间，但也容易发生信用纠纷。山西汾州府"其地商贾走集，民物浩穰，俗用奢靡，讼狱滋繁"。[3]从刑科题本来看，山西的"讼狱滋繁"大致也是因商人之间赊欠关系而引起的。

二、坐商与摊贩的信用关系

清代前期全国商业网的网结是分布在各地的集镇，而沟通各个网结的则是流动性强的贩运商，在商业网孔中活跃着的是小摊贩，他们像补丁似的弥补商业网中的每一空隙。市镇所卖货物多是日用品，如食物、瓜果、布线、衣帽、纸张等，如浙江绍兴府嵊县"城乡皆有市，素称淳朴，列肆负贩者，率皆布、帛、菽、粟之属"[4]。四川乐至"商贾船道不通，又鲜珍产，陆事亦无居者，惟贫户负贩斤盐，博取米薪，交出其涂。城市则有茶酒店、面店、肉铺、生药、果子、彩帛丝、鞋、纸、刽、香烛、油酱、食米、见成饮食等铺坐列贩

---

[1] 《总督湖广等处地方硕邑谨题》（乾隆二十一年十二月十五日），刑科题本1140。
[2] 《刑部等衙门戴均元等谨题》（道光三年一月至四月），刑科题本6192。
[3] ［雍正］《山西通志》卷六四《风俗·汾州府》。
[4] ［道光］《嵊县志》卷二《市镇》。

◎ 第一章　清代前期商人间的商业信用关系 —— 25

卖，以便日用。"[1]直隶昌黎市集"所易者，不过棉布、鱼、盐，以供邑人之用"[2]。宁夏府"各堡寨距城稍远者，或以日朝市，或间日、间数日一市，或合数堡共趋一市，大抵米、盐、鸡、豕用物而已，其布帛、什器犹多市于城，若灵州之花马池、惠安堡、中卫之宁安堡，当孔道，通商贩……"[3]各地市场以居民日用品为主，也是赊销的主要商品。

活跃在集镇上的商人群体主要是坐商与摊贩，他们在商品流通中占有很重要的地位。如河北平谷"商则以农隙为之，负贩而已，城内坐商多山西人。"[4]贵州镇远府"商贾辐辏，民多负贩经营"[5]。甘肃平番"士民以有贸易市井者，不过囤贱卖贵，谋蝇头之利，少补日用之需。而行商坐贾几遍阛阓，虽乡村小堡亦多有焉，然巨贩实鲜也"[6]。安徽颍上"商无居奇大贾，城内多晋人，其在乡市操舟为业者皆土著"[7]。江西安远"商贾，不乐远游，往来不过吴、粤间，日中为市，斗秤公平，富商巨贾多运布帛，其余肩挑负贩，竞逐锥刀耳"[8]。长宁"商贾饶于程本者多非土著，贫民农隙负贩米盐绡屑，谋朝夕而已"[9]。从这些资料来看，各地市场上坐商与摊贩的分工比较明确，坐商一般在比较大的市镇或县城专门从事经营活动，有批发，有零售。而摊贩则在农闲时期从事商业活动，有的活跃在市镇，有的活跃在乡间。摊贩的货物来源主要依靠坐商提供，因摊贩大多为小本经营，资本无多，一些货物要先从坐商那里赊来。如杭州府"肩贩贸易者，朝取物，夕还值，沿门叫卖，藉以营生，号曰行贩"[10]，即从事"肩贩"的商人，早晨从坐商那里赊取货物，沿门叫卖，晚间则"还值"。有的"行贩"从坐商那里赊买货物后，到乡间出售，如乾隆十七年（1752）五月，四川金堂小商贩陈彦德向谢洪第赊了一匹布，该一钱九分银子，背到石子城场上来卖。[11]

坐商与摊贩的赊销买卖数量有限，因此信用关系方面远没有贩运商与坐商之间那样复杂，没有保人参与，赊欠归还期限多为口头约定。如商人黄俸仁

[1] ［道光］《乐至县志》卷三《地理志·风俗》。
[2] ［同治］《昌黎县志》卷十《志余·风俗》。
[3] ［乾隆］《宁夏府志》卷六《建置·坊市》。
[4] ［民国］《平谷县志》卷一《地理志·风俗》，1926年铅印本。
[5] ［乾隆］《贵州通志》卷七《地理志·风俗》。
[6] ［乾隆］《平番县志》《风俗志》。
[7] ［道光］《颍上县志》卷五《风俗·习尚》。
[8] ［同治］《安远县志》卷一《风俗》。
[9] ［光绪］《长宁县志》卷二《舆地志·风俗》。
[10] ［民国］《杭州府志》卷七五《风俗二》，《中国地方志集成·浙江省专辑》（2），第354页。
[11] 《陕甘总督管理四川黄廷桂谨题》（乾隆十八年），刑科题本0903。

在广西西土州开设糖铺，就将糖赊卖给一些赶集市的小贩，道光六年（1826）二月初十日，"唐恒若向黄俸仁赊取黄糖九十斤，共欠钱一千八百文，原约赶墟转卖得钱清还。"唐氏只口头承诺赶集转卖后还钱，在唐氏"卖钱花用"，黄氏"屡付无偿"的情况下，黄氏因讨债将唐氏殴伤致死[1]。道光十二年（1832）春，江西宜兴县小贩"王书淋向蒋文宝借钱五千文未还"，次年六月二十八日，"王书淋邀允蒋文宝合夥贩卖西瓜，同在王书淋认识之郁华大行内买取西瓜五担，欠找瓜钱二千九百文，约俟卖瓜归给，两股对认。"[2]王书淋和蒋文宝因债务关系而合伙贩卖西瓜，西瓜是向王氏认识的郁华瓜行赊买而来的，欠瓜钱二千九百文，并约定瓜卖后归还蒋文宝的钱和赊欠的瓜钱。这种小商贩合伙赊欠在市镇或集市上比较多，又如商人李恩羊在陕西甘泉县开设草帽铺，"嘉庆九年（1804）三月初八日，孙清同他侄儿孙杰杰来铺内贩买草帽十五顶，议定每顶价钱二十七文，共该钱四百零五文。"[3]小贩孙清和其侄儿孙杰杰合伙向铺户李恩羊赊买草帽15顶，而且货款全部赊欠。从上面合伙贩卖的情况来看，清代小贩的资本严重不足。

由于小商贩之间赊销商品数量少，利润薄，因此赊销商品的价格成为双方争执的焦点。如道光五年（1825）六月十三日傍晚，江苏扬州府江都县，孔兴名的"哥子挑卖梨头从孔权氏场上经过，吴加陇向哥子赊梨四十斤贩卖，哥子讨价四百文，吴加陇只肯三百文，哥子要添，吴加陇不允。"[4]孔兴名的哥哥是卖梨的商贩，吴加陇在他经过孔权氏集市时，要赊四十斤梨贩卖，二人在梨的赊价问题上发生了争执。

在清代商业信用中，合伙小商贩之间存在一种比较复杂的赊销关系。如在山东茌平县发生的一起因原合伙人退出并将赊买货物转赊给他人的纠纷案，反映出了小商贩之间赊销关系的复杂性。赊销和发生纠纷的经过是："于大勇之子于安与丁九苞谊属姐亲，同庄居住。嘉庆二十二年（1817）十一月初八日，于安欲与母舅王曰有伙卖纸张生理。在丁九苞铺内赊纸二十块，言明纸价京钱一百二十千文，用车推至王曰有家存放。嗣经于大勇查知，因于安不谙生理，斥令退还。王曰有与其族弟王曰宽以伊等另有售处，当同于安往向丁九苞告知，情愿认还纸价。后王曰有等陆续还过丁九苞京钱七十千，下欠钱文屡索

[1] 《刑部等衙门托津等谨题》（道光七年闰五月二十二日），刑科题本6454。
[2] 《户部尚书王鼎等谨题》（道光十四年十一月十四日），刑科题本6816。
[3] 《兵部侍郎巡抚陕西等处地方方为甸谨题》（嘉庆九年十一月二十六日），刑科题本4774。
[4] 《刑部等衙门蒋攸铦等谨题》（道光六年十月二十七日），刑科题本6302。

未偿。丁九苞以纸系于安往取，逐向于安及其父于大勇索讨，于大勇等认还。至二十三年二月二十五日丁九苞乘于大勇外出，带同伊弟丁带破并子丁喜等赴于大勇家内，拿取油篓两个，内盛豆油七十斤。是日于安买油回归，路经丁九苞门首，丁九苞催讨纸价不允，又将于安小车一辆，油篓两个，豆油一百九十斤，口袋两条，麦子二十斤一并截留，声言抵还纸价。"[1]这段资料经过梳理后，这些小商贩之间的人际关系和赊销关系表现为：首先，丁九苞是开设店铺的商人，小商贩于安与丁九苞在血缘上是姐亲关系，地缘属于同庄。由于亲缘与地缘关系，于安和其母舅王曰有合伙在丁九苞铺子里赊买纸20块，并讲明纸价。于安是背着其父于大勇向丁九苞赊买纸张，因此不敢将纸运回家，而是存放在王曰有家。其次，于大勇发觉其子与人合伙赊贩纸张后，便以"于安不谙生理"为由，"斥令退还"。此时，王曰有与其族弟王曰宽认为纸另有售处，于是同于安到丁九苞店铺"情愿认还纸价"。从后面发生的纠纷来看，实际上是一种转赊关系，即于安向丁九苞赊取后，又转赊给王氏兄弟。因王氏兄弟只还给丁氏京钱70千文，尚欠50千文，于是丁九苞以"纸系于安往取"为由，遂向于安及其父亲于大勇索讨，于大勇也认还这笔赊欠债务。但因于大勇迟迟不肯还赊账，引发了一系列纠纷。又如四川大竹商贩傅士皆欠袁正廷"石灰钱三千五百文没还"，嘉庆十六年三月二十八日晌午袁正廷观音桥赶集时，"问张昌学买了五斗二升米，合钱一千零四十文，那时傅士皆也在场上赶集，小的向傅士皆要钱给发米价，傅士皆就向张昌学担承。"[2]因傅士皆欠袁正廷的石灰钱3500文，而袁正廷买张昌学米5斗2升，合钱1040文。袁正廷将赊欠的米钱转给傅士皆，傅也表示同意承担。这是一种因债务进行的债务转赊关系。

通过对清朝时期坐商与小商贩之间产生的赊销关系的一些事例来看，我们发现：第一，坐商与小商贩或摊贩之间的赊销关系普遍存在，一方面表现为在地域上，从刑科题本的资料反映出全国各地市场上都有因赊销关系而引发的民事纠纷或刑事案件。另一方面，涉及的行业广泛，货物的种类繁杂。第二，在赊买赊卖方法上比较简单，没有保人、中人或牙行参与，赊销期限往往是口头说定。第三，坐商与小商贩或摊贩之间的赊销关系中，亲缘关系或地缘关系表现十分明显，即许多赊销关系产生在亲戚之间、邻里之间，之所以出现这种情况与减少信用风险有关，也说明乡村小贩的人际关系与商业经营有密切的关

---

[1] 《东昌府》（嘉庆二十三年二月十六日），《雪心案牍》第一函第七册。

[2] 《兵部尚书总督四川等处地方常明谨题》（嘉庆十六年八月二十九日），刑科题本5237。

系。第四，小商贩的赊销，反映出清代商业信用链条的继续延伸，使在商品流通中形成了一个比较长的信用链，从生产商到贩运商、坐商、摊贩、小商贩乃至消费者之间都可能发生信用关系。这种长链条的信用关系尽管有一定的风险，但对推动清代商业发生和商品流通是很有意义的。

从前面的论述中我们可以看出，清代商人间的商业信用链条是很长的，从商品生产到流入市场，从高级市场到初级市场都不断有商业信用产生。就商人而言，贩运商与坐商之间、坐商与小商贩之间都建立了信用关系。商业信用的建立，一方面加速了商品的流通量，盘活了整个商品流通的渠道，如汉阳"居奇贸化之贾比廛而居，转输搬运，肩相摩，踵相望者。五都之市，震心眩目，四海九州之物不踵而走，殊形异物，来之远方者，充溢漏积，至于汉镇，而繁盛极矣"[1]。又如前文所述陕西商人季节性的赊欠，带动了南北方商品的流通。因此，清代全国市场的形成在很大程度上依靠商业信用的维系和支持。另一方面，商业信用的建立，解决了中小商人特别是小商贩资本不足的问题，从清朝刑科题本来看，一些小商贩因经营资本不足常常向坐商赊买货物。他们赊买到货物后，或在市镇沿街叫卖，或走乡串户，把赊来的各种货物出售给乡村居民，正是这些小商贩活跃了乡村商业。

根据前文对商业信用的论述，再结合地方志资料我们再来看清朝商品流通的情况。直隶沧州"大抵缯帛来自江苏，铁器来自潞汾，农具为多"[2]。湖南祁阳"素称产米之乡，诸父老言，二三十年前，载米下湘潭、汉镇者，岁率十余万石。"[3]浙江海宁长安镇"街市绵长，人烟稠密，上接杭州省城，下接嘉兴湖州。商船络绎，实为来往米布货物聚集之区"[4]。黑龙江"南酒来自奉天，岁不过数坛。烧酒来自伯都讷，岁不下数十万斤"[5]。甘肃山丹"布絮其来自中州，帛其来自荆、扬，其值昂。"[6]这些记载只是部分地说明了清朝时期商品流通的情况。另外，从清朝时期商品流通总量来看，商业信用在推动商品流通方面有着很大的作用。表1—1是清朝前期主要商品市场流通量的估计：

[1] 章学诚：《湖北通志简存稿》，《食货考》，1985年文物出版社影印《章学诚遗书》本。
[2] ［乾隆］《沧州志》卷四《礼制·风俗附》。
[3] ［道光］《永州府志》卷五上《风俗志》。
[4] 《浙江巡抚三宝奏》（乾隆三十九年三月十八日），《宫中档乾隆朝奏折》第35辑，第38页。
[5] 《黑龙江外纪》卷六，嘉庆十五年修，光绪年间刻本。
[6] ［道光］《续修山丹县志》卷九，《食货·市易》。

表1—1 鸦片战争前主要商品市场估计[1]

商品名称	商品量	商品值		商品量占产量比重（%）
		万两	比重（%）	
粮食	245.0亿斤	16333.3	42.14	10.5
棉花	255.5万担	1277.5	3.30	26.3
棉布	31517.7万匹	9455.3	24.39	52.8
丝	7.1万担	1202.3	3.10	92.2
丝织品	4.9万担	1455.0	3.75	—
茶	260.5万担	3186.1	8.22	—
盐	32.2亿斤	5852.9	15.10	—
合计	—	38762.4		

资料来源：许涤新、吴承明主编：《中国资本主义的萌芽》，人民出版社2003年版，第289页。

吴承明先生在分析清代鸦片战争前国内市场时指出，"直到鸦片战争前，我国国内市场，还是一种以粮食为基础、以布（以及盐）为主要对象的小生产者之间交换的市场结构。在这种市场模式中：（1）主要商品，即粮和布，还都是农民家庭生产的，并且，粮基本上没有商品生产，布也主要是农家自用有余的布；（2）粮和布的长距离运销在它们的商品量中只占百分之十五到二十的比重，而绝大部分仍是区域内的和地方小市场的交换。"[2]可见，清代以来的商品经济虽然还有一定的局限性，但仍得到了相当大的进展，而商业信用对此有很大的促进作用。

---

[1] 吴承明先生在《论清代前期我国国内市场》（载《历史研究》1983年第1期）中说明，"表列只是七种商品，已足代表整个市场结构。其余商品，最大宗者为铁、瓷器、铜。铁在嘉庆后减产，我们估计年产量在四百万担左右，按每担一两半计，约合六百万两，瓷器，景德镇当时产量约三十万担，按每担十五两计，合四百五十万两；全国计亦不会高出太多。铜，当时朝野十分重视之滇铜，年产值不过六十万两；全国计可能有一百万两。其他商品就恐怕不会有超过一百万两的了。"另外，吴承明先生在《中国的现代化：市场与社会》（生活·读书·新知三联书店2001年版，第165页），根据郭松义、邓亦兵、龙登高等人的研究成果，对粮食商品量有了修订，应不低于5000万担。

[2] 吴承明：《论清代前期我国国内市场》，《历史研究》1983年第1期。

第二章　清代前期与生产者有关的商业信用

随着清代商品经济的发展，清代经商人数越来越多，包括专业商人与兼业商人，而商业信用也发展起来。商业信用既可能发生在商人与商人之间、商人与消费者之间、商人与生产者之间，也可能发生在生产者与生产者之间、消费者与生产者之间。生产者既可能是商业信用的起点，也可以是商业信用的终点。生产者可能直接把产品赊销给商人或消费者（指生产消费者），生产者也可能赊买商人或其他生产者的原料。这样，与生产者有关的商业信用就包括生产者之间的信用关系和生产者与商人间的信用关系。而与生产者有关的商业信用方式则有两种：一是商品预先交付的赊买赊卖，二是货款预先支付的预买与定买。

一、与生产者有关的赊买赊卖

（一）生产者之间的赊买赊卖

生产者之间的商业信用是指商品生产者不经过商人这一媒介，互相之间提供的商业信用，包括直接用于生产资料消费的商品赊销与预买。清代商品的长途贩运虽然有很大发展，但限于当时的交通状况与能力，一些笨重产品的运输成本依然很高，减少运输环节与路程是切实可行的节约成本的有效方法，而生产者间的直接买卖正好能够减少商人这一媒介环节。而且生产者间的交易往往不会是一次性的，经常是长期性的买卖关系，双方在最终结算账目前一般都会有债务关系，甚至彼此提供信用给对方。在商品交换中，离开商人为中介的生产者之间的直接交换可以节省交易费用，尤其是当交换双方在同一地域之内，还可减少运输费用，避免对商品的过多磨损。这种情况下，交易双方往往彼此熟识，便于达成协议。

与生产者有关的商业信用，主要是对生产资料的赊欠。生产者向商人或商品生产者因为生产需要而赊购的商品，包括农业生产资料和手工业生产资料。农业生产资料有种子、肥料、农具、牲畜等，手工业生产资料根据行业的不同，其范围非常广泛。

农牧产品难以保存和长途运输，通过生产者间的商业信用更有利于农林牧产品的销售与生产。在福建侯官县，据何学凤供："小的平日种园生理……卢宏尊做花芽生理，乾隆二十年（1755）三月初六日卢宏尊来小的园内买去茉莉花二十余株，议价钱二千三百文，只还一千三百文。"[1]在山东平鸾州，雍正十二年（1734）六月内，"杨宾赊欠孙应祚豆种七升，言明大钱三百五十文。"[2]在安徽寿州，道光二年（1822）三月十七日，"姜帼俊赊买戚合中家稻种七斗，该钱一千四百文。"[3]弓起是吉林长春厅人，与张桂同屯无嫌，道光二十年（1840）六月间，"张桂赊买弓起白菜籽一斗，共该市钱五百三十文。"[4]在广西百色厅，道光九年（1829）三月内，"黄三儿向梁发耀赊买蔗种八千株，言定价钱三千六百文。"[5]这些案例是对农业生产资料种子、秧苗等的赊欠，是生产者之间的信用关系。

大多农户养殖家禽、家畜，所以农业生产者间常常有家禽、家畜的赊买赊卖。在福建邵武府建宁，乾隆六年（1741）五月内，"孔洪向江赤赊了四只小鸭，每只讲定六个钱。"[6]四只小鸭的赊买可能是为自己饲养。在广东龙门县，谭亚连供称，乾隆五十九年（1794）间，"谭亚巧向小的赊买小鸭一百只，议定价钱一千文。"[7]在浙江金华府浦江县，朱守容供："嘉庆元年（1796）六月初二日，小的家养有十二个小猪，徐开远托中朱兴岳向父亲

---

[1]《兵部右侍郎巡抚福建等处地方钟音谨题》（乾隆二十一年二月二十一日），刑科题本1093。
[2]《巡抚山东丘瀋谨题》（乾隆元年六月初四日），刑科题本0006。
[3]《兵部侍郎兼都察院右副都御史巡抚安徽等处地方兼理军务兼提督衔臣陶澍谨题》（道光四年三月），刑科题本6180；《刑部等衙门太子太保文渊阁大学士管理刑部事务臣戴均元等谨题》（道光四年七月），刑科题本6200。
[4]《刑部等衙门经筵讲官王鼎等谨题》（道光二十二年二月初一日），刑科题本7353。
[5]《兵部侍郎巡抚广西等处地方苏成额谨题》（道光十年闰四月初二日），刑科题本6640。
[6]《刑部来保等谨题》（乾隆七年三月二十一日），刑科题本0273。
[7]《兵部侍郎巡抚广东陈大文谨题》（嘉庆四年正月二十四日），刑科题本4411。

赊买，议价钱十千七百一十文。"[1]徐开远托中向朱家赊买小猪。在盛京开原县，回民陈亭柱用刀戳伤旗人张召身死一案，据陈亭柱供："小的是承德县回民，年五十三岁，已死张召，合小的同堡居住，素日和好并无仇隙，道光六年（1826）十月初十日，小的赊买张召黄乳牛一条，以备种地使用，讲明价值市钱二十三千，种地使用，七年二月二十五日，小的还他市钱二十一千，下欠市钱二千。"[2]这是清代农村民间常有的生产者间对大牲畜的赊欠。

农牧产品之外，其他手工业生产所需的原材料、能源等也是生产者间直接买卖的商品。在福建泉州府晋江县，"黄恋开张纸店，庐起造卖纸锞为生，乾隆十九年（1754）十二月初一日，庐起向黄恋店内买纸五块，议定价钱一千一百七十文，现交现钱一百文。"[3]纸锞是中国古代祭奠亡灵时烧的纸制金银元宝，主要生产原料是纸，庐起向造纸的黄恋直接赊买纸块，是生产者间的信用。在巩昌府宁远县，李建科供："小的做卖麻鞋营生，道光九年（1829）四月里，小的向赵贤赊麻十斤，价钱三百五十文。"[4]这是生产者赊取原材料的事例。在湖南岳州府巴陵县，张组辉偕兄张组华随同其父张棕位在地名上返嘴河边居住，做卖篾货生理，与陈召素识无嫌，道光二年（1822）三月内，"张棕位赊欠益阳县人夏有庭竹钱五千文，立有欠字。"[5]赊欠生产资料，立有字据。在广东连平州，据胡亚北报称："伊胞兄胡亚癸平日打铁生理。道光十年（1830）七月内，伊兄问卢观柏赊买木炭四担，言明价钱一千文。"[6]木炭是打铁所用的能源。生产者间的直接买卖，减少了交易环节，有利于双方节约成本，若双方是信用销售或预买，对于促进双方的生产都有意义。

一些经营多年的生产者更可能有固定的供货商和销货渠道，上游与下游的生产者间的信用关系可能维持多年。如刘永丰"在渝开设南酒漕房多年，历用老酒坛，系在中窑与陈洪顺等所买，尚见（欠）蚁银十余两未给。至南酒坛向在合州沙溪庙所买，迄今无紊"。[7]刘永丰漕房所用老酒坛长期由中窑陈洪

[1] 《兵部侍郎玉德谨题》（嘉庆二年三月二十一日），刑科题本4311。
[2] 《盛京刑部侍郎兼管威远堡等六边事务臣多山等谨题》（道光七年闰五月二十五日），刑科题本6454。
[3] 《兵部右侍郎巡抚福建等处地方钟音等谨题》（乾隆二十年五月十四日），刑科题本1058。
[4] 《刑科题本等衙门经筵讲官托津等谨题》（道光十年七月二十二日），刑科题本6615。
[5] 《护理湖南巡抚印务布政使臣景谦谨题》（道光三年七月初六日），刑科题本6130。
[6] 《刑部等衙门经筵讲官卢荫溥等谨题》（道光十二年二月三十日），刑科题本6751。
[7] 《刘永丰告状》（道光七年八月初四日），《清代乾嘉道巴县档案选编》（上册），第331页。

顺供应,陈尚欠刘十余两银未给,说明酒坛的买卖并非一手交钱,一手交货,双方经过多年的交易,信用关系肯定已长期存在,彼此拖欠债务也是常事。道光七年(1837),在巴县县城里设炉打卖烧饼生理的熊合顺、岳国顺、钟长春与开磨房卖灰面的王三兴、张太顺、张正兴、焦公正等因称的大小发生口角,以致打官司到县衙。双方也是长期的买卖关系,熊合顺等供称:"小的们都在本城设炉打卖烧饼生理,原向王三兴们磨房买灰面用……去年各磨房与小的们因称口角,就在各门首自行打卖烧饼点心生理,小的们买面称小亏本,他们自卖自面,每一个比小的们的饼子较重些,致小的们生意不好,拖欠面账是有。"[1]由此可以推断,熊合顺们是用卖烧饼的钱来还面账,一旦烧饼生意不好,就影响到面账的偿还。王三兴们是赊卖灰面给熊合顺们的。王三兴们的磨房生理已经营三代,有近百年的历史,王三兴等供称:"小的们自祖父们原在渝开设磨房推面发卖西南面馆生理,因杂粮行内粮食斗比米斗更小,每石只有九斗五升,小的磨房照行斗较秤发卖灰面,每一斤以十五两二钱为准。乾隆十二年(1747)重庆府林大老爷较给官秤铁制,又乾隆四十四年(1779)宪辕徐主又赏示给秤并铁制四个,均铸有巴县正堂字样,遵用至今,将近百年之久。"[2]在渝城开设的磨房不仅供应灰面给当地卖烧饼的生意人,而且发卖西南面馆。这些都是长期的交易关系,磨房能开近百年之久,其信誉应该是值得信赖的。

(二)生产者与商人间的赊买赊卖

根据生产者是提供还是接受信用,可以把生产者与商人间信用关系分两种情况来考察:一是生产者作为授信方,提供信用给商人;二是生产者作为受信方,接受商人提供的信用。

1. 生产者提供信用给商人

生产者向商人提供信用,可能是商品的赊销,也可能是原材料的预买。[3]生产者赊卖商品给商人,从资金流向来看,是把生产领域的资金暂时注入商人资本,扩大了社会商业资本量。然而,生产资本暂时的流出却能起到节约生产成本的作用,当生产者把货物赊给商人后,可以减少运输成本及亲自销售货物

---

[1] 《熊合顺等供状》(道光七年十一月十一日),《清代乾嘉道巴县档案选编》(上册),第388页。

[2] 《熊合顺等供状》(道光七年十一月十一日),《清代乾嘉道巴县档案选编》(上册),第388页。

[3] 关于生产者对原材料的预买将在下文专门论述。

的时间，即能够节约交易成本。商人如果能及时将货物出售偿还货款，还可以加快生产资本的周转速度，使生产者获得更大的收益。当然产品的赊销存在风险，货款若不能及时收回，就会影响再生产。

如山东菏泽县民王清太京控曹县监生高竹轩等局买坑骗等情一案，缘"王清太籍隶菏泽，嘉庆二十一年（1816）十一月间，王清太将柏树二十七株，凭中赵岐凤、张五说合，卖与曹县人王天祥，言明共价大钱二百九十五千。赵岐凤代写字据，当日先付大钱十五千。嗣王天祥雇池思恭车辆前往伐树拉运。王清太因价未交清，不允伐运。王天祥复央张五、池思恭作保，将树伐去。王天祥旋将树株解板卖与监生高竹轩，得价先后仅付王清太树价大钱一百十七千，尚欠大钱一百七十八千，屡讨未偿。王清太赴县呈告。经该县吕令讯明，将王天祥、张五勒限押追。因树板尚未卖完；经吴方义、王思让将王天祥、张五保出，变卖树板交价。"[1]后来到期仍未还清树价。王清太将二十七棵柏树赊卖给木材商人王天祥，后来仅还大钱一百十七千，尚欠大钱一百七十八千，虽然有中人、保人，多次讨要仍没有偿还，只好赴县呈告。王天祥只交付了大钱十五千的定金，凭中保赊买砍伐了王清太价值大钱二百九十五千的柏树，节省了商业资本，却没有及时归还欠款，引起了经济纠纷。

农牧产品生产者在满足自己生活需要后，会把多余的产品出售，如果要出售的货物较少，他们会把货物拿到附近的集市上售卖；如果货物较多，难以搬运，就会将货物存放在家里、地里或仓库，由商贩上门收购。在山东沂州郯城县，据郯城县人张士悦供："种瓜度日……道光元年（1821）五月二十八日，杨游向小的赊了一担王瓜说明京钱二百，卖出还钱。"[2]杨游是零售商人，向生产者张士悦赊瓜贩卖。山东东安县人刘希威早年来到吉林，在本城西街田方和李更棚房存住，贩卖瓜菜度日，他供称："道光十一年（1831）八月初一，我赊买赵□香瓜七十四个，价值市钱一百四十八文。"[3]可能是用来贩卖。农牧产品的种植养殖目的若是为了销售，就属于商品生产，其产品的销售可能不仅仅限于集市，生产者会把商品批量售卖给客商。在河南南阳府邓州，据凶犯王绍同供："嘉庆四年（1899）三月初九日，小的有棉花十五斤，卖给丁崇杰

[1] 《曹州府》（嘉庆二十三年八月十九日），《雪心案牍》第二函第五册。
[2] 《刑部等衙门文渊阁大学士受理刑部事务臣戴均元等谨题》（道光二年三月二十七日），刑科题本6059。
[3] 《刑部等衙门经筵讲官卢荫溥等谨题》（道光十二年十一月十五日），刑科题本6743。

行内，该价钱三千文。"[1]王绍应该是棉花种植者，将棉花赊给牙行。在贵州遵义县，据赵正贵供："小的开店生理，十四年六月二十八日，邹元相、邹元格、邹金、邹元伸来场上卖棉花，小的向他们赊买棉花三十斤，该银八两四钱。"[2]邹姓四人到场上卖棉花很可能是种棉者。在徽州休宁县黄氏家用收支流水账中记载，雍正十一年（1733）九月十五，"收李瑄还春间竹价三钱三分，又去年借银利三钱六分。"[3]李瑄很可能是商人，收买黄家的竹子。

在山东武定府，赵存惠之父赵秉正于嘉庆十八年（1813）间曾赊买赵廷琦秫秸七百一十个，共价京钱六十千零三百五十文，除付过京钱二十千零二百五十文，下欠京钱四十千零一百文。赵廷琦屡次索讨，赵存惠因无钱措偿，希图借案延欠，即以赵廷琦侵霸地亩赴州呈告。赵廷琦之父赵克壮亦以赵存惠欠钱不还赴州具诉。赵存惠的堂弟赵存恩因嘉庆十五年（1810）间曾托赵秉正向赵廷琦之弟赵廷峨代赊秫秸六百个，共价京钱五十一千，已经陆续交还。因不知赵秉正另有自行赊欠赵廷琦秫秸钱文，疑心赵廷琦向该犯之父讨要之项，即系代赊秫秸价值，恐赵存惠被追受累，赴州呈明。经该州讯明，赵廷琦并无侵霸赵存惠家地亩，赵秉正赊欠赵廷琦秫秸钱文属实，断令赵存惠如数措还结案。[4]赵廷琦、赵廷峨应是秫秸种植者；赵秉正先于嘉庆十五年（1810）代侄儿赵存恩赊欠赵廷峨秫秸六百个，又于十八年赊欠赵廷琦秫秸七百一十个，数量较多，可能是用来贩卖。赵存恩陆续将所欠债务还清。父债子还，赵秉正的债务经案判，由儿子赵存惠偿还，直到嘉庆二十三年（1818）正月初一日，赵廷琦复向赵存惠逼索秫秸钱文，赵存惠因赵廷琦不应元旦索欠，用言村斥，赵廷琦不依，彼此吵骂，这项一直延续了五年多时间的欠款仍未还清。

畜牧产品中，猪肉是日常食用较多的肉类，也是老百姓经常需要直接从屠户处购买的肉类。养猪者很少有是自己杀猪的，一般都卖给贩猪者或屠户。在西安汉中府，沔县人郭文光伙同峻法"合夥赊猪杀卖。"[5]是卖肉商人直接向养猪者的赊购。在直隶东路武清县，据刘之泰供："小的系武清县董家村民人，今年六十二岁，宰猪度日，与王起豹合他儿子王里儿平日相好，并没仇隙，乾隆五十四年（1789）上，小的赊了王起豹家八口猪，讲定三十一千

[1]《兵部侍郎巡抚河南等处地方吴熊光谨题》（嘉庆四年九月初六日），刑科题本4422。
[2]《刑部等衙门经筵讲官董诰等谨题》（嘉庆十五年十月二十三日），刑科题本5197。
[3]《家用收支账之二七》（乾隆休宁黄氏），《徽州千年契约文书》第八卷，花山文艺出版社1992年版，第29页。
[4]《武定府》（嘉庆二十三年九月二十八日），《雪心案牍》第一函第九册。
[5]《刑部庆余等谨题》（乾隆十一年五月二十五日），刑科题本0515。

大钱猪价，后来陆续还过他二十六千六百五十文，下欠钱四千三百五十文没还。"[1]王起豹父子有可能是养猪专业户，刘之泰是卖肉屠户，双方建立了信用关系。在辽阳州，据陈恒仁供："张恒亮前在屯里开过猪肉铺店，因亏本关门……今年九月初四日，张恒亮赊得李三酒铺里猪一口，讲定市钱十九千五百文。"[2]张恒亮的肉铺因亏本关门，缺少资金，后向李三酒铺赊猪一口，想重拾旧业。在广西车兰州，嘉庆二十年（1815）八月初六，李桂畯带雇工张泽富赶猪往河池州发卖。"二十六日，容可钦赊去猪一只，价钱七千文，约俟卖猪转回还钱。九月二十六日，李佳畯与张泽富去向容可钦索欠。容可钦还过钱四千七百文，下欠钱二千三百文，屡讨避匿。"[3]这是小贩偶然的赊买。在陕西汉中府宁羌州，陈先贤供："道光七年（1827）五月初十日，小的问王明的雇主李盈潮赊猪一只，买价钱三千四百文，十一日，小的把猪拉到卿荣贤庙里转卖，得钱四千文。"[4]英山县民人刘玉儿等共殴方和尚身死一案，缘刘玉儿与方和尚素好无嫌，道光十八年（1838）冬间，"方和尚向刘华山赊买老牛一只，转卖得钱四千文，屡讨未还。"[5]和尚贩卖货物获利，却不遵守信用。

清代前期有农户已大量养殖家禽。道光十五年（1835），在四川省巴县，谢如金与邓廷春合伙开鸭子抱房，是年六月，邓廷春的姨戚吴正芳，赊买鸭子，欠钱十五千文，立有文约。延至是腊，正芳分文不与，廷春又将鸭悉行赊出。赊买鸭子的吴正芳称："道光十五年（1835）蚁买谢如金、邓朝隆伙放鸭子出卖，共钱二十一千文，蚁因鸭子折本，钱未即交。后如金、朝隆向蚁面言，令蚁给如金钱十千零六百文，给朝隆钱十千零四百文，蚁已陆续将如金之项付清，簿据审呈。去八月朝隆来家逼索，迫蚁措办补足。朝隆同子邓廷春凭黄永才笔立收约蚁执。"[6]后来谢如金"不认朝隆收项"，又向吴大成（吴正芳之子）索债。吴正芳赊买鸭子转卖折本，在清偿债务时，由于债权人分成两方（谢如金与邓朝隆）而分别偿还，引出纠纷。

零售商人不通过牙行，向生产者直接赊取货物，价格应该更便宜。在陕西凤翔府宝鸡县，史瓜子于乾隆六十年（1795）十月二十日，"在王兴翰炭厂赊

[1] 《兵部尚书梁肯堂谨题》（嘉庆二十一年八月二十五日），刑科题本4302。
[2] 《盛京刑部侍郎兼方骑尉德瑛等谨题》（嘉庆四年二月二十四日），刑科题本4438。
[3] 《刑部等衙门章煦谨题》（嘉庆二十一年十一月十九日），刑科题本5676。
[4] 《刑部等衙门经筵讲官托津等谨题》（道光八年二月二十七日），刑科题本6493。
[5] 《兵部侍郎兼都察院右副都御史巡抚安徽等处地方程楙采谨题》（道光二十年正月二十日），刑科题本7221。
[6] 《谢如金禀状》（道光十九年十月十八日），《清代乾嘉道巴县档案选编》（上册），第35页。

买木炭一百三十斤，贩卖取利，该价钱三百文。"[1]史瓜子是零售商人，直接向生产者赊欠木炭。在山东兖州寿张县，据刘□尧供："已死王瑞夐是小的族间妹夫，烧灰生理，小的贩卖石灰，今年春间，买过王瑞夐九百斤石灰，该京钱三千一百五十文。"[2]刘姓贩卖石灰，向烧灰生理的亲戚赊买。在陕西凤翔府岐山县，王署娃戳伤王同邦身死案。据王署娃供："嘉庆二十年（1815）七月二十日，王同邦赊买小的蓆子四条转卖，作钱九百文，屡讨没还。"[3]王同邦赊买蓆子转卖，是缺少资金的小商贩。在直隶保定府，据宋其中供："本年八月里儿子做卖月饼生理，傅长荣问儿子赊了四百斤月饼，每斤七十大钱，共该大钱二十八千。"[4]赊买月饼数量较大，属于商人向生产者赊买商品。在山东临邑县，王兴义原籍直隶蓟州，嘉庆二十年（1815）间王兴义因年景歉收，携眷移至该县借住李宽闲房，与李宽伙卖烧饼生理。"有同庄居住之回民马保子曾欠王兴义烧饼京钱五百文，屡讨未偿。"[5]马保子赊欠烧饼钱达五百文，肯定不是自己消费，而是用于转卖获利，王兴义则是烧饼生产者，提供信用给经销人。在商业繁华的杭州城，一些贫困没有经营资本的小贩，直接从作坊赊取货物，贩卖养家，"有贫而愿者，凡货物盘架之类一切取办于作坊，至晚始以所值偿之。虽无分文之储，亦可糊口"[6]，这些小贩的所有资本全从生产者处赊取，既能赚钱养活家人，又为作坊推销了商品。

生产者与商人间的信用关系一旦建立，往往会发生多次或长期交易关系。在广东归善县，叶大均供："叶绍香平日开张油店生理……吴亚三赊油转卖……嘉庆元年（1796）六月内，吴亚三凭中蓝戊丹，复向儿子赊取三十担，议定价银五十七两四钱八分，先交定银十六元，定有约单"[7]。叶绍香所开油店可能是"前店后场"式的手工作坊，他既是生产者，又是批发商，吴亚三是零售商，他不止一次向叶绍香赊油转卖。本次赊油三十担，程序相当规范，有中人蓝戊丹作证，并定有约单，吴亚三先交定银十六元。中人蓝戊丹不是牙商，这也说明叶绍香的身份主要是手工作坊主。在巴县，赵百川佃王姓铺面

---

[1]《兵部侍郎秦承恩谨题》（嘉庆元年七月初九日），刑科题本4219。

[2]《兵部侍郎兼都察院右付都御史巡抚山东等处地方伊江阿谨题》（嘉庆元年十一月十八日），刑科题本4189。

[3]《刑部崇禄谨题》（嘉庆二十二七月二十八日），刑科题本5721。

[4]《刑部等衙门经筵讲官成德等谨题》（嘉庆四年七月二十六日），刑科题本4445。

[5]《济南府》（嘉庆二十五年七月十九日），《雪心案牍》第一函第二册。

[6]［民国］《杭州府志》卷七十五《风俗二》，第354页。

[7]《刑部等衙门和珅等谨题》（嘉庆二年十一月三十日），刑科题本4229。

开设油漕房生理，因贸易不顺，亏欠马福川银三百余两无还。道光二十一年（1841）九月被福川控告，并被押追。"今二月蚁染寒病，取保医调。收帐缴还。有刘云成、刘二弟兄陆续赊取蚁油酒，共该钱四千七百余文。"[1]赵百川开设油漕房生理，欠马福川之银可能是借贷资本，也可能是货物赊欠所致。刘云成、刘二弟兄赊取赵百川的油酒不止一次，所欠货款数目较大，他们应该是做油酒买卖生意的批发或零售商人，双方的信用关系已维持很长时间。四川人张玉龙"自祖开设万盛号织绫机房生理，有开县客与蚁铺买卖，今已四代，蚁父子放出开县客账一千余金，因伊等与蚁买卖未绝，前搭后账，同行共知。"[2]开织绫机房生理的张家已经连续四代，大约有近百年的历史，张家与开县客商的买卖也持续了近百年，双方交易历来是前搭后账，即每次取新货时还旧账，信用关系连续不断，张家父子不断提供信用给开县客商，放出的客账达一千余金，可见其机房有一定的生产规模。

2. 商人向生产者提供信用

商人向生产者提供信用有两种情况，一是商人将原材料赊给生产者，一是商人向生产者预买、定买货物。[3]

商人将生产所需原材料赊给生产者，是商业资本转化为生产资本的途径之一，有助于暂时缓解生产者的资金困难，对保证商品生产有重要意义。雍正、乾隆年间，双林镇的绸庄就是"赊丝于机户，即收其绢，以牟重利"，即所谓"商人积丝不解织，放于农家预定值，盘盘龙凤腾向梭，九月辛勤织一匹"。[4]在濮院镇，绸行经营性质也与此类似，"购买新丝，贷于机户，而收其绸"[5]。

在湖北德安府随州，乾隆十九年（1754）五月十一日，"刘奎正至孙光宗鱼行，向客民杨落仁购买鱼秧一千个，言定价钱六百五十文，当交钱四百文，下欠二百五十文。"[6]刘奎正到鱼行购买鱼秧一千个，应该是自己养鱼用，孙光宗是牙商，杨落仁是客商，属于部分赊欠。在四川成都府，据平日做豆腐生意的张纯儒供："嘉庆二年（1897）三月初十日，小的向叶枝俸买豆五升，欠

[1] 《赵百川告状》（道光二十二年四月二十二日），《清代乾嘉道巴县档案选编》（上册），第382页。
[2] 《张玉龙诉状》（道光四年七月二十六日），《清代乾嘉道巴县档案选编》（上册），第349页。
[3] 关于商人向生产者预买、定买货物将在下文专门论述。
[4] ［民国］《双林镇志》，卷十六《物产》。
[5] ［民国］《濮院志》，《中国地方志集成——乡镇志专辑》第21册，江苏古籍出版社1992年版。
[6] 《兵部右侍郎巡抚湖北等处地方张若震谨题》（乾隆十九年八月二十六日），刑科题本1029。

钱一百三十文未还。"[1]这是生产资料的赊欠。在贵州省，据凶犯叶成焱供："道光元年（1821）六月里，小的与妻弟肖光租合伙赶马驼载客货，向莫尚华赊买马九匹，议定价银八十九两，各把田契抵押。"[2]叶、肖二人合伙经营运输行业，赊买的马匹作为运输工具使用，货价昂贵，因此用田契作抵押。徐连俸籍隶巧家厅，向开饭店生理，与恩安县人蒋春景素识无嫌，道光二十年（1840）四月初一日，蒋春景与村邻金开有贩盐斤来巧家厅售卖，"徐连俸向蒋春景赊盐十二斤，每斤价钱六十五文，合钱七百八十文，又向金开有赊盐四十九斤半，合钱三千二百十七文。"[3]开饭店的徐连俸可能已多次向蒋春景买盐，二人素识无嫌，这次赊买并无保人和契约，所购之盐也不是用来销售，主要为经营饭店生理。

在清代小说《里乘》中记述，甲出远门，将妻儿托付给乙照料，乙却照顾不周，甲妻无钱度日，于是乙家的老仆人对甲妻说："老奴常为主人会计各店，颇蒙取信，夫人应需何物，老奴可暂入各店支取，俟鬻物偿资，亦无不可。"甲妻大喜称谢，遂央仆贷得针线布帛等类，日督妾女子妇诸人，一志刺绣。[4]乙的仆人帮甲妻赊取针线布帛等物品，又帮她出卖刺绣，所卖之钱不仅还了欠账，而且维持了全家的生活。这实际上是乙的故意安排，甲妻并不知情，通过赊取原料，用自己的劳动渡过难关。这是商人向生产者提供的信用，说明商品赊销对于生产者，尤其是对缺少资本的生产者具有深远意义。

在河南温县，据李生武供："小的与杨用选各开帽铺生理，今年四月十六日，小的同杨用选凭牙行王明吾说合，夥赊了宋明侯皮羢四包，梳羢二包，共该价银五十四两四分，立有合同，约定九月中偿还，小的分皮羢二包重一百二十六斤，每斤价银一钱三分，该银十六两三钱八分，梳羢一包，重六十三斤，每斤价银一钱六分五厘，该银十两四钱，二共该银二十六两七钱八分。"[5]这次赊销，既有牙行凭中说合，又立有合同，赊期约五个月，是专业商人与商品生产者间的商业信用关系。嘉庆十一年（1806），在四川巴县，"有土主场人氏罗长友在城开帽铺生理，在伊父贾天顺铺内赊取毡片等货，该

[1] 《太子太保兵部尚书勒保谨题》（嘉庆三年四月初七日），刑科题本4379。
[2] 《刑部等衙门文渊阁大学士管理刑部事务臣戴均元谨题》（道光三年七月），刑科题本6123。
[3] 《兵部侍郎兼都察院右副都御史巡抚云南张澧中谨题》（道光二十一年二月初九日），刑科题本7256。
[4] 《里乘》卷六，《笔记小说大观》十六，第三十二册，江苏广陵古籍刻印社1983年版，第263页。
[5] 《刑部等衙门鄂弥达等谨题》（乾隆二十四年二月十七日），刑科题本1373。

欠价银一百余两，账簿可据，拖欠不偿。"[1]在广东南海县，欧阳章显受雇在陈成茂铺内弹棉花工作，嘉庆四年（1799）八月内他向陈细火赊买棉花四斤，欠银七钱二分。[2]所赊棉花当是弹棉花铺所需原料。在重庆府合州，据张洪杰供："死的张洪熙是小的胞兄，在铜梁县安居桥与赵怀合伙开盐铺，嘉庆七年（1802）六月二十六日，有向开酱园的易明杰向赵怀并哥子买盐三百斤，共该价钱八千七百文。"[3]张洪熙与人合伙开盐铺，将盐赊卖给开酱园的易明杰。这些都是商人将生产资料赊卖给生产者，为生产者解决了资金短缺的问题。

综上所述，与生产者有关的商业信用在清代前期已经相当普遍。生产者相互间的信用在农牧业生产中较为多见，如种子、秧苗、小鸡、小鸭、小猪、大牲畜等的赊卖。这有利于节省农牧业生产的资金，缩短商品运输时间和路程。这种信用关系若存在于手工业者间，则便于双方建立持久的信用关系，对于稳定双方的生产都有作用。发生在商人与生产者之间的信用关系，有两种情况：一是生产者提供信用给商人，对于缺少资本的小商贩有重要意义，生产者却会承担较大的风险；另一种是商人提供信用给生产者，有利于生产的发展，是商人资本转化为生产资本的重要途径。

二、与生产者有关的预买与定买

商业信用形式除了占主体地位的"赊买赊卖"外，"预买"与"定买"成为农产品与初级手工业品销售的另一重要途径。关于清代商品经济中预买与定买问题，目前仅见到方行先生的《清代商人对农民产品的预买》[4]一文对此进行了专门论述，其他清代经济史研究成果中偶有涉及这一现象，但没有专门研究。[5]

方行先生指出："商人通过预付货款，或借垫资金，以收购农民的农产品和手工业品，即所谓预买"[6]，也就是商人先把货款交付生产者，或借贷资金给生产者，过一段时间后，生产者再把商品提交给商人。预买类似于现在的

[1] 《贾仕杰禀状》（嘉庆十一年十月初二日），《清代乾嘉道巴县档案选编》（上册），第220页。
[2] 《刑部等衙门经筵讲官董诰等谨题》（嘉庆五年八月初二日），刑科题本4500。
[3] 《太子少保总督四川等处地方勒保谨题》（嘉庆九年四月二十五日），刑科题本4781。
[4] 方行：《清代商人对农民产品的预买》，《中国农史》1998年第1期，第34—40页。
[5] 如刘秀生：《清代商品经济与商业资本》，中国商业出版社1993年版；张海英：《明清江南商品流通与市场体系》，华东师范大学出版社2002年版。
[6] 方行：《清代商人对农民产品的预买》，《中国农史》1998年第1期。

"现货远期合约交易"，其基本功能在于避免商品价格波动风险。根据商人是否把全部货款预付给生产者，可以把这种现象分成两类：其一，货款全部预付，就是"预买"，在粮食收购中大多采用此方式；其二，只交付一部分定钱，其余部分货款交货时再支付，称之为"定买"，主要在手工业品订货时使用。

由于预买与定买行为是经济生活中经常性的、琐碎的、最基本的商业交往形式之一，而且这一行为与商品生产直接发生关系，预买或定买契约得到双方的完全履行后，很少会留下证据或是有价值的史料。能够留下的具体史料多是定约双方中有一方没有执行契约，从而引起纠纷争斗，以至于出了命案，在经过诉讼程序之后才留下可靠的、具体的、有价值的史料，如第一历史档案馆保存的部分刑部档案。这些个案可以用来说明当时预买与定买的一般情况，但却不能从整体上反映预买、定买在商业交往中所占的比例。在一部分地方志中有关于预买、定买现象的记录，这种记载虽不具体，但却能反映当地的普遍现象。方行先生正是经过对地方志的认真梳理，从而认识了清代前期商品预买的整体状况，他指出："商人预买涉及许多重要的畅销商品，如粮食、蚕丝、苎麻、烟叶、甘蔗、树蜡、蓝靛、水果、棉布、植物油、蔗糖、竹纸等等，遍及江苏、浙江、安徽、福建、广东、广西、湖南、江西、四川、河南、陕西诸省以及台湾地区。"[1]总的说来，预买与定买的主要对象多是农产品，这与其生产的季节性有很大关系，其中粮食所占比例最大，包括芝麻、菜子等油料作物；桑叶、烟叶等经济作物也是商人预定的主要产品；此外，初级手工业品也是商人乐于定买的。预买、定买多发生在经济发达的东南地区及重要的粮食产地。本章将主要运用档案等史料，在方行先生研究的基础上，进行更具体的探讨。

（一）粮食的预买与定买

谷类、豆类和油料作物等与老百姓日常生活密切相关的粮食种类是商人们主动预定的对象，具体说来，有谷、麦子、燕麦、高粱（秫秫）、米、糯米、包谷（玉米）、黄豆、黑豆、胡豆、芝麻、菜子等。清代前期农村粮食基本是自给自足，城镇居民则多依赖市场，全国范围的粮食流通渠道已基本建立，在粮食产地和粮食需求地区都已形成了固定的集散市场，出现了一些专门的粮食贩运商和坐商。为了得到稳定的货源和规避价格风险，粮食市场上游的收购商

---

[1]　方行：《清代商人对农民产品的预买》，《中国农史》1998年第1期。

便经常采用预买和定买的方式来保证货源，一般情况下，贩运商提供资金，牙商、牙人和小经纪在当地采买粮食。

1. 谷类的预买与定买

四川素称"天府之国"，在清代是全国重要粮食输出地区，"四川粮食外运'常年动计数百万石'，绝大部分在重庆集散"[1]。当地粮商很多，同样粮食预买、定买现象也较普遍。如在四川眉州直隶州，据赵鸿元供："乾隆六十年（1795）二月内，罗奇彪、张高陇凭宋起正担保定卖麦子一石与小的，他们先收小的价银一两五钱。"[2]清代的大宗买卖中，保人或中人是不可少的，本次交易预收价银一两零五钱，先有担保，后交麦子，应是卖方不讲信用，引起纠纷。再如四川绵州绵竹县，据周正纪供："向开米店生理，与罗树基素好无仇，嘉庆二年（1797）间六月初二日，小的凭苏允受做中向罗树基买谷两石，当付价钱二千文，约定八月内交谷，立有字约。"[3]显然，周正纪是一粮商，他在六月凭中人苏允受向罗树基预买谷两石，当时付给价钱二千文，约期两个月，到八月交谷，并立有字约，有中人，这笔交易的操作较为规范。第三例发生在四川顺庆府南充县，据张昌瀍供："死的张昌泰是小的胞兄，嘉庆六年（1801）八月，问哥子定买周朝绪高粱一石，当给定钱九百文。"[4]本案死的张昌泰当属中间人，帮他人定买高粱一石，收取定钱。第四例发生在四川乐山县，"嘉庆十七年（1812）五月初八日，季唐预卖包谷二石与李庭高，约定七月内交□，当收李庭高价钱三千文"[5]。这次预卖的买方应为粮商，卖方很难判断是商人还是农民。第五例也在四川嘉定府乐山县，据张泳兴供："道光十四年（1834）五月间，万春秀用钱二千文向小的买定包谷一石，约俟秋后□给。"[6]这次定买实际是预买，货款全部预付，约秋后给谷。第六例在四川彭山县，道光八年（1828）二月初六日，"叶世恺交与余潮秀钱陆百文，言明俟其地内麦子黄熟卖与两斗。"[7]这次预买麦子数量较少，不能确定是用于商业还是自己消费。

---

[1] 方行、经君健、魏金玉主编：《中国经济通史·清代经济卷》（中册），第992页。
[2] 《太子太保文渊阁大学士暂署四川总督印务孙士毅谨题》，刑科题本4169。
[3] 《刑部等衙门苏凌阿等谨题》（嘉庆三年八月十九日），刑科题本4354。
[4] 《刑部等衙门经筵讲官董诰等谨题》（嘉庆八年三月十三日），刑科题本4706。
[5] 《兵部尚书总督四川常明谨题》，刑科题本5360。
[6] 《刑部等衙门王鼎等谨题》（道光十八年六月二十二日），刑科题本7054。
[7] 《兵部侍郎兼都察院右副都御史总督四川等处地方戴三锡谨题》（道光八年十二月十九日），刑科题本6486。

上引六例属于商业信用中的"预买"，在交易初始都预付了全部货款，而且是在粮食成熟之前进行的交易。在这六次预买行为中，预买的对象有麦子、谷、高粱、包谷，都属于谷类，是居民饮食中的主食。它们均发生在四川省，除最后的案例外，可以确定其他五例都和商人有关，这反过来又证明了四川省的粮食产量较大，外运他省销售的规模"常年动计数百万石"是完全可信的。在预买过程中，有的交易手续非常正式，既有中人，又立有字据。清代也有粮食收获之后的预买，如乾隆十四年（1749）九月内，在四川保宁府南部县，王维贤付给僧人清源银一两，"买米五斗，止收过一斗七升。"[1]这里的米当指稻米，卖方清源违约，欠米三斗三升。

除四川外，广东、湖南、江苏、陕西、甘肃、归化厅等地都有粮食预买定买现象。广东南雄府保昌县人邓库隆，于乾隆二年（1737）九月内，"用价钱一千文与马细满买谷三石，先交一石五斗。"[2]这是部分预付货款，当时交谷一半，另一半以后再交付。邓应是贩卖粮食者，之所以预付货款，一是因为货源紧张，另一原因可能是预计谷价会上涨。与此类似，在湖南芷江县，"杨受侯用银三两，向杨子才买谷五石七斗，先交二石，尚欠三石七斗，约定年底找给"[3]，也是预付货款，分批交货。在江苏苏州，乾隆十一年（1746）九月内，王铁头"两次取用王沛宜买秫秫银四十六两四钱，许交秫秫二十二石，后因秫秫腾贵……将秫另卖。"[4]此案中王沛宜应是资本较雄厚的粮食贩运商，他可以向王铁头先后两次提供信用，预付货款四十六两四钱，买秫秫二十二石。而王铁头可能开有粮食牙行，即米行。[5]后来秫秫价格上涨，王铁头贪图更多的利润，不守信用，将所收秫秫高价卖给别人，引起争端。

山陕商人在清代前期是一支非常活跃的商人队伍，由于明代开中制的实行，其中有不少是以贩运粮食起家。在西北几个省份的农业生产中，也有商业资本的投入。如在陕西商州山阳县，董起荣于嘉庆五年（1800）四月里，"支□吴士成麦价银二两二钱，讲明给麦一石。"[6]在山西省孝义县，据廖振潮供："已死廖振度是小的胞兄……嘉庆十一年（1806）八月里，哥子问田舟山定买包谷六石二斗，共价银七两四钱四分，当时交清，约十一月内交给包谷，

---

[1] 《刑部史贻直谨题》（乾隆十五年十月二十六日），刑科题本0735。

[2] 《署理刑部来保谨题》（乾隆三年二月十四日），刑科题本0118。

[3] 《刑部等衙门鄂弥达等谨题》（乾隆二十五年十一月初六日），刑科题本1422。

[4] 《署理江苏觉罗雅尔哈善谨题》（乾隆十四年九月初六日），刑科题本0665。

[5] 方行、经君健、魏金玉主编：《中国经济通史·清代经济卷》（中册），第1317页。

[6] 《兵部侍郎巡抚陕西陆有仁谨题》（嘉庆六年二月十五日），刑科题本4538。

至期田舟山没有包谷，情愿迟日凑还。"[1]这里买卖双方都应是贩卖粮食者，预买包谷多达六石二斗，价银一次全部交清，卖方田舟山至期没有包谷，情愿以后凑足再还，说明他的包谷也是买来，并非自己所种。据山西省归化（今内蒙古自治区呼和浩特市）通判何铤详称，"据潘季发供：年五十八岁，归化厅人，与已死杨在英素识无嫌。道光十四年（1834）十一月十三日，小的用银一两三钱向杨再英定买包谷一石，先收二斗，下欠八斗，约到十二月内交还，以后屡讨无偿，十五年四月十七日后，小的往向再讨……"[2]杨应是小粮商，定卖包谷，约期一个月，至期未交清货物。买卖双方相识已久，本次交易既无中人，又无字约，全凭口头协议，或许以前就有生意上的往来。

清代商品粮的集散，全靠分布在各地的大大小小的粮商来完成，余粮的收集过程是第一环节。其中有相当部分粮食是通过预买的方式进入流通领域的。在预买过程中，商人往往是主动的一方，他们在多年的经商过程中，对粮食市场的行情有了一定的了解，并可能预测未来市场供求与价格的变动。在预买之初，商人一般会把定买的粮食数量与价格说定，并一次性地把货款全部预付给售粮者。通过这种方式，商人既可以保证货源的稳定，又可能避免将来价格上涨的风险。粮食的预买过程可能形成一条预买链，资本雄厚的贩运商向粮食生产地的米行预买，米行可以向当地的小粮商预买，也可以像小粮商一样直接向农民预买。在粮食预买中，预买方要承担一定的风险，卖方很可能不能按期交货，或者货物质量不能保证，以致双方发生矛盾。如在甘肃兰州平凉府固原县，据余人张文汉供："道光十三年（1833）九月内，罗映忠问小的与苏秉儒收买燕麦，就定每斗价钱三百二十文，小的先支钱三千文，苏秉儒支钱五千文。十月初一日早，小的同苏秉儒共运燕麦三石往交罗映忠量收，罗映忠嫌粮色秕细，要短价值才肯收量，小的们不肯。"[3]粮商罗映忠向张、苏二人预买燕麦，双方因麦子质量问题发生争执。罗预支了张、苏二人共八千文钱，按每斗三百二十文的价钱算，三石的总价是九千六百文，罗应该再支付一千六百文。或许罗是因为不想找给价钱，故意挑剔粮色，也可能燕麦的质量的确较差。对商人来说，预买的弊端也正在这里。

2. 豆类的预买与定买

豆类作物的应用价值广泛，除食用外，还可当菜用或进行加工，所以豆

[1] 《兵部侍郎巡抚陕西等处地方董教增谨题》，刑科题本5193。
[2] 《刑部等衙门经筵讲官王鼎等谨题》（道光十六年六月二十二日），刑科题本6351。
[3] 《刑部等衙门经筵讲官王鼎等谨题》（道光十五年二月十二日），刑科题本6873。

类也是商人预买的农产品之一。在河南省，"乾隆七年（1742）五月间，程杰曾用郭克明豆银四两，议明给市斗黄豆九斗。"[1]程杰也许是由于暂时缺少资金才预卖黄豆。在陕西神木县，民人温如成于嘉庆二年（1797）十月初七日，"给薛大刚钱三千一百五十文，定买黑豆二石二斗。"[2]温如成似乎是主动方，主动预付豆价钱，定买黑豆。在四川成都府成都县，据刘启梁供："嘉庆十年（1805）三月初七日，赵廷杨问小的定买葫豆三石，每石议价一千七百五十文，共该钱五千二百五十文。"[3]这次定买，不知是否预付货款。

3. 油料作物的预买与定买

芝麻和菜子是主要的油料作物，四川不仅是粮食生产地，同时油料作物种植也很广泛。下面是六例发生在四川省的油料预买案例：

第一例是四川保宁府南郭县人郭舒安，"于乾隆五年（1740）四月初一日，收银四两给与廖涷，言定收交足芝麻四石，至十月二十七日，舒安往索无偿，以芝麻价长，令廖涷还银十两。"[4]郭舒安是收到别人的银两给了廖涷定买芝麻的，他很可能是中间商或经纪人。而廖涷答应"收交足芝麻四石"，并非自己种植芝麻，则可能是在开设牙行。六个多月后，卖方违约，没交芝麻，舒安以芝麻价格上涨为由，要求还银十两，是预付价钱的2.5倍。由此反映出贩运商从事预买活动，"在各种商业中，利润最高。"[5]

第二例在重庆府，"乾隆十五年（1750）三月内，陈定照曾给曹惠山银三十四两八钱，托买芝麻一十二石。"[6]这是托他人买芝麻，预付货款。

第三例在嘉定府峨眉县，据张王氏供："嘉庆四年（1799）二月里，李俸柱向丈夫买菜子一石，当交价银二两二钱，言明收割时交足。"[7]这是典型的定买菜子，李俸柱仅预付了部分货款，剩下部分等收割时交足。

第四例在四川潼川蓬溪县，据李元漠供："嘉庆七年（1802）正月二十日，余凌云与小的定买菜子十六石，收过他银一百五十两，限四月内交。"[8]

[1] 《刑部来保谨题》（乾隆九年三月十八日），刑科题本0400。

[2] 《署理陕西巡抚秦承恩谨题》（嘉庆四年正月二十日），刑科题本4412。

[3] 《太子少保兵部尚书总督四川等处地方勒保谨题》（嘉庆十年十一月初七日），刑科题本4805。

[4] 《刑部等衙门来保等谨题》（乾隆六年），刑科题本0239。

[5] 方行在《清代商人对农民产品的预买》中指出：预买贩运商的利润，主要来自预买价格与现货价格之间的差价。此差价大，是因为它包括下面的两个部分。第一，预付价款的利息。其次，预买风险报酬。预买从付款到交货，一般都要有半年左右的时间，资金周转慢，加以预买操作繁杂，费时费事，就是假手牙行，也会增加费用。贩运商人从事预买，其交易成本是很高的。

[6] 《总督四川策楞谨题》（乾隆十六年六月二十九日），刑科题本0755。

[7] 《暂署四川总督勒保谨题》（嘉庆五年七月十九日），刑科题本4496。

[8] 《刑部等衙门经筵讲官董诰等谨题》（嘉庆八年九月二十四日），刑科题本4690。

无疑本次交易可能发生在大商人之间，也可能余凌云开有油坊，十六石菜子绝非小商贩轻易能承揽的，而余凌云之所以提供一百五十两银钱的信用给李元漠，说明李作为商人有一定的信用，做菜子生意也非一日。从正月开始，信用期限约四个月，农历四月正好是菜子成熟的季节。

第五例在四川新繁县，"嘉庆二十二年（1817）四月间，林子成以糯米一百石向萧淐遇掉换菜子一百石，议定秋收后两交，其时菜子价昂，林子成补给萧淐遇钱二十四千文，言明：日后林子成翻悔，所补钱文不退，萧淐遇翻悔，加倍还给，立约各执。迨后米价增长，林子成不允调换，即欲萧淐遇退钱，萧淐遇不允，凭刘广等理论，勒令萧淐遇退还钱八千文，林子成应允，萧淐遇当给钱文，将各约烧毁寝事。道光十二年（1832）八月十一日……林子成声言萧淐遇尚应退还伊钱十六千文，当向索讨，萧淐遇村斥其非"[1]。双方立约以物易物、互相预买，由于当时菜子价格昂贵，卖糯米方林子成补给萧淐遇二十四千文，每石菜子约补钱二百四十文，并立约防止反悔，规定了处罚措施。后来，米价上涨，林后悔违约，不仅不愿以糯米调换菜子，而且要求退钱，双方发生矛盾，凭刘广等说合，萧退还林八千文钱。十五年后，林又要求退还其余十六千文，引起争执。根据双方的交易量并立有字约推测，他们决不是普通农民，应该是有一定经验的商人，应该明白诚信的重要性。林子成的一再反悔说明当时人们对于条约的态度很随意，尤其是口头承诺，认为可以任意悔改的，法制观念淡漠。虽然立了约，但却不能按照契约执行，遇到争执没有直接诉诸法律，首先是通过民间调解，直至引发了刑事案件，才到官府告状。信用的实现主要凭个人的品德来兑现承诺。

第六例发生在道光三年（1823）八月，"邛州（今四川邛崃）人李太娃向李金斗毛用钱八百五十文买菜子五斗，立约限下年□交，后来，李金斗毛出外贸易，没有把菜子□给，八年五月，在回龙镇赶场相遇，李太娃向李金斗毛索讨。"[2]从这次交易可以看出清代资本周转速度的缓慢，即使李金斗毛按照约定如期交货，李太娃这笔钱周转回来也得一年多。而实际上，直至道光四年（1824）九个月之后，买卖双方才又在赶场时偶然相遇来了结这笔交易，反而引起纠纷。从时间上推算，李金斗毛出外贸易走得一定很远，这和当时交通不便也有关系。

---

[1] 《总督四川等处地方鄂山谨题》（道光十四年二月二十一日），刑科题本6835。
[2] 《道光八年十月题本》，刑科题本6459。

（二）林牧渔业产品的预买与定买

农林牧副渔都属于广义的农业，农业作为第一产业对于国计民生的基础性作用是不容置疑的，虽然中国封建社会有传统的重农抑商政策，但农业的发展与商业、运输业是不可分离的，二者相辅相成才能保证经济的平衡运行。这里把除粮食与食用油以外的其他农业产品概括为副业产品。在清代前期，这些农副产品在集市上琳琅满目，应有尽有。商人或生产者根据市场和原料供应状况对其进行预买也是屡见不鲜。

1. 桑叶、烟叶、竹木材等经济作物的预买与定买

对于养蚕者而言，桑叶是必不可少的原料，多数人自家种植桑树，也有人因为无地种桑，或养蚕很多需要购买桑叶，这就须准备好蚕眠之前所需的桑叶。"湖之畜蚕者多自栽桑，不则豫租别姓之桑，俗曰'秒叶'。"[1]桑叶的购买称为"秒叶"，即"稍叶"，"畜蚕者或自家桑叶不足，则预定别姓之桑，俗曰稍叶"，"叶之轻重，率以二十斤为一个，南浔以东则论担。其有余则卖，不足则买，胥谓之稍。预立约以定价，而俟蚕毕贸丝以偿者曰赊稍。有先时予值，俟叶大而采之，或临期以有易无，胥曰现稍。其不能者或典衣鬻钗钏以偿之，或称贷而益之"[2]。桑叶的价格会随着市场的行情经常变化，"有隔年做定者，价稍低；有清明做定者，价稍昂；至叶行开称，市价低昂本无一定。"[3]董蠡舟"稍叶"篇写道：

> 家家门外桑荫绕，不患叶稀患地少。
>
> 及时惟恐值尤昂，苦语劝郎稍欲早。
>
> 我家稍时在冬月，一担不过钱五百。
>
> 迨至新年数已悬，蚕月顿增至一千。
>
> 未到三眠复忽变，一钱一斤价骤贱。
>
> 夫婿闻之咎阿侬，而今欲悔已无从。
>
> 侬笑谓郎莫尔尔，吾家所失殊无几。
>
> 不见街头作业人，折阅已过大半矣。[4]

这段话真实地反映了桑叶市场的变幻莫测，也说明了预买桑叶的普遍现

---

[1] ［明］朱国桢：《涌幢小品》卷二，第15页。

[2] ［同治］《湖州府志》卷三〇《舆地略·蚕桑上》，第23页。

[3] ［民国］《德清县志》卷四《食货》，第854页。

[4] ［同治］《南浔镇志》卷二二《农桑二》。

象。在杭嘉湖一带，明代就已存在桑叶的赊稍与现稍，在桑叶买卖中双方极守信用，即使典当借贷也要进行这笔投资或清偿债务。这种习惯一直保持到民国时期，地处长江三角洲杭嘉湖平原的浙江省德清县，"以交易时口约为凭，不立契据者多。此社会之信用也。"[1]大多数的交易凭稍叶双方口头协议，这与双方彼此熟识不无关系，也是习俗的延续。"议价既定，虽黠者不容悔，公论所不予也。"[2]"青叶买卖极守信用，乡民卖叶不出凭据，俗语云：青叶不点头，谓点头即成交矣。又云：两面青，无面青。两面青指青叶也，无面青，重信用也。"[3]也就是说，"维持交易信用，更多的是依靠约定俗成的'习惯法'的约束力量，这一点直到清后期仍未改变。"[4]在实际生活中，不守承诺者依然存在。江苏、四川等省也有对桑叶的预买与赊销。苏州人王在贤借银二两一钱，"与孔章定买桑叶，孔章仅付桑叶两担，计算余银九钱四分，孔章未经交还。"[5]王在贤借来银钱二两一钱向孔章定买桑叶，孔章仅交付了一部分桑叶，双方算账还剩九钱四分的银子没有给付。四川嘉定府洪雅县，据鲜畛位供："嘉庆十年（1805）三月间，伍士奇向小的议买桑叶一树，言定价银四钱三分，先交银三分，余银约定四月内摘叶交清，后来伍士奇见市上卖的桑叶贱了总不来摘，小的因被他耽误去寻他。"[6]这是提前一个月的定买，双方事先定好价钱银四钱三分，当时只交了定银三分，其余的等四月摘叶后再交清，后来市价要更便宜些，定买方失信总不来摘，卖方被耽误了卖叶，双方发生矛盾。这也体现出桑叶市场的难于把握。

预买桑叶的不仅仅是养蚕者，由于桑叶价格波动幅度很大，一旦把握时机，或者操纵大量桑叶以致能影响叶价时，就可能获利数倍。要是判断失误，也可能资本尽失、倾家荡产。乌青镇的叶行营业，"先于上年冬赴下乡抛卖，订明成叶几担，收取定银，至次年，到行发叶交清；一面向本乡叶户预备春叶，叶价付足。如次年无叶采发，照叶市顶价偿还。……叶行上市，通宵达旦，采叶船封满河港。叶行营业顺利，骤可利市三倍。如卖空失败，即时破家。"[7]叶行定买、预卖桑叶虽然风险大，但利润高。一些桑叶行或富户"用

---

[1] ［民国］《德清县新志》卷四《食货》，第854页。
[2] ［光绪］《归安县志》卷十一《蚕桑》，第417页。
[3] ［民国］《乌青镇志》卷二一《工商》，第19页。
[4] 张海英：《明清江南商品流通与商场体系》，第99页。
[5] 《巡抚江苏徐士林谨题》（乾隆五年十二月十八日），刑科题本0195。
[6] 《刑部等管理部门经筵讲官和珅等谨题》（嘉庆三年三月二十二日），刑科题本4363。
[7] ［民国］《乌青镇志》卷二一《工商》，第19页。

低价预先购进大量桑叶，有预购至数百担的。而后用高价赊卖，或待桑叶卖买盛行时出售。所以不论'现稍'或'赊稍'，都存在着商业资本或商业资本和高利贷资本相结合，以不同方式对农民进行盘剥的现象。""这样一来，不论桑叶经纪人、种桑户或养蚕户，都被卷入商品经济的漩涡之中，受着价值规律的支配和影响。"[1]

烟叶也是商贩定买的经济作物之一，"定买"方式在经济作物的收购中比粮食收购更常用。如湖南湘潭的烟草收购，"烟叶，俗呼蔫叶……客商贩买，预给值于种蔫之户，谓之定山，秋后成捆发行。"[2]在福建长寿县，"缘戴肯与堂兄戴信合本种烟，收成完早至七月初七日，戴良向另定买烟叶，每百斤烟价钱五千五百文，先交钱五百文，因烟价稍减，戴良不肯承买。"[3]因为烟叶市场价格下降，以致低于定买之价，定买方反悔，虽然已交定银，却不肯承买，买方信用缺失。

竹子、木材和树苗是重要的林业产品。浙江宁波府，徐帼千供："道光十年（1830）四月间，小的向葛可荣承买毛笋，议定价钱二十二千文，先付钱二千文，斫笋一百二十一斤。"[4]先交二千文定钱，属于定买。四川也是产竹之地，清代南方竹子是生产竹纸的原料。纸张生产者为备料及规避价格风险对竹料预买。巴县人刘洪顺在家乡开办纸厂，道光十八年（1838）八月，向办竹料的□仕顺预买斑竹水竹料子，双方议定价钱，"斑竹料每百斤价钱六百文；水竹每斤价钱七百文，蚁彼在卢同志堂书铺兑交银二十两，又钱九千文，约于十冬两月交料。届期推延，复约今二月定交。"[5]开设纸厂的刘洪顺向竹商仕顺预买竹料，提前在八月交付货款，约定十月、十一月交料。卖方仕顺到期没有交货，双方再次约定来年二月一定交付。树木的砍伐需要时间，所以树木常采取定买方式。嘉庆二十一年（1816）二月初十日，兴福寺住持德怀因连年旱情，会项沉重，将寺内四百根柏树出卖与蒙永顺名下。召集山主众人议定价钱时市九八纹银三百二十两整，当时"收定银十二两五钱足，其余下欠之项，定限四月初十日蒙姓进厂交银二百伐木，以下之项，俟货下河一半，价银概楚，如若四月初间蒙姓有误，其树凭随寺僧发卖，蒙姓不得问及僧定银之事，亦不

[1] 蒋兆成：《明清杭嘉湖社会经济研究》，浙江大学出版社2002年版，第67页。
[2] ［嘉庆］《湘潭县志》卷三九《风土下·土产》，第15页。
[3] 《刑部等衙门鄂弥达等谨题》（乾隆二十一年五月二十六日），刑科题本1134。
[4] 《护理浙江巡抚印务兼管盐政布使司布政使臣觉罗庆善谨题》（道光十年十一月十八日），刑科题本6630。
[5] 《刘洪顺告状》（道光十九年三月初四日），《清代乾嘉道巴县档案选编》（上册），第329页。

得借事生非。"[1]定卖期限是两个月，由买方伐树运输。在成都府什邡县，据陈万兴供："道光十五年（1835）八月三十日，小的问李应甲赊买杉木三百多根，讲定价钱一百二十千，先交定钱七千五百文，余钱约等木料运到马高桥给清。当雇王俸兴与陆正洪、谢述能扎筏放运。"[2]定买杉木，先交相当于总价值约6%的定钱，余钱货到再交。在四川省，道光十七年（1837）冬月（农历十一月）初一日，杨廷魁"凭众卖到正元名下承买红橘柑子秧二千根，即日议定每千根钱十千文整。其柑子秧包红橘，倘有红橘柑秧成园，日后查出白柑子秧，每根赔钱一千文。当交定钱一千文，其有柑子秧包送阳坝期河坎，交与船工，其钱如数交清。"[3]正元想种红橘园需要红橘柑秧，凭众人向杨廷魁定买二千根，议定价钱是二十千文，当时交定钱一千文，等柑秧交与船工后，再将价钱如数交清。在买卖过程中先是买方向卖方提供信用，同时卖方也有对买方的承诺，保证标的物的质量。红橘柑秧是一种特殊的商品，只有生产者间的直接交易才能尽可能缩短其运输路程和时间，从而保证其种植的成活率。

山货商人则专门贩卖山货获利。广东的山姜具有肉质厚，色鲜黄，性温和，味微辣等优点，不仅可入药，更可作为人们宴桌上的美味调味之佳品。嘉庆十六年（1811）六月，在番禺县，"胡肖忠问何亚三等定买山姜二百斤，言明每斤价钱六文，先交定钱二百文。"[4]买卖双方讲定价钱和斤数，商品总价为一千二百文，先交定钱二百文，是总价的17%。黑木耳是东北的特产，吉林乐亭县（今属河北），据凶犯王杰玉供："小的年四十岁，是山东青州府益都县人……五十八年上来吉林，在各处卖工度日，已死韩文智，小的向来并不认识……小的因挣有工钱，想托他代收买几十斤黑菜，秋天背进城里贩卖，当向韩文智商允，讲明每斤黑菜二百五十文，市钱的价值，定下他四十斤黑菜。"[5]黑菜即黑木耳，王杰玉并非专业商人，定买、贩卖黑菜是偶然的行为，可以说他的商业资本来源于自己的工钱，是小本买卖。山货买卖中也有大中商贩介入，中等商人把本地所产山货收集起来，批发给贩运商运到外地销售。道光七年（1827）二月十九日，有南川县民李金发向刘愿易定买黄连四百斤，"内有百斤在太平厅交货，每百斤价钱六十串，内有三百斤在渝城交货，

[1] 《僧德怀卖约》（嘉庆二十一年），《清代乾嘉道巴县档案选编》（上册），第21页。
[2] 《总督四川等处地方军务鄂山谨题》（道光十六年六月十四日），刑科题本694□。
[3] 《杨廷魁红橘柑子秧卖约》（道光十七年），《清代乾嘉道巴县档案选编》（上册），第24页。
[4] 《兵部侍郎巡抚广东韩崶谨题》（嘉庆十七年八月二十九日），刑科题本5344。
[5] 《刑部等衙门和坤等谨题》（嘉庆三年三月十五日），刑科题本。

每百斤价银七十两，当交定钱二十三串。其有货之涨跌，不得翻悔戏言，余宗榜笔立合约现存。"[1]本次定买交易量较大，根据合同四百斤黄连价钱共银二百一十两，钱六十串，定钱二十三串，双方立有合约，由余宗榜执笔。

蓝靛作为染布的原料，是清代商人贩运的重要商品。道光七年（1827）二三月，在朝天门开设钱店的黄有成，先后票借邱发源（客民）等共银三千九百余两作本，携赴合江县新场地方买靛，"复买雷宽裕、傅调化蓝靛一庄，价银三千两，现给宽裕定银四百一十六两。有成运靛六十包，来渝发卖，余靛仍贮宽裕池内未动。"[2]黄有成贩卖靛斤的资本是向客商借的，他并非职业商人，用占总价约14%的银子定买蓝靛，后来仅运走六十包到渝发卖，可能是为了躲避债务而逃匿。

水果在成熟前也有被水果商预买或定买的，在商品经济发达的东南地区表现尤为明显。江西建昌县，"嘉庆十七年（1812）五月内，陈幅凑向张盛波油榨定买油桔三百四十斤，议价二千六百三十五文。"[3]福建、广东的荔枝、龙眼也是预先被定买，"闽种荔枝、龙眼家，多不自采，吴越贾人春时即入资，估计其园，吴越人曰'断'，闽人曰'穄'，有穄花者，穄孕者，穄青者。树主与穄者倩惯估乡老为互人，互人环树指示曰：某树得乾几许，某少差，某较胜。虽以见时之多寡言，而后日之风雨、之肥瘠，互人皆意而得之，他日摘焙，与所估不甚远，估时两家赇互人，树家嘱多，买家穄人嘱少。"[4]可见，有花开时预买者，有花谢时预买者，有预买青果者。广东东莞县，"荔枝花时，估计者视其花以知其实多少而判之，是曰买焙，其人名曰焙家，龙眼亦然，岁夏至后，贾人以板箱载荔枝、龙眼而北，曰果箱。"[5]下面是一个定买荔枝的实例：在广东新会县，据区运淙供："本县人，陈恒顺有围基地段，坐落茂隆里村外地方，种植荔树，道光十二年（1832）五月内，荔枝将熟，小的问陈恒顺定价买荔树十八株，议明每株价钱八百文，尚未交给定钱。后来，李英安又向陈恒顺定买，每株加增钱二百文，陈恒顺应允卖给，李英安就在基旁搭寮看守，小的查知，因小的定买在先，李英安不应加增掠夺，往向李英安指斥争端。"[6]区向陈定买荔枝，已有口头协议，却没有交定钱；后来李又向

[1] 《刘愿易禀状》（道光七年七月初一日），《清代乾嘉道巴县档案选编》（上册），第373页。
[2] 《巴县正堂移》（道光八年十一月二十七日），《清代乾嘉道巴县档案选编》（上册），第353页。
[3] 《兵部侍郎巡抚江西先福谨题》（嘉庆十八年四月十三日），刑科题本5410。
[4] 周亮工：《穄荔》，《闽小记》卷上，第7页。
[5] ［宣统］《东莞县志》卷一三《物产》，第7页。
[6] 《刑部等衙门经筵讲官王鼎等谨题》（道光十三年六月二十八日），刑科题本6809。

陈定买，每株多增钱二百文，十八株，共计三千六百文。于是陈便把荔枝卖给李。看来按照习俗，区陈之间达成的口头协议还不是正式契约，不论是定买人、定卖人，还是他人对此口头协议的法律效力都没有认可。区只是认为自己已经定买在先，李不应加增掠夺。在四川巴县，牟义和在山上栽蓄佛手柑一林，共费工钱二千余串，每年约卖钱八百余串。"本年佛手成熟，蚁已拼卖水客，价银三百余，今交足约期下货。不料前月二十七夜，否被河贼窃去蚁佛手柑三百余斤，共约值钱七十余钱。"[1]佛手柑，又名五指柑、蜜萝柑，属芸香科常绿果树，是由叶片进化变异而成的"活化石"，具有很高的药用价值和观赏价值。牟义和所种佛手柑非常抢手，早被水客预买，价银已交足，不幸被贼偷去三百余斤。

广东、台湾地区的蔗糖常被糖商定买，广东澄海县糖商在本省潮州府、琼州府等产糖的地方，"持重资往各乡买糖，或先放帐糖寮（即煮糖厂），至期收之。"[2]糖是台湾重要物产，"三县每岁所出蔗糖约六十余万篓，每篓一百七八十斤。"合计共约一亿多斤，产量非常大，许多人以此业为生，所产之糖被运往福建、江苏、日本、吕宋等地，商人争相定买，"全台仰望资生，四方奔趋图息，莫此为甚。糖斤未出，客人先行定买，糖一入手，即便装载每篓到苏，船价二钱有零。"[3]

2. 畜牧、水产品的预买与定买

猪肉是百姓的重要肉类来源，猪的定买也时有发生。广东韶州府潮源县，乾隆十三年（1748）十二月，"宁洋有买猪一只，议定每百斤价钱四千四百文……以肉价较前平减翻悔不宰，索还定钱。"[4]宰猪者定买后，因猪肉价格平减而反悔，向卖方索还定钱，不讲信用。与上例相反，下例是卖方反悔。云南临安府宁州，据雷小三供："向来贩猪生理，合李士学同村居住，素识没仇。嘉庆二十年（1815）六月二十八日，小的听得李士学家有猪一只要卖，小的走去向买，李士学同他父亲李鹏都不在家，小的向李士学的妻子张氏讲定价银四两五钱，小的留下定银一两五钱走回。二十九日下午，小的带了银子前去拉猪，李士学说他妻子把猪卖贱了，要小的加价银"[5]，雷小三不依，于是双

[1] 《牟义和禀状》（道光二十七年七月十七日），《清代乾嘉道巴县档案选编》（上册），第27页。
[2] ［嘉庆］《澄海县志》卷六《风俗》，第8页。
[3] ［乾隆］《重修台湾府志》卷一七《物产一》，第9页。
[4] 《巡抚广东岳濬题》（乾隆十四年七月二十八日），刑科题本0685；《兵部侍郎孙玉庭谨题》（嘉庆二十一年二月初八日），刑科题本5667。
[5] 《刑部等衙门崇禄等谨题》（嘉庆二十一年），刑科题本5638。

方骂殴，雷小三用猪刀将李士学戳伤身死。显然这次定买是口头协议，没有立字据，但交了定银，妻子把猪卖贱，丈夫反悔，要求加价，引起纠纷。买卖双方同村居住，互相认识，没有仇隙，所以很容易达成口头协议，而这正是产生矛盾后，使事情走向极端的原因之一。

水产品也有季节性，有专门经营水产品的商贩或生产者对其定买。在湖南衡阳县，据刘朝供："乾隆十九年（1754）闰四月初四日，小的向李次贤定买一万二千鱼苗，讲定九两六钱银子，原许他十五日先给钱二千文。"[1]这是口头协议，答应先给定钱二千文。在广东陆丰县，郑与秀供："嘉庆二年（1797）四月初四日，施亚多向儿子定买虾干三百斤，议定番银三十六元。"[2]这说明嘉庆年间，番银在广东省已成为民间商品流通的媒介，在商贩间的大宗交易中成为较广泛流通的货币，定买虾干三百斤，是一宗大买卖。

除桑叶、烟叶、山货、水果、蔗糖、畜牧、水产品外，其他与农业有关的附属产品也有被定买的。河南陕州单氏县，"张建月向伊姪吴小保定买谷草一百束，收钱五百文。"[3]谷草主要用来作饲料。在直隶宣化府万全县，据黄满应供："小的父亲向开羊铺，宰卖羊只生理……七月初头，张洞去向小的父亲讲买羊皮，每张说定大钱二百六十文，张洞支给父亲十千四百文大钱，共要四十张羊皮。"[4]张洞定买羊皮，货款全部预付。

（三）手工业品的预买与定买

手工业品的生产有专业手工业者，如陶瓷烧制、造纸等，也有普通农户，如纺纱、织布。预付货款在手工业品买实中同样存在，广西临桂县，"乾隆十年（1745）三月内，秦金生收给傅君照制钱一百六十五文，言定交灰五担。"[5]秦金生可能开有灰行，他收到客商的买灰钱，再向生产者定买。

竹纸是用竹作为原料而生产的，质地较脆，主要用于书写和印刷，我国南方产竹，故竹纸多产于南方。明清以来，造纸技术不断改进，纸的质量亦不断提高，印书、贩书、藏书者日益增多，纸张的消费不断增长，纸的生产与买卖兴盛起来，纸张的预买与定买现象也随之增多，清代福建是印刷业和造纸业者很发达的省份。福建省宁化县人傅乾应与表亲赖有如，俱系造纸为

---

[1] 《刑部等衙门鄂尔达等谨题》（乾隆二十年六月二十七日），刑科题本1070。
[2] 《刑部等衙门和坤等谨题》，刑科题本4372。
[3] 《兵部侍郎巡抚河南马慧骄谨题》（嘉庆八年七月初九日），刑科题本4709。
[4] 《太子太保兵部尚书总督直隶等处地方胡季堂谨题》（嘉庆四年五月初一日），刑科题本4449。
[5] 《署理广西巡抚托庸谨题》（乾隆十年十二月二十日），刑科题本0477。

业，常在汀郡池子庭纸行发卖，因与纸客巫吉顺熟悉。"乾隆十七年（1752）十月，赖有如结欠巫吉顺纸银一百两，言定十八年六月，做纸交还，其欠约内系行户池子庭作保。"[1]由行户作保，客商预付货款，预买纸张，为生产者提供了资本。在福建归化县，据罗光宗供："小的开张纸店生理，乾隆十九年（1754）十一月内，小的向陈元辉定造竹纸一百五十捆，约定每捆要重八斤，价钱二百零五文，如有粗轻原要扣减，小的先交他二十千文，陈元辉陆续挑纸来还，小的又交他钱十千七百五十文，到今年五月里，元辉纸已还明，并多交小的竹纸五十八捆，那多交的纸都是粗轻的，小的照时价每捆一百五十文的钱计算，又交他三千七百三十五文，先后收他竹纸二百空八捆，共交钱三十四千四百八十五文，还少他钱四千九百六十五文"[2]。这是纸店商人向生产者定买竹纸的实例，双方事先讲定竹纸的数量、质量和价钱，纸商预交了部分定钱，预定竹纸总价是三十千七百五十文，所交定钱是二十千文，约是总价的65%。到乾隆二十年（1755）五月里，生产者陈元辉不仅交付了所定竹纸，还多交质量较次的竹纸五十八捆。纸商罗光宗又两次付款给供货商，先付十千七百五十文，结清前账；后付三千七百三十五文，仍欠货款四千九百六十五文。这是商人与生产者之间的商业信用关系，先是商人预付部分货款，向生产者提供了信用；然后生产者赊给纸商竹纸，向商人提供信用。此例中商业资本与生产资本互相渗透，生产与流通相互促进，商业信用发挥了重要作用。下面的事例是发生在亲戚间的失信案例。在湖南宝庆府新化县，"聂溃轩系聂映川无服族侄，聂溃轩做纸生理。嘉庆二十年（1815）五月，聂映川向聂溃轩定做草纸二百斤，当付定钱一千六百文。聂溃轩旋因病将钱花用，致未做纸付给。聂映川向讨，聂溃轩告知情由，约俟迟日措还钱文。"[3]后两人相争，聂映川被打致死。这是亲戚间定做草纸二百斤，交定钱一千六百文，因病至期未交货，引起争执，导致命案。长途贩运商人定买的商品量较大，预付货款有的多达数百两。贩商刘德坤承领客号东本去四川贩纸到广东，道光十九年（1839）六月，通过认识的钟在川、刘洪顺向其亲戚张富顺定买裱纸（裱纸，有白裱纸、黄裱纸等，多供包扎及祭祀烧纸之用）一千捆，"议定每捆价银九钱三分，合算共银九百三十两，当交银口百两，其纸限定八月交足

[1]　《刑部尚书舒赫德谨题》（乾隆四十年三月二十五日），刑科题本。转引自吴奇衍《清代前期牙行制述》，载《清史论丛》第六辑，第38页。
[2]　《刑部等衙门鄂弥达等谨题》（乾隆二十一年四月初七日），刑科题本1115。
[3]　《刑科题本等衙门章煦等谨题》（嘉庆二十一年八月三十日），刑科题本5653。

三百捆，嗣后银纸陆续两交，立有合约各执，临审呈阅。讵料在川等串通一局，掣银入手，期届无纸。蚁即令伊还银另办，伊等狡展，直至九月，仅给表纸七十一捆，合银六十六两零三分，下该银两拖欠无偿。"[1]后来多次去索要剩余银两都没讨到，道光二十年（1840）正月以来，又屡次召集众人向张富顺说理，"众剖既无纸交，应将银两早还"，富顺依然不还，客商刘德坤只好诉诸官府。

丝、麻、棉布等纺织类产品的商品化程度很高，全国性的丝棉市场已初步形成，部分丝及丝织品还出口国外。四川綦江县"每岁二三月，山陕之客云集，马驼舟载本银约百余万之多，临期开手换钱，虽渝银亦为压价，乡中子弟有领其银各处换钱者，有领而代收丝者，都有首事管理，有行规，攘往熙来，极为热闹。"[2]"有领而代为收丝者"即川陕客商提供给"邑中子弟"的信用，发放资金预买蚕丝。江西赣州府有商人预买苎麻，"苎布各邑俱有，多植山谷园圃间，闽贾于二月时放苎钱，至夏秋则收苎以归。"[3]有时商人间的竞争也导致商人预先发价定买，以保证货源，浙江海宁县，据邹光廷供："小的开带行生理，沈元明是织带的，小的付他钱二千八百文，定织棉纱带二百付……后他把一百付带子卖给别人。"[4]邹光廷开设带行，为保证货源定买棉纱带，后来卖方沈元明却把一百副带子卖给别人，可能是别人的价钱更高，也可能为了得到现钱，由此可见当时商业竞争的激烈。四川邛州，据晏明翔供："死的晏鹤应是小的儿子，平日织布生理，嘉庆七年（1802）八月十七日，陶卉银向儿子定织布白布一匹，价钱一千零八十文，当交儿子定钱二百七十文。"[5]双方讲定白布一匹，价钱一千零八十文，当时交定钱二百七十文，是价钱的25%。江苏松江府，"吾郡土产，惟细白扣布，坚致耐久为上。向年各省大商辇重资来购，一时不能齐集，有发见锱于各户以徐收其货者，故布价贵，而贫民业在纺织者，竭一日之力赡八口而无虞。"[6]松江的扣布因质量上乘而被布商踊跃预购。

油、盐是人民生活的必需品。在山东德州府，赵三与马崐明素识无嫌，

---

[1]《刘德坤告状》（道光二十年五月初二日），《清代乾嘉道巴县档案选编》（上册），第396—397页。按：如果按每捆价银九钱三分算，三百捆为279两，用四舍五入法，这儿的空格应是"三"。
[2]［道光］《綦江县志》卷十《物产》，第22页。
[3]［乾隆］《赣州府志》卷二《物产》，第337页。
[4]《兵部侍郎巡抚浙江等处地方庄有恭谨题》（乾隆二十五年九月二十日），刑科本1421。
[5]《刑部等衙门董诰等谨题》（嘉庆八年一月三十日），刑科题本4802。
[6]［康熙］《紫隄村小志》《风俗》，第53页。

嘉庆十九年（1814）四月初八日，马崐明之侄马万良交赵三大钱五百文，托向满姓定买牛油。维时满姓油已卖完，未曾买得，赵三将钱挪用未还。是月十三日，赵三路过马万良铺前，马万良同铺伙王亮向索前欠，赵三斥其不应当街索欠，致相吵骂争殴。[1]马万良是开着铺面的商人，他托赵三定买满姓油未成，定钱也被其花用。清代盐法继承前代，实行纲商引岸制度，但私盐买卖一直存在。四川天全州，"嘉庆二十二年（1817）六月间，王庭坤向李万佐定买高麟四包，每包议明价钱二百文，共给麟钱八百文。俟十一月内交货。……届期麟价每包长至七百五十文"[2]。王庭坤在六月份以每包二百文的价钱预买高麟四包，到十一月交货时每包麟价长至七百五十文，四包应是三千文，比预买价要高出二千二百文，王通过商业预买，成功地避免了价格上涨的风险。如果卖方守信，即使减去五个月中货币价值上涨部分，王庭坤也可以获利数倍，但实际上，预卖方却反悔了，双方在斗殴中，李万佐砍伤王庭坤致其身死。这再次证明了对信用的遵守更多地依靠个人的道德品质、社会习俗，法律制度和经济运行机制本身还没有成为规范市场行为的准绳。

矿石与生铁的定买。在四川巴县，刘茂常挖矿生理，"嘉庆二十一年（1816）□□□□□□珍元凭中承买蚁铁矿八十万，议明每万斤七两五钱，价银陆续支给，矿斤陆续运交，收银收钱，俱注簿据。至今收过伊钱五十五千□百二十元，银八十二两四钱七分，运交伊矿十余万，尚未清帐。蚁矿厂内尚有七八万零。殊伊又不支给银钱，目今蚁厂内工匠人等寒冬腊月各索工钱无给。蚁迫无奈，只得将矿卖与三泰号，天平称五万斤，共价银十五两开给工资。被珍元不忿，前月二十二忽架以盗卖理凶诬控蚁在案。"[3]刘茂常先将矿石定卖给珍元，后因缺少资金又将矿石五万斤，卖与三泰号，珍元不满，将其控告在案。同一地区黄廷玉、黄德泰父子租佃矿山办煽生铁并卖给林兴发铁铺事件是对生铁的定买定卖。林兴发在木洞开设铁铺，于道光十四年（1834）连续三次立约购买黄姓父子所办煽的生铁，由于黄姓父子多领银两，少给生铁，致使林兴发控告。道光十五年（1835）十一月三十一日《林兴发禀状》中称："缘黄廷玉、黄德泰父子佃山开厂煽铁生理，自去正以来，三次立约出卖铁片与蚁承买，共领蚁银一千六百八十余两，蚁共收伊父子铁片十五万斤。面算除收外，

[1] 《德州民马万良京控赵三故杀伊叔马崐明案》，《济南府》（嘉庆二十三年五月二十一日），《雪心案牍》第一函第一册。
[2] 《兵部蒋攸铦谨题》（嘉庆二十三年九月二十五日），刑科题本5793。
[3] 《刘茂常禀状》（道光十二年十二月二十六日），《清代乾嘉道巴县档案选编》（上册），第305页。

◎ 第二章 清代前期与生产者有关的商业信用

廷玉、德泰，长领蚁银六百余两，尚该蚁铁九千余斤，拖骗不补。"[1]

这三次卖铁字约如下：

黄廷玉出卖生铁字约（一、二）[2]

立出卖字人黄廷玉，今凭中将已得佃黄正良名下青矿山所办煽生铁，出卖与林兴发名下承买生铁五万斤。即日三家面议，每百斤价值足色银七钱三分，其银林姓已秤过交。其秤准以林姓十七两三钱为数，厂内过秤，送至木涧林姓铁铺交给，力钱黄姓支给。以架厢日起，先上林姓号铁，定以四月内交楚，其银现交二百两，其余俟架厢后陆续交给，铁毕价楚。倘过四月铁斤不楚，有廷玉所招赵德顺佃拨之业，任意林姓揭佃上庄耕种，毋得外生异言。恐有人心不一，故立卖约一纸为据。

四月初三日复卖生铁一万斤，仍照原价扣算，不得异言，恐口无凭，故德泰亲笔批于原约之后，其银现交，故批成六万之数。

凭中 黄谦益 林顺元 黄仕元

道光十四年一月二十四日 立卖生铁字人黄廷玉

黄德泰卖铁字约（三）[3]

立出卖铁字约人黄德泰，凭中卖到林兴发名下承买生铁五万斤。即日议定价老白银三百五十两正，其银现交二百六十两正，仍照兴发原秤过交，坐厂交货，下余之银货毕价楚。其货不出本年腊月，如数完结。倘有不楚，德泰河边之业，任意兴发过耕招佃，恐有人心不一，故立卖字约为据。

凭中人黄谦益 林顺才

执笔人 黄德泰

道光十四年九月初三日 立卖字人 黄德泰

双方第一次签约是在一月份，交易量是五万斤，当时铁矿还未架厢，林兴发先预付二百两白银。到四月份双方第二次交易，买卖铁一万斤，在第一份

---

[1] 《清代乾嘉道巴县档案选编》（上册），第307页。

[2] 《清代乾嘉道巴县档案选编》（上册），第305页。

[3] 《清代乾嘉道巴县档案选编》（上册），第306页。

契约上续写而成，铁价现交。第三次在九月份，交易量也是五万斤，当时交银二百六十两。三次交易共两张卖约，前两次写在同一张契约上，根据卖约计算，双方共买卖生铁十一万斤。根据林兴发禀状，三次承买铁片，陆续交付价银一千六百八十余两，共收黄姓父子铁片十五万斤。两者相差多达四万斤，可以肯定其中包括一部分利息，因为黄姓父子不能如期交付铁片，林兴发要求其支付利息，以生铁计算，为此双方立有借约。道光十四年（1834）五月初六日《黄德泰借约》中称："外有春季有父亲廷玉卖兴发生铁，未能上足者，除正数之外，外认利息生铁四千斤，号秤过交，不得短少。"[1]其余三万六千斤或许有利息，或许是口头交易，没有定立书面契约，这里无从可考。为审清此案，县衙命令当地承充约团的朱洪顺等人与二家清算账项。经过查算，道光十五年（1835）十二月初一日《朱洪顺禀状》称："查明伊等自去正月起，往来交易买卖铁斤，是以逐细讯明。照林兴发簿约清算，除取铁数外，黄廷玉父子该补还银六百余两。又以德泰之帐查算，只该退还兴发四百五十余金，工书代笔，立有清单二纸，彼此执拗，均要恳恩复讯。"[2]可见黄、林两家的账簿并不一致，凡大宗交易除账簿记录外，还有卖约为据；而小额银两的支付，铁斤的交付都凭借账簿的记载，难免有疏漏之处，导致两家的争端。

从上例中所定卖约和所欠银两数目来看，一直是购买方林兴发提供信用给卖货方黄姓父子。通过给上游生产者提供信用，林兴发相对保证了原材料的供应，原材料的价格也是能够接受的，在卖约中还约定了铁的运送地点及运输费用由黄姓支付，从而大大有利于林家铁铺的生产。黄姓通过信用手段则获得了开矿煽铁需要的资金，同时给产品找到销路。所以，信用应该对交易双方都带来了好处，促进了双方的生产与流通。然而，信用和风险如影随形，给双方带来好处的同时也伴随着风险。林兴发认识到这一点并进行了防范，其所持黄姓签订的卖约及卖约中卖方对自己违约后所作的承诺，是当时商业信用中普遍的防范风险的方法。林兴发与黄姓的交易从开始到发生纠纷仅一年的时间，双方约定在年终结账，因为供货方的违约而中断了双方的交易关系。

手工业与农业的明显区别是其生产的季节性不那么强，受自然条件的限制较少，所以手工业品的季节差价要比农产品小得多。由于交通不便以及运输费用的昂贵，手工业品的地区差价较大。手工业品生产者的经济条件要优于普通

[1] 《清代乾嘉道巴县档案选编》（上册），第306页。
[2] 《清代乾嘉道巴县档案选编》（上册），第307页。

农民，农民预卖农产品往往是被生活所迫，不得不接收低廉的预买价格，而对于手工业者，商人一般不易通过预买获得高额利润，对手工业品的预买与定买不像农产品那样具有高利贷性质。有的手工业品生产者由于暂时资金不足，也可能接收商人的借贷来维持生产，商人则获得产品销售权，这是商业资本通过借贷的形式直接发挥生产资本的作用。福建闽清县的瓷窑就由商人贷给资本，包揽销售，"乾隆中，德化窑户来梅经营窑业，旋因工费不资，将舍业去，邑人刘士进出银千余两贷之，窑业乃成。自是里人效之，丽山一带增设窑厂十余所，有瓷窑大小百余间，该窑只烧粗瓷。窑户资本多由十一都各商组织，其瓷器亦归各商运省售卖。"[1]

总结以上所举史料，存在商业预买、定买的地方有四川、湖南、江西、江苏、福建、广东、广西、浙江、河南、吉林、陕西、直隶、山西、山东、甘肃、台湾等十六个省份。在银钱的使用上，大宗交易多用银两，交易额较小时则用铜钱。乾隆朝多用银两，嘉庆、道光朝则使用铜钱较多，这与嘉道年间银贵钱贱相联系。商业信用的主体及主动方主要是商人，商人以利润最大化为目的，为保证稳定高额的利润，商人冒着信用风险把资金预付给生产者或牙行，从而确保货源和规避价格风险，只要有销路、有利润，商人是乐于定买的。在远离城镇的偏远乡村，由于交通困难，农民的商品交换非常困难，只有等客商携带货物到来，用自己生产的粮食来换取日用品，商人压价获取较高利润。在甘肃宁夏府中卫县，"市肆多山陕人，春出布帛售诸居人，夏收取偿；夏售布帛，秋成取偿；价必倍之，居人偿，则以谷菽者多，其价复贱，乡村之民去城市远者，多困于商，谷贱伤农，信不诬矣。"[2]实际上在商人的索价中应该包括交通费用、利息、风险保险费、各种税费，商人获利并非像人们想象的那么多。正是这些不辞辛苦的山陕商人实现了商品交换，既满足了当地人的生活需要，他们自己也获得了商业利润。从预卖看，农民和手工业者如果不是因为生活所迫，被迫接受具有高利贷性质的放贷借款来维持生产和生活，那么他们对商人预付款的接受实质上是一种生产性借贷。通过预买与定买，把商业中闲置的资金投入生产领域，既解决了生产的资本问题，又促进了商品生产、销售的自然衔接，促进商品经济的发展。整个清代，商业预买、定买现象始终存在。农产品买卖中各种信用关系的建立，对推动清朝时期农村经济商品化程度

---

[1] ［民国］《闽清县志》卷五《实业志》。

[2] ［道光］《中卫县志》卷一《地理考·风俗》，第1页。

的提高起了一定的作用。清朝时期农村经济有相当程度的发展，农家产业结构发生了变化，"表现在经济作物种植增加和农家工副业经营比重上升。在一些地区、一些农户中还出现了经济作物或农家副业的专业化、商品性生产。"[1] 农村经济的这种变化，促进了农产品贸易的发展和交易量的增加。而生产者与生产者之间、生产者与商人之间各种信用关系的建立，以解决商业资本不足的问题，即通过赊销、预买促进了农产品的交换和商品性生产。特别是商人将生产资料赊卖给农民和对农产品的预买，一方面解决了农村生产资本不足的问题，另一方面帮助农民解决了生活上的一些困难。同时，生产者将产品赊卖给商人，加快了产品进入商品流通领域的速度，在一定程度降低了流通成本并节省了生产者销售产品的时间，对加快生产资本的周转和推动农产品再生产起到了一定的作用。

---

[1]　史志宏：《清代前期的小农经济》，中国社会科学出版社1994年版，第207页。

第三章　清代前期与消费者有关的商业信用

消费信用是零售商、生产者以赊销或分期付款方式向消费者提供的信用，包括银行向消费者发放的短期或长期消费贷款。消费信用的提供有两种形式：一是商品，一是货币。清代前期，商铺、酒馆、摊贩及生产者向消费者提供的日常生活用品的赊销或部分赊销广泛存在，成为这一时期商品零售的重要方式，不仅满足了赊买方的生活所需，也扩大了赊卖方的销售量。本章将分类论述清代前期消费信用，并对徽州詹家消费信用作一个案分析。

一、生活资料的赊销

根据赊销的原因，生活资料的赊销有多种情况，一是赊买者由于贫困被迫进行的赊欠；二是由于暂时没有带钱而发生的短期赊欠；三是由家庭日常生活引起的经常性赊欠，一般定期结算。根据买卖双方的关系，又可分为同村人间的赊销、熟人间的赊销、亲戚间的赊销、强制性赊销等情况。按照赊销对象，可以把生活资料的赊销分为：粮食、食品、水果、蔬菜等植物性食物的赊销，鸡、鸭、鱼、肉、蛋等副食品的赊销，油、盐、烟、酒、糖、茶的赊销，棉、麻、丝、纺织品的赊销、日用杂货的赊销等。以下主要以乾隆、嘉庆朝为例介绍清代前期的生活性消费信用。

（一）粮食、食品、水果、蔬菜等植物性食物的赊销

由于中国幅员广阔，物产丰富，加之各地气候、土壤、温度等自然环境迥异，使各地主要粮食作物也有所不同。在华南地区，水稻是主要农作物，稻米

是南方的主食;在华北地区,小麦、谷类、豆类是人们的主食。各地区的粮食消费结构与本地物产相适应,同样,各地的粮食消费信用也与本地的主要作物大体一致。

1. 南方稻米赊欠较多

水稻是南方地区的重要粮食作物,稻米是当地的主要食物。稻米的赊销在南方地区较常见,根据乾隆、嘉庆两朝的《刑科题本·土地债务类》所记案例列表如下:

表3—1　乾隆、嘉庆朝稻米的消费性赊销

时 间	地 点	稻米的赊买卖	所欠钱数
乾隆十二年四月初三日	广东惠州河源县	李振美挑米至墟发卖,邱亚二向李振美买米四升。	欠钱二十八文,约后下午交账。[1]
乾隆十三年	江西吉安府龙泉县	廖正伦曾赊欠廖惠同稻谷三箩。	值钱三百文。[2]
乾隆二十年四月十二日	广东顺德县	梁道光开张米铺,卜万赊取道光食米三斗。	该钱二百四十文,屡讨未偿。[3]
嘉庆七年十一月	安徽道卢州舒城县	王照林叫帮夥刘方元到王钧有店内赊米三升。	该钱七十八文。[4]
嘉庆八年四月初四日	陕西汉中府城固县	蒋荣昌女人因其出外,向谭鸣常赊了九升米。	该钱四百九十五文。[5]
嘉庆九年二月初二日	四川忠州直隶州丰都县	秦先茂向陈潮礼赊米一市斗。	议定价钱三百二十文。[6]
嘉庆十一年二月十八日	陕西兴安府安康县	长安县人王虎儿开米铺生理,饶正忠来铺买米二升。	每升钱六十文,共钱一百二十文,当时交钱一百文。[7]
嘉庆十三年五月	广西博白县	黄亚四向梁亚五赊米一斗。	欠钱三百文。[8]
嘉庆十七年	四川潼州府安岳县	彭其宽向颜其翠买米一斗。	当交钱一百六十文,下欠钱三百文未还。[9]

---

[1] 《总督广东策楞谨题》(乾隆十二年十月二十八日),刑科题本0579。
[2] 《护理江西巡抚彭家屏谨题》(乾隆十三年十二月二十日),刑科题本0655。
[3] 《刑部等衙门阿里衮等谨题》(乾隆二十年十二月初五日),刑科题本1090。
[4] 《兵部侍郎巡抚安徽阿林保谨题》(嘉庆八年五月二十二日),刑科题本4686。
[5] 《刑部等衙门经筵讲官董诰等谨题》(嘉庆九年七月初四日),刑科题本4757。
[6] 《太子少保兵部尚书总督四川等处地方勒保谨题》(嘉庆九年十一月十五日),刑科题本4775。
[7] 《刑部等衙门经筵讲官董诰等谨题》(嘉庆十二年二月二十四日),刑科题本4938。
[8] 《兵部侍郎巡抚广西恩长谨题》(嘉庆十四年二月十三日),刑科题本5895。
[9] 《刑部等衙门经筵讲官董诰等谨题》(嘉庆十八年五月初六日),刑科题本5414。

时　间	地　点	稻米的赊买卖	所欠钱数
嘉庆十八年二月	江西新昌县	熊京开张米铺，刘桂向熊京赊米一斗。	价钱一百七十文。[1]
嘉庆十九年三月间	四川眉州彭山县	陈肇贵向黄继文赊米一斗。	该钱三百文无偿。[2]
嘉庆十九年六月内	广西上林县	罗老桃向韦有水赊米一升。	欠钱三十文未还。[3]

上表所列12个赊销案例，都在南方地区，陕西的城固县与安康县属于陕南地区，位于秦岭以南。由于12例赊欠稻米数量较少，都是以铜钱作为结算工具，推测为消费性赊欠。赊米最少的是一升，最多是三斗，欠钱最少二十八文，最多是四百九十五文。这些赊欠明确发生在店铺的有四例，发生在墟集上的有一例，其余的不明确，可能有商贩走村串户，赊销发生在村边地头，也可能在生产者的家里。

2. 小麦在北方中原地区是主要赊欠商品

小麦是北方广大地区的主要农作物，这一地区以面食为主，小麦和面粉也就成为该地区主要赊欠商品，如表3-2所示：

表3-2　嘉庆朝小麦、面粉的消费性赊销

时　间	地　点	小麦面粉赊销	所欠钱数
嘉庆二年正月	四川龙安府平武县	邹五娃向刘二蛮赊买麦子一升。	欠钱三十六文。[4]
嘉庆二年三月里	陕西延安府宜川县	师可成陆续赊买刘然子小麦四斗七升。	共该钱一千二百八十文。[5]
嘉庆二年五月初三日	山西潞安府长治县	马铁圪塔向秦德铺里赊了二斤面。	该钱五十六文。[6]
嘉庆三年二月里	陕西商州直隶州雒南县	岳文赊买郭允全一斗麦子。	欠价钱二百五十文。[7]
嘉庆三年题本	直隶河间府任邱县	傅水清一向卖面生理，合王经同村，王经曾向傅水清赊过三斤面。	共该大钱六十九文。[8]

[1]　《兵部侍郎巡抚江西先福谨题》（嘉庆十八年十一月十四日），刑科题本5374。
[2]　《刑部等衙门经筵讲官董诰等谨题》（嘉庆廿年六月二十二日），刑科题本5539。
[3]　《刑部崇禄题》（嘉庆二十一年二月十八日），刑科题本5639。
[4]　《太子太保总督四川巡抚勒保谨题》（嘉庆三年九月十八日），刑科题本4339。
[5]　《刑部等衙门经筵讲官和珅等谨题》（嘉庆三年五月初七日），刑科题本4370。
[6]　《兵部侍郎巡抚山西蒋兆奎谨题》（嘉庆二年十月二十二日），刑科题本4297。
[7]　《署理陕西巡抚头等侍卫职衔臣永保谨题》（嘉庆四年九月二十一日），刑科题本4422。
[8]　《刑部等衙门苏凌阿等谨题》（嘉庆三年五月二十五日），刑科题本4389。

（续表）

时 间	地点	小麦面粉赊销	所欠钱数
嘉庆四年二月十九日	浙江衢州常山县	黄广贤开张面店生理，詹舍秋赊去挂面三斤。	该钱九十文。[1]
嘉庆四年四月初间	江苏省赣榆县	王自江开面店生理，朱克渊向王自江赊面三十斤。	该钱四百二十文。[2]
嘉庆四年题本	陕西郿县	现英赊欠崔怀德家小麦一斗。	该钱二百文。[3]
嘉庆五年三月初三日	山西隰州	石楼县人韩巴子寄住天桥村种地度日，冯学斌到村寻人，赊吃其半升白面。	作钱十五文。[4]
嘉庆十四年七月二十八日	陕西同州府韩城县	孙学法赊了孙昌银麦子二斗。	讲定价钱一千一百文，收过他八百七十文。[5]
嘉庆十五年四月十一日	河南商邱县	许宝玉卖干面生理，吴太和向其母亲许武氏赊面十斤。	该钱二百文。[6]
嘉庆十六年四月	安徽建德县	姚氏向王义赊麦伍升。	价钱五十文，约定五月初偿还。[7]
嘉庆二十二年十二月里	天津府南皮县	祝长青一向卖面生理，李义向祝长青赊了一斤白面。	该价钱大钱二十八文。[8]
乾隆二十五年四月二十七日	山东郯城县	王计武原籍山东，寄居郯邑，开张面铺，吉广仁外出，伊妻张氏向王计武赊取面四斤。	言明大钱二十八文。[9]

　　表中所列14例小麦面粉赊欠均发生在嘉庆朝，赊销涉及的范围比稻米要广，这和小麦的种植地域有关。从表中可以看出，小麦的赊欠可能发生在农户之间，除冯学斌赊吃的半升白面外，其余面粉都是从面店、面铺赊来，店铺的经营者是专门做卖面生意的零售商人。由于到面店赊买面粉的多是面店周围的居民，与卖面人熟识，在面店的少量赊购，并不需要中人或保人，也不会立约，只需记在面店的账本上就行。

---

[1] 《巡抚浙江等处地方阮元谨题》（嘉庆五年二月初三日），刑科题本4525。
[2] 《兵部侍郎巡抚江宁等处地方岳起谨题》（嘉庆四年十一月十六日），刑科题本4434。
[3] 《护理陕西巡抚印务布政使司马慧裕谨题》（嘉庆四年十月二十日），刑科题本4409。
[4] 《刑部等衙门董诰谨题》（嘉庆五年十一月十五日），刑科题本4482。
[5] 《兵部侍郎巡抚陕西董教增谨题》（嘉庆十五年七月初四日），刑科题本5145。
[6] 《兵部侍郎巡抚河南等地方恩长谨题》（嘉庆十五年十月二十五日），刑科题本5197。
[7] 《兵部侍郎巡抚安徽等处地方钱楷谨题》（嘉庆十六年十一月初二日），刑科题本5221。
[8] 《刑部章煦谨题》（嘉庆二十四年二月初七日），刑科题本5874。
[9] 《兵部右侍郎巡抚山东等处地方阿尔泰谨题》（乾隆二十五年十月初二日），刑科题本1415。

3. 其他粮食的消费性信用赊欠

除了稻米、小麦、面粉外，其他杂粮的赊欠也时有发生。如北方地区的谷类作物赊欠，还有各地的豆类、花生等的赊欠，如表3-3所示：

表3-3 谷类、豆类等杂粮的消费性赊欠

时间	地点	高粱包谷的赊欠	所欠钱数
乾隆十五年三月内	山东厘州府宁海州	孙峰向李大赊谷四大升。	言明收价制钱二百文。[1]
乾隆五十九年十二月内	湖北归州	湖南益阳县人邓超向朱锡赊了五升高粱。	该银二钱五分。[2]
嘉庆元年二月间	四川夔州府奉节县	宋长贵向范加珍赊买包谷五斗。	欠价钱二千四百文。[3]
嘉庆元年五月初七日	安徽安庆凤阳府凤台县	苏宋贵贩黄豆生理，胡训赊去黄豆一斗五升。	言定钱三百七十五文。[4]
嘉庆元年八月六日	山东济南府章邱县	董荣向董七子赊了三斗高粱。	讲定京钱六百文。[5]
嘉庆四年题本	山西汾州府孝义县	武独孙向王红法买了三斗高粱。	短欠钱一百五十九文。[6]
嘉庆七年十二月初间	陕西商州山阳县	安徽寿州人寄居山阴县东关贩卖粮食，金起奉赊买攀俊包谷二斗。	价钱六百六十文，给过钱三百六十文。[7]
嘉庆十四年题本	盛京锦州府锦县	山东民人张富有赊去严维呈家小米一斗。	作价市钱四千四百文。[8]
嘉庆十六年	四川成都府灌县	聂相瀍赊买任全金落花生一斗。	言明价钱一百六十文。[9]
嘉庆十六年十二月	四川重庆府璧山县	李末保向王家丙赊去花生半斤。	该钱二十文。[10]
嘉庆十七年七月	四川重庆府茶江县	李马氏向邓瑞赊去包谷七升。	言定价钱一百二十文。[11]

---

[1] 《巡抚山东鄂容安谨题》（乾隆十六年十二月十八日），刑科题本0781。

[2] 《刑部等衙门经筵讲官阿桂等谨题》（嘉庆元年五月十九日），刑科题本4170。

[3] 《太子太保兵部尚书四川总督宜绵谨题》（嘉庆二年七月初二日），刑科题本4290。

[4] 《刑部等衙门阿桂等谨题》（嘉庆二年三月三十一日），刑科题本4292。

[5] 《刑部等衙门阿桂谨题》（嘉庆元年八月二十日），刑科题本4277。

[6] 《刑部等衙门庆桂等谨题》（嘉庆四年二月二十四日），刑科题本4411。

[7] 《刑部等衙门尚书长麟等谨题》（嘉庆九年八月十六日），刑科题本4797。

[8] 《盛京户部侍郎荣麟等谨题》（嘉庆十四年六月初二日），刑科题本5113。

[9] 《刑部等衙门崇禄等谨题》（嘉庆十八年九月十三日），刑科题本5404。

[10] 《刑部等衙门经筵讲官董诰等谨题》（嘉庆十七年十二月初二日），刑科题本5309。

[11] 《刑部等衙门董诰等谨题》（嘉庆十八年七月十一日），刑科题本3361。

（续表）

时间	地点	高粱包谷的赊欠	所欠钱数
嘉庆十八年三月里	锦州府广宁县	崔昌富向兰准成赊买二升小米。	讲明市钱一千零十文。[1]
嘉庆十九年三月间	山东安邱县	韩三问崔五赊买谷子二斗。	该京钱一千五百文。[2]
嘉庆二十年九月间	四川邛州薄江县	余金玉赊买叶允仲花生二升。	该钱六十四文。[3]
嘉庆二十一年十月	四川宁远府盐源县	陈定昌向罗清花赊买包谷二斗。	价钱二百二十文。[4]
嘉庆二十三年三月二十日	陕西凤翔府宝鸡县	贾仁娃赊买高霞铺内荞麦一斗。	欠钱一百五十文。[5]
嘉庆二十三年十二月内	奉天府海城县	王士才赊买李士亭高粱一斗。	言明市钱一千五百文。[6]

上引17例包括对谷米、高粱、包谷、花生、豆子、荞麦的消费性赊销，前两例发生在乾隆朝，其他15例赊欠发生在嘉庆年间，都是以钱数来计算欠款，赊欠量较小，当属消费性赊欠。其中六例发生在四川省，这可能与当地的商业状况和生活习惯有关。

4. 熟食小吃的赊销

经过元明两朝西亚、美洲作物的引进，到清代前期，中国人的食物品种已相当丰富。各式各样饼子、包子、馍馍等是街头小摊铺经常出售的熟食，是百姓常吃的小吃，也是穷人充饥的主要食物，经常有人赊吃。见表3—4所示：

表3—4 熟食小吃的消费性赊欠案例

时间	地点	食品的赊欠	所欠钱数
乾隆七年	河南通许县	杨邦钦赊买刘牛儿蒸馍八枚。	欠钱十六文。[7]
乾隆十一年三月间	山东蒲台县	刘小五卖饼为生，王小符赊取小五烧饼一个。	应给钱三文。[8]

[1] 《盛京礼部侍郎奉天尹诚安等谨题》（嘉庆十八年十二月初二日），刑科题本5376。
[2] 《兵部侍郎巡抚山东陈预谨题》（嘉庆二十年十一月二十四日），刑科题本5536。
[3] 《刑部章煦谨题》（嘉庆二十一年九月初六日），刑科题本5641。
[4] 《代办四川总督德宁阿谨题》（嘉庆二十二年十月十六日），刑科题本5712。
[5] 《刑部章煦谨题》（嘉庆二十四年二月初九日），刑科题本5835。
[6] 《盛京户部明兴阿谨题》（嘉庆二十四年五月十一日），刑科题本5836。
[7] 《巡抚河南雅尔图谨题》（乾隆八年四月初五日），刑科题本0321。
[8] 《暂行管理山东巡抚方观承谨题》（乾隆十一年二月初七日），刑科题本0537。

时　间	地　点	食品的赊欠	所欠钱数
乾隆十三年十一月间	山东莱州府掖县	王疤、王陆□赊拿王小咸汗火烧二十二个。	共欠小钱为八十八文。[1]
乾隆十六年六月前	直隶广平府邯郸县	张存向卖包子生理，裴绪先曾赊食张存包子。	积欠小钱一千五百文。[2]
乾隆十八年十月初	河南巩县	冯五儿卖馍生理，赵黑旦赊食冯五儿馍两个。	该钱六文。[3]
乾隆十九年四月二十日	山东泰安府平阳县	傅廷宣幼子傅小柱在街货卖火烧，有盐船水手董拴赊食火烧三枚。	该小钱十八钱未给。[4]
乾隆二十年六月二十七日	北京大石桥地方	平遥人王元霖开茶坊铺，毛四郎同两个人在铺内吃饽饽。	共该钱七十二文。[5]
乾隆二十三年六月里	河南叶县	住山曾赊高二十个蒸馍。	欠他二十文钱没有还。[6]
乾隆二十五年正月初六日	直隶西宁县	王全向卖烧饼生理，国旺之子石三珠儿向王全之子王锡连赊取烧饼三十三个。	该制钱三文未偿。[7]
嘉庆元年四月	山东兖州滕县	朱长心向王叔孟赊了两斤面饼。	该大钱四十文。[8]
嘉庆二年正月初六日	河南归德府商邱县	苏元向韩马赊馍三个。	该钱十二文。[9]
嘉庆三年七月二十三日	陕西鄜州	石底子镇上演戏酬神，午后怀远县人李驴儿做完了工前往看戏，见赵命儿在那儿卖羊肉包子，赊吃八个包子。	问知每个价钱五文，该钱四十文。[10]
嘉庆七年三月二十八日上午	山西代州五台县	王继小子拿镰刀往村外砍取柳条，遇见张根禄子卖饼，吃了他三个面饼。	该九个钱。[11]

[1] 《巡抚山东祥泰谨题》（乾隆十四年十一月初九日），刑科题本0659。
[2] 《太子太保总督直隶等处地方方观承谨题》（乾隆十九年六月二十八日），刑科题本1027。
[3] 《刑部等衙门阿克敦等谨题》（乾隆十九年六月二十三日），刑科题本1023。
[4] 《刑部等衙门户部侍郎阿里衮谨题》（乾隆二十年三月初四日），刑科题本1052。
[5] 《议政大臣户部尚书阿里衮等谨题》（乾隆二十年十一月十二日），刑科题本1076。
[6] 《刑部等衙门鄂弥达等谨题》（乾隆二十三年十一月初九日），刑科题本1297。
[7] 《太子太保总督直隶等处地方方观承谨题》（乾隆二十五年十月二十五日），刑科题本1406。
[8] 《兵部侍郎伊江阿谨题》（嘉庆二年正月二十一日），刑科题本4283。
[9] 《刑部等衙门和珅等谨题》（嘉庆二年十一月二十三日），刑科题本4229。
[10] 《署理陕西巡抚头等侍卫职衔臣永保谨题》（嘉庆四年九月二十一日），刑科题本4422。
[11] 《刑部等衙门经筵讲官董诰等谨题》（嘉庆八年二月初七日），刑科题本4730。

时 间	地 点	食品的赊欠	所欠钱数
嘉庆七年九月初一日	盛京奉天府	王宗盛赊了山东济南府德平县人刘成谷两个米面饽饽。	共欠了六个大钱，没有给还。[1]
嘉庆八年正月	山西太原府榆次县	李臭厕赊吃范二毫豆腐脑。	钱四文。[2]
嘉庆八年三月里	山东临清武城县	袁臻向许东智赊了一斤饼。	该京钱四十四文。[3]
嘉庆十一年九月	贵州遵义县	黄老八赴街售卖米粑，李大娃向伊赊取两个。	该钱四文。[4]
嘉庆十六年二月	陕西鄠县	张有曾食焦稳柱儿烧馍四个。	该钱十六文。[5]
嘉庆十六年二月	甘肃宁夏府中卫县	于学忠赊买了姚宋业两个馍馍。	该下他八文大钱。[6]
嘉庆十九年闰二月初十日	四川仁寿县	高均源向高荣斗赊买油饼两个充饥。	计价六文。[7]
嘉庆二十二年五月	直隶河间府吴桥县	方话匣子赊欠李文学两个包子。	大钱二十文。[8]
嘉庆二十二年十一月二十八日	奉天府新民屯	李如桐赊了赵义合切糕二斤。	共该市钱一百二十文没给。[9]

上表列有22个食品赊欠案例，所赊食品主要是烧饼、火烧、油饼、面饼、包子、馍馍、饽饽、切糕、豆腐脑等日常生活中经常食用的主食。直到现在，这些食物依然是家庭、饭馆、街头的主要食品。小吃的赊销集中于河南、河北、山东、山西、陕西等省，这些地区主要以面食为主。面食的花样多，制作工序复杂，有些食品花样并非人人能做，需要配方和技术，所以用面粉为原料的食品容易成为商品。单个面食食品的价格低，又可以直接食用，被赊买的可能性较高。表中所欠钱数最少的仅三文，最多是一百二十文，多是几文、几十文钱。食品赊卖是信用价值额度最少的赊销。

[1]《刑部等衙门董诰等谨题》（嘉庆八年六月初十日），刑科题本4713。
[2]《兵部侍郎巡抚山西太原佟麟谨题》（嘉庆八年五月初五日），刑科题本4731。
[3]《刑部等衙门经筵讲官董诰等谨题》（嘉庆九年十一月二十五日），刑科题本4679。
[4]《刑部等衙门董诰等谨题》（嘉庆十二年十月十八日），刑科题本4936。
[5]《刑部等衙门董诰等谨题》（嘉庆十七年六月十一日），刑科题本5342。
[6]《兵部尚书总督陕甘巡抚那彦成谨题》（嘉庆十六年八月二十九日），刑科题本5257。
[7]《兵部侍郎总督四川常明谨题》（嘉庆十九年十月二十四日），刑科题本5499。
[8]《刑部经筵讲官章煦等谨题》（嘉庆二十三年十一月十四日），刑科题本5798。
[9]《盛京刑部侍郎汪恩宁等谨题》（嘉庆二十三年），刑科题本5804。

5. 赊欠饭钱

清代前期，随着商业的繁荣发展，饮食服务业也不甘落后。饭馆多建于城镇集市码头交通路口等人员集散流动多的地方。在直隶永平府滦州，嘉庆四年（1799）六月二十四日，王苓到齐家寺去赶会，洪奎在会上开设饭铺，王苓问他赊吃了一百零八个大钱饭钱，约迟日还钱。[1]洪奎的饭铺开在人员稠密的集会上。饭店、饭铺不仅是吃饭填饱肚子的地方，也是人们的社交场所，饭钱的赊欠自然在所难免。据江西吉安府陵县人固添受供："乾隆六十年（1795）闰二月十九日午后，陈錡同段家富来小的店里吃饭，共该酒饭钱二百一十六文。"[2]乾隆六十年（1795）七月初五日，在河南怀庆府河内县，张文兴在璩长智店内口吃饭，赊欠饭钱五十文。[3]在陕西延安府安塞县，山西临汾县人薛许，平日铁匠生理，嘉庆元年（1796）八月二十八日，来武贾青铺内吃了一顿饭，该饭钱三十六文。[4]同样是吃一顿饭，由于吃饭人数不同，菜肴酒水的差异，饭钱的赊欠钱数差别较大。饭馆一般只赊给熟识的客人，尤其是经济状况好、社会地位高的贵客。《儒林外史》描写潘三在杭州城请匡超人时，饭店里见是潘三爷，屁滚尿流，鸭和肉都拣上好的极肥的切来，海参杂脍加味用作料。两人酒罢用饭，出来的时候也不算账，只吩咐得一声："是我的。"那店主人忙拱手道："三爷请便，小店知道。"[5]清代在酒馆赊欠饭菜还出现了签字手续，《品花宝鉴》中魏聘才无钱支付酒饭菜钱"写账"时，"注了鸣珂坊梅宅魏字"[6]。

商业发达的地区，其饮食业必然繁荣，川菜的闻名当得益于其饭店的兴旺。清代前期四川的饭铺经营数量就很多，饭钱赊欠较频繁。在四川泸州直隶州合江县，据县民穆建组报称，"身开饭铺生理，本年二月间，冯大满欠身饭钱二十文未还，本月十二日，冯大满与张太才至身店内食饭，共该饭钱九十四文。"[7]四川邛州蒲江县，龚怀先开设酒饭店生理，嘉庆四年（1799）五月初六日，李万五欠酒饭钱二十文。[8]邛州成都县，李秀开饭店生理，嘉庆八年（1803）五月初八下午时候，龚尚款走来吃了一顿饭，该钱十八文。赊欠饭钱

[6] 《兵部尚书总督直隶等处地方胡季堂谨题》（嘉庆五年二月二十八日），刑科题本4524。
[7] 《刑部等衙门阿桂谨题》（嘉庆元年十一月二十九日），刑科题本4219。
[3] 《兵部侍郎兼巡抚河南景安谨题》（嘉庆元年四月初七日），刑科题本4191。
[4] 《太子少保总督四川等处地方勒保谨题》（嘉庆八年八月十九日），刑科题本4706。
[5] 吴敬梓：《儒林外史》第十九回，上海古籍出版社1984年版，第262页。
[6] 陈森：《品花宝鉴》第八回，上海古籍出版社1990年版，第122页。
[7] 《刑部等衙门经筵讲官和珅等谨题》（嘉庆三年九月二十二日），刑科题本4376。
[8] 《刑部等衙门经筵讲官成德等谨题》（嘉庆五年五月十一日），刑科题本4501。

的多是熟人，有人经常在固定的饭店用餐。前文中的冯大满在前账未还时，又去同一饭店吃饭，出现了账上摞账的现象。

6. 水果、蔬菜的赊买

虽然水果、蔬菜在饮食结构中处于辅助地位，但也是日常生活中经常食用的，一些水果蔬菜的食用、药用价值已被认识。水果的赊买具有偶然性。在山东莱州府平度县，据孙方供："嘉庆三年（1798）七月初七日，小的到芦里村卖瓜，撞见王三在那里寻工，赊吃了小的九个甜瓜，共该五十六个京钱，应许第二日给还。"[1]在四川重庆府永川县，嘉庆十九年（1814）七月初八日，侯麻子到场上卖梨，王金石向其赊买四十个梨，讲定价钱一百零四文。[2]王三赊吃孙方的甜瓜完全是偶然性的行为；王金石事先并不知道侯麻子要到场上卖梨。

蔬菜的赊欠多发生在集市上。在山东济南府济阳县，据瓦头庄人杨端方供："平日种园卖菜生理，乾隆二十四年（1759）十一月初四日，小的去赶商家桥集卖菜，刘景和撞遇小的，向小的称了三斤白菜，该价十二小钱。"[3]在浙江绍兴府暨县，周大海供："小的向卖熟藕生理，周作新陆续赊欠藕钱七百六十文。"[4]在陕西鄜州直隶州宜君县，"嘉庆元年（1796）七月初二日，李添禄赊买张恍一把葱，该钱三文。"[5]在陕西汉中府城固县，陈心友供，嘉庆二年（1797）三月"小的赊买罗添宣三升芋头，该钱四十二文。"[6]在广西临桂县，"嘉庆六年（1801）十月内，袁德锡向邻住熊成赊了十斤蒜头，该钱七十文。"[7]也有直接向同村种菜人赊取蔬菜的。

（二）鸡、鸭、鱼、肉、蛋等动物性食物的赊销

动物类食品是中国人主食之外的重要副食品。猪肉、羊肉是食用最多的畜肉，牛肉、马肉、狗肉吃得较少，鸡、鸭、鱼肉是招待客人、宴请宾朋的佳肴，也是逢年过节的珍馐美食。

1. 猪肉在中国各地广泛食用

"猪在中国是压倒性主要肉食来源，其重要性比其他所有陆地动物都大。

---

[1] 《刑部等衙门庆桂等谨题》（嘉庆四年六月初十日），刑科题本4410。
[2] 《刑部崇禄谨题》（嘉庆二十一年正月二十七日），刑科题本5664。
[3] 《刑部等衙门鄂弥达等谨题》（乾隆二十五年十月二十三日），刑科题本1415。
[4] 《兵部侍郎觉罗吉庆谨题》（嘉庆元年五月初二日），刑科题本4198。
[5] 《兵部侍郎秦承恩谨题》（嘉庆二年五月初二日），刑科题本4275。
[6] 《署理陕西巡抚秦承恩谨题》（嘉庆三年），刑科题本4392。
[7] 《刑部等衙门经筵讲官董诰等谨题》（嘉庆八年二月二十四日），刑科题本4726。

它是富人的日常肉食，穷人的节庆膳食，油和工业品的来源，生活中不可缺少的东西。"[1]猪肉的赊销在全国具有普遍性，见表3—5：[2]

表3—5　乾隆、嘉庆朝各地猪肉赊销案例

时　间	地　点	猪肉赊销情况	所欠钱数
乾隆六年十月	山东昌安县	高承业曾赊常三猪肉二斤。	该钱一百三十二文。[3]
乾隆八年	广西浔州府平南县	陆德泰向张亚晚赊猪肉四斤。	该钱一百五十文。[4]
乾隆八年七月内	广东广州府新安县	刘克参向刘怀建赊肉二斤八两。	价钱一百文。[5]
乾隆九年	福建漳州府	严振宰猪肉营生，江寻向振赊肉四斤。	该钱二百文。[6]
乾隆九年十一月初五日	四川永川县	刘茶偕同弟刘美泽一起赶集，刘茶偕赊取刘珑时猪肉二斤。	该钱六十文。[7]
乾隆十年	甘肃巩昌府	王加祥卖猪肉，许子信赊肉一斤四两，许言赊肉一斤十二两。	共肉三斤，该价钱一百二十文。[8]
乾隆十一年二月十四日	广东英法县	范秀元赊取范瑁元猪肉一斤八两。	该钱四十五文。[9]
乾隆十一年十二月	湖北武昌	毛成林家杀猪出卖，胡宗元向赊肉十斤八两。	言定每斤价钱二十五文。[10]
乾隆十二年六月内	江西吉州	晏益阳宰猪肉营生，龙联元向益阳赊肉一斤。	欠钱四十文。[11]
乾隆十三年十二月	浙江金华府	□恺向吴士进赊肉八斤。	该银四钱。[12]

---

[1]　［美］尤金·N.安德森著，马孆、刘东译：《中国食物》，第139页。
[2]　表中内容来自第一历史档案馆所藏清代档案中部分乾隆、嘉庆朝《刑科题本·土地债务类》所载案例。
[3]　《刑部来保谨题》（乾隆七年十二月初三日），刑科题本0297。
[4]　《巡抚广西扬钧铖谨题》（乾隆八年十二月初十日），刑科题本0358。
[5]　《刑部来保谨题》（乾隆九年七月二十五日），刑科题本0415。
[6]　《巡抚福建□学健谨题》（乾隆十年七月十八日），刑科题本0419。
[7]　《巡抚四川纪山谨题》（乾隆十年八月初一日），刑科题本0470。
[8]　《巡抚甘肃黄廷桂谨题》（乾隆十年五月初十日），刑科题本0456。
[9]　《刑部阿克敦谨题》（乾隆十一年十一月初三日），刑科题本0531。
[10]　《巡抚湖北陈弘谋谨题》（乾隆十二年八月初四日），刑科题本0583。
[11]　《刑部达尔党阿谨题》（乾隆十三年七月十四日），刑科题本0607。
[12]　《刑部阿克敦谨题》（乾隆十四年十月二十八日），刑科题本0688。

清代前期民间商业信用问题研究

74

时　间	地点	猪肉赊销情况	所欠钱数
乾隆十四年	山西汾州府孝义县	王成谨向夥卖猪肉生理的张武、霍大朝赊肉半斤。	该钱三十二文。[1]
乾隆十四年十二月二十四日	山东莱州府昌邑县	高德修宰猪货卖，高士清赊三斤十三两。	该小制钱二百一十四文。[2]
乾隆十五年五月十二日	广东广州府新安县	李田长、马豫印合夥宰猪营生，罗舍进赊肉五斤二两。	该钱二百零五文。[3]
乾隆十五年五月	广东惠州十榘罗县	徐秉余宰猪货卖，徐茂源赊肉一斤八两。	该钱六十文。[4]
乾隆十七年四月二十三日	山西太原府兴县	僧人智得向白管子赊取猪肉四斤。	每斤钱三十六文。[5]
乾隆十八年	广东阳春县	李魁千向廖起昇称肉半斤。	该钱二十文。[6]
乾隆六十年九月	福建兴代府莆田县	郑樟向廖开秤买猪肉四斤。	尚少钱一百五十文。[7]
嘉庆元年五月初四日	四川龙安府平武县	席针向熊自喜赊肉二斤。	欠钱一百二十文。[8]
嘉庆元年六月初三日	山西延安府定也县	张玉白赊欠康有幅猪肉二斤。	该钱八十文。[9]
嘉庆二年六月	山东兖州府峰县	黄土菊向田立成赊肉三斤。	共该大钱一百五十文。[10]
嘉庆三年二月二十五日	陕西鄜州直隶州宜君县	唐玉向梁贵儿赊买一斤猪肉。	该价钱六十文没还。[11]
嘉庆三年七月里	盛京奉天府承德县	陈九合陈四夥卖猪肉，陈红俊买了八斤。	下欠市钱八百八十文。[12]
嘉庆三年八月	湖南郴州永兴县	李全古向李奉起赊肉二斤。	该钱一百二十文。[13]

[1] 《巡抚山西阿思哈谨题》（乾隆十六年八月初三日），刑科题本0788。
[2] 《刑部阿克敦谨题》（乾隆十六年五月初三日），刑科题本0797。
[3] 《刑部阿克敦谨题》（乾隆十七年五月十一日），刑科题本0823。
[4] 《刑部阿克敦谨题》（乾隆十六年十月二十六日），刑科题本0784。
[5] 《刑部阿克敦谨题》（乾隆十八年六月初四日），刑科题本0884。
[6] 《刑部阿克敦谨题》（乾隆十八年六月十七日），刑科题本0967。
[7] 《刑部等衙门经筵讲官阿桂等谨题》（嘉庆元年十月二十三日），刑科题本4173。
[8] 《刑部右侍郎英善谨题》（嘉庆二年三月一日），刑科题本4311。
[9] 《刑部等衙门阿桂等谨题》（嘉庆二年五月二十四日），刑科题本4275。
[10] 《兵部侍郎巡抚山东伊东阿谨题》（嘉庆三年二月二十日），刑科题本4358。
[11] 《太子太保御前侍卫总督陕甘等处地方军务松筠谨题》（嘉庆四年八月二十一日），刑科题本4406。
[12] 《刑部等衙门董诰等谨题》（嘉庆十四年六月十六日），刑科题本5111。
[13] 《刑部等衙门成德等谨题》（嘉庆四年八月初十日），刑科题本4435。

时　间	地　点	猪肉赊销情况	所欠钱数
嘉庆三年九月二十九日早上	河南息县	叶坤山向宰卖猪肉生理的叶耕赊肉一斤。	欠钱五十文。[1]
嘉庆七年十月二十九日	广东广州府南海县	刘俊秀赊过陈癸二猪肉三斤。	议明每斤铜钱八十文，共钱二百四十文。[2]
嘉庆八年闰二月	广西博自县	刘奉向刘亚二赊肉半斤。	欠钱四十文。[3]
嘉庆九年	四川南江县	李万受赊取刘立武猪肉八斤。	该钱三百零八文。[4]
嘉庆十二年五月	云南曲靖府宣威州	谭士荣赊欠王八二猪肉三斤。	该钱一百四十文。[5]
嘉庆十五年二月	安徽寿州	刘魁向袁有礼赊猪肉四斤。	该钱二百八十文。[6]
嘉庆十四年八月十三日	湖南郴州桂阳县	钟次佑奴向李任行赊肉三斤。	该钱一百五十文。[7]
嘉庆十五年七月	湖南永顺县	彭国金向张明赊肉半斤。	该钱三十四文。[8]
嘉庆十六年正月	湖北枣阳县	谢登富问柳德勒赊肉四斤。	欠钱二百四十文。[9]
嘉庆十六年三月	陕西宁羌州	宋继书赊买高升和猪肉二斤。	该钱八十文。[10]
嘉庆十七年四月	四川江油县	董珍言赊买戴空升猪肉二斤。	该钱一百一十文。[11]
嘉庆十八年春间	直隶香河县	喻有闻向郜均会赊了二斤猪肉。	是一百六十大钱。[12]
嘉庆二十年八月初九日	江苏徐州府睢宁县	刘汝金在南关集向刘安赊买猪肉二斤。	该钱一百二十文。[13]

[1]　《兵部侍郎巡抚河南吴熊光谨题》（嘉庆四年五月二十六日）刑科题本4417。

[2]　《刑部等衙门经筵讲官董诰等谨题》（嘉庆八年十月十五日），刑科题本4711。

[3]　《兵部侍郎巡抚广西等处地方孙玉庭谨题》（嘉庆八年十月初一日），刑科题本4700。

[4]　《太子少保总督四川等处地方勒保谨题》（嘉庆九年六月二十六日），刑科题本4750。

[5]　《刑部等衙门董诰等谨题》（嘉庆十二年正月二十八日），刑科题本4959。

[6]　《兵部侍郎巡抚安徽广厚谨题》（嘉庆十五年二月初七日），刑科题本5191。

[7]　《刑部等衙门勒保等谨题》（嘉庆十五年九月初六日），刑科题本5147。

[8]　《兵部侍郎巡抚湖南景安谨题》（嘉庆十六年二月二十日），刑科题本5231。

[9]　《兵部侍郎巡抚湖北武昌映汉谨题》（嘉庆十七年三月初四日），刑科题本5289。

[10]　《刑部等衙门董诰等谨题》（嘉庆十七年四月初十日），刑科题本5347。

[11]　《署四川总督毛绅谨题》（嘉庆十七年十一月十四日），刑科题本5298。

[12]　《吏部尚书署直隶总督臣章煦谨题》（嘉庆十八年十二月十二日），刑科题本5416。

[13]　《刑部等衙门章煦等谨题》（嘉庆二十一年十一月初九日），刑科题本5659。

表中所列36例猪肉赊销案例，其中乾隆朝案例17个，嘉庆朝19个，这些案例涉及18省36个州县，清初十八省内都有关于猪肉消费信用的记载，猪肉这种较为昂贵的食品，赊买的概率较高。赊买的猪肉量最多八斤，最少半斤；所欠肉价多用钱数表示，只有乾隆十三年（1748）浙江省一例是用银两计算，欠钱最多是八百八十文，最少是二十文。赊卖猪肉者多是以宰卖猪肉为生理的屠户，也有自家养猪宰卖的。在陕西，王玉系王和尚大功服弟，屠宰生理，嘉庆元年（1796）四月内，王玉将自喂猪宰卖，王和尚赊买八斤，该钱四百八十文未偿。[1]赊买猪肉者一般与卖肉人熟识。

2．牛、羊、驴、狗肉的赊销

牛肉、羊肉的消费量仅次于猪肉，食用地域较广。在湖北德安麻随州，乾隆十四年（1749）二月内，谭全家耕牛病毙，报州开剥售卖，张公王赊牛肉七斤，言定价钱一百零五文。[2]在安徽阜阳县，嘉庆十六年（1811）八月，张选家病死耕牛一条，开剥煮卖，刘礼问赊一斤，该钱二十四文。[3]在贵州贞丰州，嘉庆二十一年（1816）七月，黄土忠剥卖倒毙耕牛，岑卜掌向其赊买牛肉五斤，价钱二百五十文。[4]在以上三例中，牛肉都来自病死耕牛，赊卖牛肉的是普通农户。在奉天，嘉庆四年（1799）十一月内，任德玉向素识卖牛肉的回民丁大智四次赊买五斤半，每斤钱七十文。[5]丁大智是专门卖牛肉的，与任德玉向来认识，固接连四次赊卖牛肉给任德玉。不考虑物价变化因素，专卖牛肉的价格明显要高出病死牛肉。

羊肉的食用与赊买存在地域性。在山西朔平府，乾隆六十年（1795）九月初六日，牛伦向张玉才赊羊肉五斤，钱二百五十文，屡讨未还。[6]在山西太原，嘉庆三年（1798）十二月二十日，高守义向刘清月赊了三斤羊肉，该钱一百五十文。[7]在贵州镇远县，嘉庆四年（1799）九月里，陈克岩向龙宗胜赊了一斤羊肉，该钱六十文。[8]在山西汾州府孝义县，嘉庆十年（1805）十二月，刘添中向张满家赊买羊肉二斤，欠钱一百二十文。[9]直接用于消费的羊肉

[1]《刑部等衙门成德等谨题》（嘉庆五年六月初五日），刑科题本4948。
[2]《巡抚湖北唐侹祖谨题》（乾隆十五年四月初四日），刑科题本0704。
[3]《刑科题本等衙门崇孙等谨题》（嘉庆十七年八月十七日），刑科题本5343。
[4]《刑部章煦等谨题》（嘉庆二十三年三月十一日），刑科题本5797。
[5]《刑部等衙门筵讲官董诰等谨题》（嘉庆五年十一月十五日），刑科题本4510。
[6]《刑部等衙门阿桂等谨题》（嘉庆元年五月十四日），刑科题本4206。
[7]《兵部侍郎兼都察院右副都御史伯麟谨题》（嘉庆四年十月十七日），刑科题本4423。
[8]《护理贵州巡抚常明谨题》（嘉庆五年闰四月十一日），刑科题本4488。
[9]《兵部侍郎巡抚山西太原成宁谨题》（嘉庆十二年正月二十二日），刑科题本4959。

赊欠，其数量有限。

清代前期，其他牲畜肉类的食用赊欠同样存在，如驴肉、狗肉。在山东兖州府滕县，据赵李氏供："赵寒五是小妇人的男人，许克明是男人族间妹夫，素无仇隙，嘉庆元年（1796）十一月初五日，许克明赊取赵寒五狗肉一斤，该大钱四十文。"[1]在山东峄县，徐文煮卖狗肉生理，嘉庆十六年（1811）十一月二十日，陈夏问徐文赊买狗肉半斤，该价大钱二十五文。[2]在奉天府辽阳州，据刘氏供："六月初一日，洪家死了驴，把驴肉给了冯二黑挑着零卖，小妇人赊了冯二黑二斤驴肉，冯二黑说二斤肉共该五百二十钱。"[3]

3. 鸡、鸭、鱼肉的赊销

鸡的饲养在全国较普及，由于鸡的个体较小，鸡的赊销通常以整鸡为单位。福建漳州府海澄县，乾隆六十年（1795）九月十六日，林敏向陈来赊鸡一双，该钱一百六十文。[4]在广东保留县，陈倧旦曾向蔡秀村赊买母鸡一只，该价铜钱一百二十文。[5]在四川龙安府石宗县，嘉庆十一年（1806）六月初六日，杨茂阳向王世用赊鸡一只，价钱二百一十五文。[6]在山西汾州汾阳，嘉庆三年（1898）三月初四日，李復书向王富照买母鸡一只，讲定价钱一百二十文，先交钱一百文，下短钱二十文。[7]在河南归德府商邱县，尉文锋贩卖鸡蛋生理，嘉庆十八年（1813）五月，陈连捷又在其担上拣取鸡蛋一百八十个，该价钱七百二十文。[8]

鱼鸭的养殖主要在南方地区，鱼鸭的赊销也发生在南方。广西容县，乾隆三年（1738）十二月，秦俞赴墟卖鸭，封奉奇向伊赊鸭一只，该钱五十六文。[9]这是在墟集上的买卖。安徽芜湖县，嘉庆十八年（1813）十月，江苏江都人张霖三至芜湖地方挑卖板鸭生理，徐三赊张霖三板鸭一只，该钱二百一十文。[10]这是从挑卖板鸭的担上赊买鸭子。

鱼也是生活中重要的肉食，是以斤为单位买卖的。清代小说《儒林外史》

---

[1] 《刑部等衙门阿桂等谨题》（嘉庆二年十一月初六日），刑科题本4234。
[2] 《兵部侍郎巡抚山东同兴谨题》（嘉庆十七年七月十一日），刑科题本5346。
[3] 《太子太保长麟等谨题》（嘉庆十四年七月十九日），刑科题本5071。
[4] 《护福建巡抚臣姚棻谨题》（嘉庆元年十二月十九日），刑科题本4199。
[5] 《内阁沉重兼礼部尚书广东巡抚那彦成谨题》（嘉庆八年二月初八日），刑科题本4743。
[6] 《刑部等衙门董诰等谨题》（嘉庆十二年六月十九日），刑科题本4948。
[7] 《兵部侍郎巡抚山西太原等处地方伯麟谨题》（嘉庆三年八月初二日），刑科题本4448。
[8] 《兵部侍郎巡抚河南方受畴谨题》（嘉庆十八年二月初五日），刑科题本5383。
[9] 《署广西巡抚安图谨题》（乾隆四年七月二十九日），刑科题本0153。
[10] 《刑部等衙门董诰等谨题》（嘉庆十九年九月初七日），刑科题本5437。

描写严贡生一家经常买猪肉吃，"上顿吃完了，下顿又在门口赊鱼"[1]。在广西直隶郁林州，嘉庆十三年（1808），朱亚六向张有余赊鱼二斤，该钱三十文。[2]在四川绵州安县，嘉庆二年（1797）八月初四早，官升向王俊供赊取两斤鳝鱼，欠钱二十八文。[3]在安徽凤名县，嘉庆十六年（1811）四月，詹治发问詹存得赊鱼十一斤，该钱二百二十文没还。[4]在安徽泗州直隶州，嘉庆十九年（1814）三月十八日，王辉朗向周文德赊买鱼二斤，每斤制钱一百二十文，共该钱二百四十文，欠未清还。[5]

（三）油、盐、烟、酒、糖、茶、药等副食品的赊销

1. 油、盐的赊销

俗话说："开门七件事，柴米油盐酱醋茶。"油盐是仅次于柴米的重要生活必需品，各地区油的种类虽然不同，但是都有赊销存在。直隶天津府青县，乾隆八年（1743）十一月，邢三于青邑地方卖油，杨三置了邢三五斤油，还少他二百小钱。[6]在西安咸阳县，乾隆十七年（1752）十二月三十日，赵应宝赊欠赵应顺家一斤油，欠了五十六个钱。[7]在四川龙安府彰明县，张明远向卖油生理，嘉庆二年（1797）七月初二日早上，陈知滩向其买了一斤清油，给过钱二十一文，下少钱四文，说定当日补给。[8]在直隶广平府广平县，嘉庆三年（1798）正月里，郜柤叔向庞文友赊了四两香油，该大钱三十二文，没有给还。[9]在盛京奉天府锦州广宁县，嘉庆三年（1798）十月，马言象赊刘油匠苏油三斤，共欠市钱一千。[10]

盐在清代前期由政府和固定商人专卖，但私盐买卖一直存在，盐的消费性赊欠也时有发生。在直隶丰润县，王从礼系半色灶户，雇与张家庄阎伯炎盐店为役，乾隆九年（1744）秋，阎伯炎发盐十五包运至河涧店零卖，从礼赊给吴文兴盐共四十三斤，每斤大制钱六文。[11]盐商所雇的伙计王从礼有权力决定对

---

[1] 吴敬梓：《儒林外史》第五回，第74页。
[2] 《刑部等衙门董诰等谨题》（嘉庆十四年五月二十六日），刑科题本5099。
[3] 《刑部等衙门和珅等谨题》（嘉庆三年五月初五日），刑科题本4314。
[4] 《兵部侍郎巡抚安徽钱楷谨题》（嘉庆十七年五月二十四日），刑科题本5323。
[5] 《刑部章煦等谨题》（嘉庆二十一年八月初七日），刑科题本5653。
[6] 《刑部盛海谨题》（乾隆十年四月初七日），刑科题本0465。
[7] 《刑部阿克敦谨题》（乾隆十八年十月二十三日），刑科题本0929。
[8] 《太子太保兵部尚书宜绵谨题》（嘉庆二年十一月二十五日），刑科题本4301。
[9] 《太子太保兵部尚书总督直隶等处地方胡季堂谨题》（嘉庆三年九月十二日），刑科题本4376。
[10] 《刑部等衙门成德等谨题》（嘉庆四年九月二十一日），刑科题本4454。
[11] 《兵部尚书总督直隶那苏图谨题》（乾隆十一年十二月十九日），刑科题本0511。

外赊销盐斤，其数量不算少，说明王从礼受到雇主的信任，对外赊卖也可能是盐店经常的出售方式。在山东昌乐县，刘祐生负盐货卖，李盛赊盐二升，共值小钱五十文。[1]在山西阳曲县，乾隆二十五年（1760）六月里，冯廷尧向卖盐的李刚赊了半升盐，讲明十八个钱。[2]这两次所赊之盐很少，可能和买盐人的经济状况相适应，同时和卖盐者是"负盐货卖"不无关系。

2. 烟、酒的赊卖

烟草在明代从美洲传入中国，由于其适应性较强，很快在各地传播栽种开来。烟的买卖有时以斤两为单位的，有时以包为单位，这可能和是否在烟叶产地有关，在湖北孝感县，乾隆十三年（1748）三月内，邹适一赊欠宋则明二两烟，该价钱五文。[3]广西平乐府富川县，乾隆十五年（1750）四月内，李惟信曾向徐显义赊取烟叶一斤，该钱六十文。[4]在陕西绥德州，嘉庆四年（1799）二月内，米脂县人王一中赊买侯克印四包烟，该价钱一百二十文。[5]在山东青州安邱县，周玠开杂货铺生理，嘉庆二年（1797）葛暧赊烟一包，该京钱一百四十文。[6]在湖北与广西烟叶当是散装销售，在陕西、山东的杂货铺内烟包装成小包出售。在四川江津县，嘉庆十三年（1808）九月二十日，刘秉贵赊买刘源亭烟叶二斤，该钱一百六十文。[7]在盛京奉天府承德县，嘉庆二十一年（1816）四月十六日午后，佟满都赊买民人赵大烟叶一斤，合市钱六百文未还。[8]在安徽蒙城县，嘉庆二十三年（1818）四月初三日，任礼肩挑烟叶至蒙城范家集售卖。戴步渠向任礼赊买烟叶半斤，该钱二十三文，约俟初五日偿还。[9]烟叶可以在集市上赊到，烟叶消费性赊销的出现，说明烟叶消费已趋于大众化。

酒的消费由来已久，诗酒不分家，"酒"字经常出现在历代文人墨客的笔下。清代著名文学家曹雪芹晚年住在"蓬牖茅椽"，过着"食粥赊酒"的生活。普通百姓也常常赊酒来待客，请人下饭馆时也会赊酒，如表3—6所示：

[1] 《巡抚山东喀尔吉善谨题》（乾隆九年六月二十二日），刑科题本0371。
[2] 《巡抚山西太原等处地方鄂弼谨题》（乾隆二十六年四月二十六日），刑科题本1487。
[3] 《刑部来保谨题》（乾隆十四年六月十二日），刑科题本0678。
[4] 《护理广西巡抚李钏泰谨题》（乾隆十六年五月十四日），刑科题本0803。
[5] 《护理陕西巡抚印务布政使臣司布政使马慧裕谨题》（嘉庆四年十一月十一日），刑科题本4434。
[6] 《刑部等衙门经筵讲官董诰等谨题》（嘉庆五年七月十四日），刑科题本4496。
[7] 《太子太保总督四川勒保谨题》（嘉庆十四年五月初四日），刑科题本5118。
[8] 《盛京刑部臣永祚等谨题》（嘉庆二十一年闰六月二十二日），刑科题本5670。
[9] 《兵部侍郎康绍镛谨题》（嘉庆二十四年正月二十五日），刑科题本5838。

表3—6　乾隆、嘉庆朝酒的消费性赊欠案例

时间	地点	酒的赊销	所欠钱数
乾隆十五年三月初五日	山东莒县	梁虎豹沽卖零酒，张曾向赊酒二斤。	欠小钱一百文。[1]
乾隆十六年三月初八日	山西汾州府平遥县	米来发邀宋三至田优秦铺内饭酒，先后赊酒一斤四两。	该钱二十五文。[2]
乾隆十九年正月十七日	四川华阳县	周奇家款客曾向管大福赊酒二斤。	该钱一十六文未偿。[3]
乾隆十九年二月初二日	安徽凤台县	赵士魁同堂弟赵士奇一向在陶家集卖酒生理，王松如走来说他家请客赊去十斤酒。	欠钱二百文，屡讨未还。[4]
乾隆二十一年题本	山西兴县	交城县人成根宗在刘宗湾开烟、纸、酒、布铺生理，张茂禄向其赊了一壶酒。	欠钱十文。[5]
乾隆二十三年题本	山西蒲叶荣河县	周乃开酒铺生理，四月十五日晚上，母舅吴二子同武振子、潘得业到小的铺里吃酒，他们共吃了二斤烧酒。	那酒是四分银子一斤，共该八分银子。[6]
嘉庆八年题本	广西	黄亚前卖酒生理，谷世盛问黄亚前赊取烧酒二斤。	共该银六分，屡讨没还。[7]
嘉庆二十年十月	安徽安庆卢州合肥县	陈淋章向陈贝应赊酒五斤。	该钱一百三十文。[8]
嘉庆二十四年十二月	安徽定远县	定远县人刘玉贵，庄农度日，与已死陈士学邻近居住，素好无嫌，陈士学开酒店生理，小的常在他店内买酒，嘉庆二十四年十二月结算。	欠酒钱七十九文没还。[9]

　　表中列出9个赊酒案例，赊酒最多的是乾隆十九年（1754），王松如到安徽凤台县陶家集上，向专门卖酒的赵姓兄弟赊去十斤酒，说是用来请客；赊酒最少的是山西人张茂禄，他在杂货铺赊取价值十文钱的一壶酒。根据酒的消费方式，大致可以把酒的赊欠分成两种：一是赊吃，一是赊买。"赊吃"指赊酒者在酒铺中当时就把酒消费；"赊买"则是赊酒者把酒赊买回家再消费，可能发生在酒店，也可能发生在大街上。赊酒的人往往不是只赊欠一次，酒的消费

[1] 《巡抚山东玢泰谨题》（乾隆十五年十月初四日），刑科题本0735。
[2] 《刑部阿克敦谨题》（乾隆十六年十二月十一日），刑科题本0774。
[3] 《刑部等衙门阿克敦等谨题》（乾隆十九年七月十二日），刑科题本1024。
[4] 《刑部等衙门鄂弥达等谨题》（乾隆十九年七月初六日），刑科题本1165。
[5] 《刑部等衙门阿里衮等谨题》（乾隆二十一年三月二十一日），刑科题本1125。
[6] 《刑部等衙门鄂弥达等谨题》（乾隆二十三年二月二十八日），刑科题本1272。
[7] 《刑部等衙门经筵讲官董诰等谨题》（嘉庆八年二月十九日），刑科题本4714。
[8] 《刑部等衙门经筵讲官董诰等谨题》（嘉庆十四年二月二十四日），刑科题本5095。
[9] 《管理刑部事务戴均元等谨题》（道光元年），刑科题本5933。

具有经常性和成瘾性，酒消费者往往多次到同一酒店、酒铺重复消费，累积赊欠。表中定远县人刘玉贵，庄农度日，常在陈士学店内买酒，在嘉庆二十四年（1819）十二月结算时，欠酒钱七十九文没还。这种定期或不定期的结算赊销酒的方式在酒店、饭馆、杂货铺等固定经营场所容易发生。在山东青州府昌乐县，刘士选呈控黄寿远等殴伤伊父刘密抽风身死，串嘱书役刘瑞吉等改供捏详等情一案。缘"刘士选与父刘密并黄寿远均籍隶该县，邻庄居住，素识无嫌，黄寿远之子黄明谦向开酒铺生理。嘉庆二十三年（1818）五月二十七日晚，刘密嘱令次子刘士厅往向黄明谦赊酒未允，致相争吵。"[1]黄姓所开酒铺肯定曾向他人赊酒，或许刘家父子经常到该酒铺赊酒。双方本来相识，刘士厅乘兴而来，却遇到意料之外的拒绝，引发双方的争吵。乡村酒店的赊销既是店铺的有效运营方式，又潜伏着种种风险。

3. 糖、茶、药的赊欠

糖、茶、药也属于食物类生活消费品，清代前期同样存在赊销情况。在四川成都府茂州，嘉庆二十三年（1818）三月初五日，杨添有向漆常元买食麻糖三块，该钱三文。[2]在西宁府，西宁县汉民贾才贩卖杂货，房主和尚乾隆六十年（1795）向他赊过十两茶叶，原约今年秋后还他一斗青稞。[3]江西东乡县，王洛孙于乾隆二十年（1755）八月初七日向吴荣章赊买黄连五分半，议价钱一百六十文。[4]

（四）棉、麻、丝等纺织品的赊销

1. 棉、麻、布的消费性赊销

棉花不仅是纺纱织布的原料，也是做棉衣、棉被的必需填充物。在直隶武清县，乾隆二十三年（1758）十月二十三日，邓大因需用棉花，站立门首看望，适刘四担挑棉花经过，邓大唤住，买花半斤，言明京钱一百文，邓大仅给钱九十文。[5]棉花的赊欠在大部分地区存在。贵州仁怀厅，嘉庆二年（1797）十月里，胡文达向王帼安赊取棉絮一床，该价银八钱，他来讨过几次，因一时无银，没有清还。[6]在四川眉州，嘉庆十八年（1813）十一月间，杜添柱赊买田万寿棉花三

---

[1] 《青州府》（嘉庆二十五年十一月二十四日），《雪心案牍》第二函第八册。
[2] 《兵部蒋攸铦谨题》（嘉庆二十三年九月初五日），刑科题本5793。
[3] 《刑部侍郎代办陕甘总督陆有仁谨题》（嘉庆元年十二月十八日），刑科题本4205。
[4] 《兵部右侍郎巡抚江西等处地方胡宝瑔谨题》（乾隆二十一年二月十二日），刑科题本1094。
[5] 《太子太保总督直隶等处地方方观承谨题》（乾隆二十四年六月十五日），刑科题本1347。
[6] 《刑部等衙门和珅等谨题》（嘉庆三年四月十九日），刑科题本4364。

斤，欠银七钱。[1]在浙江处州府遂昌县，嘉庆二十一年（1816）四月间，王学清向焦汝常赊棉花二斤，该价银四钱四分，没有还给。[2]这三例棉花的赊欠都是以银计价的。清代前期虽然麻的消费与买卖都少于棉花，但也有赊卖现象。广西桂平县，黄正佳在刘德发烟寮工作，向黄阳舒买麻一斤，该钱一百文。[3]

棉布在全国的各地的批发零售都广泛存在，表3—7是乾隆、嘉庆朝部分赊销案例：

表3—7　乾隆、嘉庆朝棉布赊销案例

时间	地点	布的赊销	所欠钱数
乾隆十一年六月	山东曹县	田亮发卖布线生理，韩双曾赊欠田亮梭布一尺二寸。	该钱二十八文。[4]
乾隆十三年十月	广东廉州府合浦县	廖隆敬做棉衣，向邱金简铺内赊布二匹。	价钱七百文。[5]
乾隆十八年题本	西安商州	郭元赊取侯之建白布二匹。	言明价银一两，作钱八百文。[6]
乾隆十九年五月内	贵州思南府	江西抚州府金谿县人苏济明，乾隆十七年来铜仁府张小鸡公场上开杂货铺生理，杨胜芝常到铺买货，杨胜芝在小的店里赊了三丈六尺蓝布。	讲定价银七钱四分，他还了三钱九分，下欠三钱五分。[7]
乾隆二十年五月间	直隶临城县	孙自恭进城赶集撞遇宋氏。宋氏唤其代赊夏布一匹。	计钱三百七十文。[8]
乾隆二十一年题本	山西兴县	交城县人成根宗在刘宗湾开烟、纸、酒、布铺生理，张茂禄向其赊布一匹。	欠钱五百四十文。[9]
乾隆六十年七月	山西稷山县	任宋如赊去崔友度白布一丈。	该钱二百五十文。[10]
嘉庆三年五月	陕甘西安府蓝田县	殷准国背了白布到案下贩卖，刘金魁赊买其白布二丈四尺。	该钱七百八十六文。[11]
嘉庆三年六月初间	河南直隶光州固始县	潘濯清向叶粹风赊买白布二丈。	价钱七百七十文。[12]

[1]　《兵部尚书总督四川常明谨题》（嘉庆十九年十一月初一日），刑科题本5435。

[2]　《兵部侍郎杨护谨题》，刑科题本5658。

[3]　《兵部侍郎巡抚广西恩长谨题》（嘉庆十二年正月二十日），刑科题本4958。

[4]　《刑部阿克敦谨题》（乾隆十二年七月十二日），刑科题本0560。

[5]　《巡抚广东岳濬谨题》（乾隆十四年十二月初八日），刑科题本0662。

[6]　《刑部阿克敦谨题》（乾隆十八年四月十八日），刑科题本0971。

[7]　《刑部等衙门鄂弥达等谨题》（乾隆二十一年五月十五日），刑科题本1142。

[8]　《太子太保总督直隶等处地方方观承谨题》（乾隆二十一年七月三十日），刑科题本1217。

[9]　《刑部等衙门阿里衮等谨题》（乾隆二十一年三月二十一日），刑科题本1125。

[10]　《刑部等衙门阿桂谨题》（嘉庆元年六月十五日），刑科题本4157。

[11]　《刑部等衙门成德等谨题》（嘉庆五年二月十一日），刑科题本4485。

[12]　《经筵讲官刑部尚书成德等谨题》（嘉庆四年八月十六日），刑科题本4455。

时间	地点	布的赊销	所欠钱数
嘉庆三年十一月十七日	贵州贵定县	任幅纪籍隶商州，来雒南唱戏，芸生史言让原籍华阴，在县属开布铺生理，任幅纪向史言让赊买红布一丈。	欠钱二百文。[1]
嘉庆七年二月十日	四川奉节县	湖北麻城县人邹秉仁，在奉节县开布店生理，孙光潍赊买其白布一丈。	欠钱三百二十文，屡讨没还。[2]
嘉庆十八年十二月	四川保宁府通江县	曹大连赊黄金玉白布二丈。	讲定价钱四百文。[3]

表中列出12个棉布的赊销案例。布的种类有梭布、夏布、白布、蓝布、红布等，所欠价钱有的是全部货款，有的是部分价款。赊销地点有三种：专卖布店或杂货铺、集市、赊买者所在村庄。布店多开在县城、集镇等商业繁华地段，许多店铺是外地人开设，如江西抚州人苏济明到贵州省思南府开设杂货铺，陕西华阴人史言让在贵州贵定县开设布铺，湖北麻城县人邹秉仁在四川奉节县开设布店，山西交城县人成根宗到山西兴县开烟、纸、酒、布铺生理，他们都是到外省开设店铺。这些本地或外地人开的店铺，一般都会有一些固定的老主顾，经常在店铺买货，与店主慢慢熟识后，就会得到店主提供的消费信用，赊到布匹，向苏济明赊买三丈六尺蓝布的杨胜芝就是苏店里的老顾客。集市上摆摊卖布者多与附近村民相识，也可能赊卖布匹给他们。还有一些小商贩则肩挑背负、走村串户，沿街叫卖布线生理，遇到相识之人也可能会赊销布匹。在广西昭平县，申荣豆向在昭平地方挑卖布线生理，与昭平县人蒙亚九素识无嫌，道光十七年（1837）九月十六日，蒙亚九向申荣豆赊买青布一丈五尺，价钱三百七十文。[4] 这虽是道光年间的案例，但这种现象当早已出现。表中所赊之布并未全部说明其用途，但根据其所赊布的多少来看，应该是用作个人消费。

2. 衣、帽、鞋、袜、毯的赊销

从《清人社会生活》所载的图片可以看出，清代有一定身份和地位的士人经常穿长袍马褂，普通平民和手工业者日常穿的衣服是干活方便、价格便宜的衫裤。而这种衫裤多是自己买布做或请裁缝来做，也有从店铺买来或赊欠的，其赊欠事例见表3—8：

[1] 《护理贵州巡抚印务布政使臣常明谨题》（嘉庆五年四月二十四日），刑科题本4466。

[2] 《太子少保总督四川等处地方勒保谨题》（嘉庆九年二月二十二日），刑科题本4778。

[3] 《兵部尚书总督四川常明谨题》（嘉庆十九年七月二十二日），刑科题本5462。

[4] 《兵部侍郎巡抚广西等处地方梁章钜谨题》（道光二十年十月十七日），刑科题本7196。

表3—8 乾隆、嘉庆朝部分衣服赊欠案例

时间	地点	衣服的赊销	所欠钱数
乾隆十年四月内	广西	廖光鸣向何惠山布店内赊取布衫裤各一件。	共价钱四百九十五文。[1]
嘉庆元年八月里	西安商州直隶州	安徽太湖人郝甚高，寄居雒南王家台，赊买陈云海蓝布面皮袄一件。	讲定价钱三千文，约九月还钱。[2]
嘉庆二年十二月二十八日	四川巴县	许贵买了马元富一件布衫。	讲定钱三百文，原约第二日给还。[3]
嘉庆三年题本	湖南永顺府桑植县	王胡子赊旧布裤一条。	议钱六十文。[4]
嘉庆四年四月	四川宁远府会理州	刘元俸向邓才友赊买布衫一件。	欠钱一千文没还。[5]
嘉庆十八年七月	四川荼江县	黄开俸向李庭春赊买蓝布男衫一件。	价钱三百四十文。[6]
嘉庆十八年十一月初四日	四川叙州府南溪县	万衡江赊买萧万若布马褂一件。	讲定价钱八百文。[7]
嘉庆十九年十月	广西龙州	邓宝惠裁缝生理，与监生叶青松熟识，叶青松向邓宝惠赊取羊皮马褂一件。	该银六两二钱，屡讨不还。[8]

表中所列8例衣服赊欠案例，其中有从店铺赊买的，有从裁缝铺赊取的，王胡子所赊旧布裤可能是从当铺或估衣铺赊来，也可能偶尔有从私人家里赊取的。

帽子一般从商贩处买来或赊来，在四川重庆府巴县，嘉庆二年（1797）九月间，周正祥赊买熊文志草帽一顶，价钱五百文。[9]四川仁寿县，嘉庆十七年（1812）三月间，周潮柏向胡明俸赊去草帽一顶，说定价钱一百文。[10]在陕西兴安府石泉县，嘉庆二十二年（1817）三月，袁濂书赊买李忠富竹箬箬帽一顶，讲定价钱为十文。[11]

在江苏常熟，鞋袜大多是家里妇女自己缝制，"到雍正时，相当一部分

[1] 《刑部阿克敦谨题》（乾隆十七年七月初九日），刑科题本0832。
[2] 《刑部等衙门东阁大学士苏凌阿等谨题》，刑科题本4341。
[3] 《太子太保兵部尚书总督四川地方军务勒保谨题》（嘉庆四年八月二十一日），刑科题本4406。
[4] 《刑部等衙门和珅等谨题》（嘉庆三年十二月十七日），刑科题本4318。
[5] 《刑部等衙门盛德等谨题》（嘉庆五年五月二十四日），刑科题本4504。
[6] 《兵部尚书总督四川常明谨题》（嘉庆十九年六月初六日），刑科题本5475。
[7] 《刑部等衙门经筵讲官董诰等谨题》（嘉庆九年十一月二十四日），刑科题本4791。
[8] 《兵部侍郎庆保谨题》，刑科题本5674。
[9] 《署四川总督魁伦谨题》（嘉庆四年十二月初七日），刑科题本4442。
[10] 《署四川总督牛绅谨题》（嘉庆十七年十二月十七日），刑科题本5280。
[11] 《兵部侍郎巡抚陕西等处地方朱勋谨题》（嘉庆二十三年五月十八日），刑科题本4718。

的人到店铺去购买。"[1]全国其他地区的人应该也有到店铺购买的，也有从别人家买的。在福建龙溪县，蔡求间向蔡宝赊去布鞋一双，该钱一百二十文。[2]在云南姚州普溯乡，乾隆十九年（1754）九月里，刘宗政向张文耀赊了一双布鞋，价钱二百文，收过钱四十文，下欠一百六十文，屡讨不还。[3]盛京科尔沁达尔汉王旗，锦县民王发皮匠手艺，嘉庆十五年（1810）八月，会周万立商同到哈尔壩地方夥做乌拉、熟皮子，九月里，朱尔海的父亲诺们断创赊了他们一双乌拉，讲定市钱二千。[4]河南陕州卢氏县，杨刘氏做卖鞋只度日。嘉庆二十年（1815）五月间，白思云的雇工薛法才赊买女人鞋一双，该钱三百文，屡讨没还。[5]在四川，汪世文之妻鲜氏曾赊给陈天申布鞋一双，议价钱一百八十文，屡讨无偿。[6]清代做鞋者既有男人，又有许多家庭妇女，他们做的鞋直接卖给或赊给消费者。在奉天府海城县嘉庆十三年（1808）正月里，张幅卖给崔学一双布夹袜，讲定市钱一吊二百文，没有还。[7]

除衣帽鞋袜外，也有赊欠其他纺织品的。在陕西汉中府略阳县，嘉庆六年（1801）十月里，孙中节赊李必芳绒毡一条，讲定价钱一千四百文，约迟日就还。[8]

（五）日用杂货的赊销

人们生活离不开衣食住行，前文主要对衣、食的消费性赊销作了简单描述，与住、行有关的物品器具有自己准备的，也有购买而来的。这些物品的赊欠也广泛存在，以下将分类介绍。

1. 柴草、炭煤、蜡烛、砖瓦的赊卖

做饭取暖需要能源，清代的能源来源主要是柴、炭和煤，这与各地的物产相适应。在浙江绍兴府山阴县，余文瑞卖柴生理，嘉庆二年（1797）十月里，有许长发问余文瑞赊去烧柴一担，言明价钱一百五十文，屡讨没给。[9]江苏常州府阳湖县，嘉庆三年（1798）八月，苏文蕯向郑顺德赊柴两担，共钱

---

[1]　冯尔康、常建华：《清人社会生活》，沈阳出版社2002年版，第179页。
[2]　《刑部来保谨题》（乾隆九年六月十七日），刑科题本0401。
[3]　《署理云南巡抚印务郭一裕谨题》（乾隆二十三年一月二十六日），刑科题本1123。
[4]　《刑部等衙门董诰等谨题》（嘉庆十六年七月初十日），刑科题本5236。
[5]　《兵部侍郎文宁谨题》（嘉庆二十二年），刑科题本5748。
[6]　《经筵讲官鄂弥达谨题》（乾隆二十四年三月初十日），刑科题本1373。
[7]　《刑部等衙门董诰等谨题》（嘉庆十四年三月初四日），刑科题本5072。
[8]　《刑部等衙门董诰等谨题》（嘉庆九年二月十七日），刑科题本4777。
[9]　《兵部侍郎巡抚浙江等处地方玉德谨题》（嘉庆三年九月初三日），刑科题本4338。

◎　第三章　清代前期与消费者有关的商业信用

85

二百八十文。[1]在西安敦煌县，何月向龚明赊了十捆柴，讲定价钱四十文。[2]卖柴者的柴多是自己砍取，柴的质量各异，捆的大小不同，多在本地销售，熟人的赊欠肯定存在。炭需要在炭窑烧制，清代设有炭行、柴炭行、薪炭行等专门买卖柴炭的牙行。炭的零售也有赊欠现象，甘肃庆阳府，乾隆元年（1736）十一月内，王徐印向李文成赊炭四斤，该钱十二文。[3]江西宁都州张科富供："嘉庆二十四年（1819）二月二十五日，父亲向邱莫千赊取木炭一篓，议价五十文。"[4]由于我国产煤地区多处内陆，交通不发达，煤的开采与运输成本昂贵，清代前期煤的买卖还是地方性的。在直隶宣化府蔚州，嘉庆二十四年（1819）正月间，李合子向闫太赊煤十余斤，该欠大钱五十七文未偿。[5]

蜡烛是常用的生活必需品，用于照明或祭祀。在四川巴县，王元兴与弟弟王元顺，于"土主场开油蜡铺小贸活生。去腊有该场约客刘全茂来蚁铺赊买去小烛三百支，该钱一百五十文未给。今正全茂同熊祥泰、熊洪川又来蚁铺赊买去牛油烛一百支，该钱四百文又未给，屡讨推骗。"[6]刘全茂先后在腊月和正月两次赊买大量蜡烛，可能是用于年节的公共消费。在芜湖和祖父一起生活的牛浦郎开个小香蜡店，胡乱度日，每天都拿经折去讨赊账。[7]可见，即使在这样的小店，赊卖也是重要的售货方式。

草的用途有多种：一是烧火，比较浪费；二是编草帘子，盖东西，比如遮盖土坯，也可以铺床；三是遮盖屋顶或土墙；四是喂养牲畜。草的买卖在农村也是平民收入的来源之一，草的赊卖也有发生。在甘肃甘州府张掖县，张述保卖草生理，与任继周同街居住，素没嫌隙，乾隆五十九年（1794）十月里，任继周向其赊了一束谷草，该钱十二文。[8]陕西兴安府洵阳县，嘉庆九年（1804）正月间，张德赊买刘凤潮麦草三十斤，合钱一百二十文。[9]福建漳州府诏安县，嘉庆十一年二月，薛弗向胡深赊草一担，欠钱八十文未还。[10]

砖瓦是修灶、垒墙、盖房的材料。在江西南城县，黎宁万向封善伯赊买

[1] 《刑部等衙门成德等谨题》（嘉庆四年八月初七日），刑科题本4455。
[2] 《刑部等衙门董诰等谨题》（嘉庆十五年二月十九日），刑科题本5138。
[3] 《巡抚甘肃宁夏元展成谨题》（乾隆二年十二月十一日），刑科题本0101。
[4] 《江西巡抚瑞弼谨题》，刑科题本5829。
[5] 《刑部戴均元等谨题》（嘉庆二十五年七月十四日），刑科题本5890。
[6] 《王元兴禀状》（道光二十二年三月初二日），《清代乾嘉道巴县档案选编》（上册），第393页。
[7] 吴敬梓：《儒林外史》，第二十一回《冒姓字小子求名　念亲戚老夫卧病》，第286页。
[8] 《刑部等衙门阿桂等谨题》（嘉庆元年三月初九日），刑科题本4221。
[9] 《兵部侍郎巡抚陕西等处地方方为甸谨题》（嘉庆九年九月十八日），刑科题本4757。
[10] 《刑部等衙门董诰等谨题》（嘉庆十二年十二月初二日），刑科题本4957。

砖瓦六十块作灶，议价一百二十文。[1]黎宁万赊取砖瓦为修灶，是消费信用。在江苏苏州府昭文县，乾隆十七年（1752）二月间，僧人志厦修庵（善庆庵）向田吴赊瓦一万四千块，该价十四两。[2]令人奇怪的是僧人赊瓦修庵而不是修庙。山东曹州府曹县，乾隆十七年（1752）四月内，王前堂向金甫经赊瓦五千，议明价钱二千五百文。[3]这次赊买没说明用途。

2. 棺木的赊销

棺木是一种特殊的贵重商品，由于其需要的不确定性，购买者往往不能及时凑齐足够的银钱来买，所以棺木的赊欠经常发生，由于其钱数较多，常常有保人担保或是相熟之人才能赊到。清代小说就有这样的描写：牛老儿（牛浦的祖父）去世后，邻居卜老领着牛浦到他相熟的店里赊了一具棺材。[4]尤二姐自尽后，"贾琏骑马自去要瞧，至晚间果抬了一副好板进来，价银五百两赊着，连夜赶造"。[5]在西安府咸阳县，乾隆五十九年（1794），赵孟解的祖母病故，赊取赵思勇棺木一副，讲定价钱五千文。[6]在四川重庆府酉阳州南川县，嘉庆七年（1802）十月，钟明官与钟明学担保向杨光贤赊取棺木一口，价钱二千六百五十文。[7]在云南曲靖府宣威州，嘉庆八年（1803）四月内，朱二狗向朱绍连赊棺材板一副，议定价银五两。[8]在山东曹县，嘉庆十四年（1809）六月间，田路在韩贵生木作铺内赊买棺木一口，该价制钱三千五百文。[9]在山西代州崔家庄，嘉庆二十一年四月里，孔金梁与幼弟孔辅翰外出佣趁，他母亲病故，孔满洞央孔兴同往材铺赊取棺木，价钱七千三百文，说明等孔金梁等回来摊偿。[10]孔兴实际上就是保人，后来孔金梁回来，弟弟孔满洞让其摊还棺木钱，产生矛盾。在直隶广平府永年县，刘瑞赊欠田可子铺内棺木，价钱三千文，屡索无偿。[11]这些棺木或是从棺材铺，或是从木作铺内赊取。根据个人的经济条件，死者的身份地位，赊买不同档次和价位的棺木。

[1]《护理江西王学吾谨题》（乾隆十八年十二月二十一日），刑科题本0968。
[2]《巡抚江苏庄有恭谨题》（乾隆十七年十一月初四日），刑科题本0858。
[3]《刑部阿克敦谨题》（乾隆十八年四月十三日），刑科题本0966。
[4] 吴敬梓：《儒林外史》，第二十一回《冒姓字小子求名　念亲戚老夫卧病》。
[5] 曹雪芹、高鹗：《红楼梦》，第六十九回《弄小巧用借剑杀人　觉大限吞生金自逝》，北京图书馆出版社1999年版，第695页。
[6]《刑部等衙门成德等谨题》（嘉庆五年二月初十日），刑科题本4479。
[7]《太子少保总督四川勒保谨题》（嘉庆八年廿九日），刑科题本4709。
[8]《刑部等衙门觉罗长麟谨题》（嘉庆九年九月初五日），刑科题本4793。
[9]《兵部侍郎巡抚山东左纶谨题》（嘉庆十五年九月初十日），刑科题本5150。
[10]《兵部衡龄谨题》（嘉庆二十一年九月十四日），刑科题本5641。
[11]《刑部崇禄谨题》（嘉庆二十二年正月三十日），刑科题本5698。

3. 杂物的赊销

清代前期，在日常用品中有许多铁器、铜器、竹木器具、纸制品等手工产品，这些商品属于耐用生活品，多是从手工作坊或杂货铺购买，普通人自家不能制造。下面列表说明铁器与竹木器具的赊买：

表3-9　乾隆、嘉庆朝部分铁器、竹木器具的消费性赊欠案例

时　间	地　点	物品的赊销	所欠钱数
乾隆七年题本	四川邛邑	唐建国贩卖铁器，夏昆玉赊取锄刀。	议价一钱二分。[1]
乾隆五十九年十一月里	直隶涿州	何四到刘二的铺里赊了一把菜刀，一根火柱。	共该二百大钱。[2]
嘉庆二年十二月里	四川绵州直隶州绵竹县	胡廷英赊买赵登贵炉条一副，锅铲一个，菜刀一把。	共该钱四百文，没有给还。[3]
嘉庆五年二月	四川永宁州	孙俸赊过文宣举铁锄两把。	该价银六钱。[4]
嘉庆九年正月十五日	四川屏山县	何才实在黄丹场开铁铺生理，邹富建赊买其锄头一把。	价钱一百五十文。[5]
嘉庆十六年五月间	河南卫辉府延津县	苗进德出卖剪子，张幅向苗进德赊买一把。	言明价钱七十文。[6]
嘉庆二十一年二月	四川重庆府长寿县	江文德向程莱沅买铁锄一把。	欠钱一百二十文没还。[7]
嘉庆二十三年三月间	浙江上虞	陈阿六向蒋茂才赊买铁拐一只。	欠钱五百六十文，屡索无偿。[8]
嘉庆元年八月里	浙江杭州府昌化县	王大山因家里板门破坏，向汤年有赊用松板四块。	言明钱一千四百文，除还过外，尚欠钱三百五十文。[9]

[1] 《刑部来保谨题》（乾隆七年七月初五日），刑科题本0259。
[2] 《刑部等衙门阿桂等谨题》（嘉庆元年三月二十四日），刑科题本4212。
[3] 《太子太保兵部尚书总督四川勒保谨题》（嘉庆三年八月二十五日），刑科题本4316。
[4] 《都察院总督四川勒保谨题》（嘉庆五年十二月初八日），刑科题本4484。
[5] 《太子少保总督四川等处地方勒保谨题》（嘉庆八年十一月初五日），刑科题本4679。
[6] 《刑部等衙门崇禄等谨题》（嘉庆十七年七月二十六日），刑科题本5331。
[7] 《兵部尚书常明谨题》（嘉庆二十二年三月二十四日），刑科题本5704。
[8] 《刑部章煦谨题》（嘉庆二十四年八月二十三日），刑科题本5851。
[9] 《兵部侍郎兼巡抚浙江等处地方提督军务臣玉德谨题》（嘉庆三年四月初十日），刑科题本4316。

时　间	地　点	物品的赊销	所欠钱数
嘉庆二年二月里	安徽颍州府太和县	王梦早在陈家店集开设酒店并卖竹器杂货生理，翟五赊欠小的竹杆钱六百四十文。	还过钱四百四十文，下欠钱二百文，屡讨没给。[1]
嘉庆五年二月	四川永宁州	孙俸赊过文宣举铁锄两把。	该价银六钱[2]。
嘉庆八年	四川内江县	郑荣陇问周五赊买木板两块。	共欠钱一千五百文。[3]
嘉庆十二年九月间	湖北汉川县	王奇向胡应高出买松板两块。	议价三百一十文未还。[4]
嘉庆十八年二月	四川雅州天全州	周三儿问范桶匠赊取木桶一只。	议钱九十文。[5]
嘉庆十八年三月	山东武定府乐陵县	董义林向韩体太赊买锄柄。	计价大钱七十五文。[6]

表中赊买的铁器主要有铁锄、炉条、锅铲、剪子、菜刀、铁拐等工具，竹木器具有木板、竹竿、木桶、锄柄等。现实生活中所用的工具种类更加丰富多样，都可能被赊欠购买。在四川平武县，任宗富铜匠生理，嘉庆七年（1802）十二月间，王光炳赊取任宗富铜烟袋头一个，该钱二十文，屡讨没还。[7] 在直隶河间府任邱县，嘉庆二十三年（1818）十月十八日，郑大辰向康士杰赊了一个皮荷包，该价大钱一百文，屡讨不给。[8] 在四川龙安府平武县，陈元富平日贩卖爆竹营生，嘉庆十年（1805）六月初四日，有认识的刘廷俸向其赊买爆竹十对，该钱一百三十文。[9]

家具用品的赊欠有的用银钱算还账款，有的则用物品来还欠账，但主要是用粮食还账。在甘肃宁夏府中卫县，"市肆多山陕人，春出布帛售诸居人，夏收取偿，夏售布帛，春秋取偿，价必倍之，居人偿利，以谷菽居多，其价复贱，乡村之民去城市远者，多困于商"。[10] 在甘肃合水县，"邑中无大囤贩，

---

[1]　《吏部尚书署安徽巡抚朱珪谨题》（嘉庆三年三月初十日），刑科题本4384。
[2]　《都察院总督四川勒保谨题》（嘉庆五年十二月初八日），刑科题本4484。
[3]　《刑部等衙门董诰等谨题》（嘉庆九年六月十五日），刑科题本4790。
[4]　《刑部等衙门董诰等谨题》（嘉庆十四年九月十五日），刑科题本5108。
[5]　《刑部等衙门董诰等谨题》（嘉庆十九年三月初五日），刑科题本5473。
[6]　《刑部等衙门章煦等谨题》（嘉庆二十年五月十五日），刑科题本4718。
[7]　《太子少保兵部尚书总督四川等处地方勒保谨题》（嘉庆八年七月十六日），刑科题本4694。
[8]　《兵部方受畴谨题》（嘉庆二十四年九月十五日），刑科题本5879。
[9]　《刑部等衙门董诰等谨题》（嘉庆十一年三月十二八日），刑科题本4906。
[10]　［道光］《中卫县志》卷一一《风俗》，第1页。

惟铺户赊欠账目有收获。后以粮算还者，必俟贵而粜。"[1]在河南卢氏县，"家居器用，徒资粟易，赊诸坐商，商亦利积粟，往往倍售以待偿，及春麦秋禾之交，索偿者遍满四乡"。[2]商人在春季赊出家居器用，到秋天收获时收取粮食。在偏远的山村，商业贸易往来稀少，银钱匮乏，粮食成了货币的最佳替代物。

二、康熙三十九年至四十五年（1700—1706）徽州詹家消费信用实例

詹元相，字翊元，号畏斋，生于康熙九年（1670），卒于雍正四年（1726）。詹家世代定居徽州府婺源县浙源乡嘉福里十二都庆源村，是个屡试不第的农村秀才。其父詹起濡是庠生，两个儿子是生员，都没有做过官。詹元相属于乡绅，其家是村中的富裕人家。他受过良好的教育，又终老于农村，所写《畏斋日记》[3]从康熙三十八年（1699）记起，止于四十五年（1706）。康熙四十年（1701）至四十二年（1703）部分，基本上是逐日记述的，其余年份的记述有几天、十几天或整月一记。詹元相的《畏斋日记》记述了生活中的方方面面，不仅详细记载了个人的生活经历、社交活动，而且记下了与他人的经济往来，包括银钱借贷、物价波动、土地佃转、商品买卖、债务清偿、银钱兑换等。此外还有每日的天气、风俗习惯、教育科考等内容。《畏斋日记》对研究康熙时期的经济、社会生活具有重要的参考价值。这里将《畏斋日记》中所记有关商品赊买、赊卖的资料全部辑出，按时间顺序列在下面，试图通过詹相元家的商业信用活动来了解清代前期商业信用在人们生活中的作用与地位。摘录如下：

> 康熙三十九年（1700）庚辰岁次畏斋散书
>
> 六月初七，天晴。……收法叔豆油八干斤，言定三分六厘一斤（算还讫）。（190）[4]
>
> 六月初九，天晴。旭鲁侄不育，代赊孟交叔绵布六尺（十一月

---

[1] ［光绪］《合水县志》（下），《中国西北稀见方志》第八册，第393页。
[2] ［光绪］《卢氏县志》卷二《风俗》。
[3] 《清史资料》第四辑，中华书局1983年版，第190—270页。
[4] 这是《清史资料》第四辑的具体页数，下同。

十九，代还银七分二厘，讫；收还银讫）。（190）

七月初九，天晴。元攀弟于未时疾终。……是夜，代余［赊］孟交叔绵布二十三丈一尺，言定九五色银二两五钱四分。（195）

十一，天晴，下午小雨。赊孟交叔绵布二匹，计价八钱（一匹二丈九尺，一匹三丈，足；八月二十二还银并赊布五尺，俱讫）。（196）

十六，天晴。大人下午过大氾。去奥谷（即粳谷）一秤半（内一秤找合兄盐银，半秤现赊，收铜钱三十文，外楷兄代会二十文，未付）。（196）

二十一，天晴。赊来周祐叔毛青布一匹，计一丈七尺，言定二钱一分，又线一分（前欠线三分，俱清讫）。之荣叔借去猪骨一口，言定作价八钱（系张船岭、夏冬九兄还敦睦堂租银者，计九钱。收立荣叔亥，五钱）。（197）

八月初四，天阴。支文［银］九分，买新南枣六斤，干。又支九分九，代仪一叔买南枣六斤，干，扣还豆油银，仍欠油银一钱九分八（还讫）。（199）

二十二，天阴。……支银八钱九分，常，还太叔布讫。（200）

九月二十八，代仪一叔赊贤生信纸四张（还钱八十文讫）。（204）

十一月二十四，天晴。支银一钱，买白向火烛五十枝，计二斤，干（俗名插雪）。秀三兄央清伯将京越二匹言价七钱，还上半年赊谷四秤，计四钱，仍找去银三钱讫。（209）

十二月初六，天阴。现钱一百零五文买江女孙舅布一丈，同时又余［赊］布一匹，三丈足，计价三钱八分文［银］（付银讫）。（210）

十二月十一，天雨。舂米。收音生叔染葱马衣一件，计二分八厘五毫，每尺一厘半。又付祁门布三丈一尺染麦青、线四十索（四厘一尺，收布付银讫）。（210）

康熙四十年（1701）辛巳岁次日记畏斋散书

四月初七，天大风雨。谢尔堂尚兄家文银四分。记欠饭帐五日，该色银二钱（尔尚兄饭帐九月十七日寄周九弟府考送还讫）。

（220）

四月二十五，天雨。赊仲翔文章二副，一副二钱二分，一副一钱六分（还讫）。（220）

康熙四十一年（1702）壬午年大吉

正月二十九，天雨。至旌阳，寓上市桥王士元兄宅，断定饭帐系九三色银三分三厘一日。（230）

四月初二，下午雨。又生叔收去本年代纳二钱。付彪伯九五银二两四钱，天平，买料十一块，仍立约欠一两一钱（还讫）。（232）

六月初四，……付鱼网一副与江杞去卖，该钱四十五文。（234）

二十七，天晴。买答保舅《通鉴［纲］目》一副，言定二两一钱，常，现付八钱，仍欠一两三钱（又付四钱，又付二钱，又付七钱，外加色五分，书银俱清讫）。（235）

十二月二十五……还茂敬兄暖帽银（还讫）。（240）

康熙四十二年（1703）岁次癸未畏斋散书

三月二十六，天晴，下午雨。付祝保舅银三钱七分，换钱三百二十，扣饭帐用。（244）

十月二十二，天阴。建州舅赊去晚米一斗，该文［银］二钱八分半，□侄手（收色银二钱讫）。（250）

十二月初八，天晴。收无及客《明纪本末》一副。现付银四钱三分，仍欠二钱五分（还讫）。（252）

康熙四十三年（1704）甲申岁次

三月初四，天阴。到府，寓城内乌聊山脚叶鸣皋宅，因米贵，饭帐每日四分。（254）

康熙四十四年（1705）岁次乙酉

四月三十，雨。淳伯将围内基地计三十一步七分便与本家，该价九两七钱，实。当付九七色银三两二钱，常，仍［欠］六两，立欠约一纸，递年交租谷十二秤，候还本日缴（内除三钱与烦侄兄弟，付过米一斗、铜钱一百文，仍欠伊一钱，又付米一斗，讫）。（262）

闰四月二十九，雨。支九六银七钱，天平，买秀三兄古画二幅。仍［欠］一钱（法叔代找讫）。

八月初四，雨。收合兄盐十九斤半（四十三年七月初一，伊领去桐子八十斤，立约还盐一百二十斤。仅收十斤，净欠一百十九斤。今于路阻盐一担，伊挽曰旦叔、秀三兄、思原弟求情，暂付十九斤半，复立约付中人手，说每月支盐五斤，满日再扣利）。（264）

康熙四十五年（1706）岁次丙戌纪事

三月初三，晴。王师弟媳赊去晚米一斗，一钱二分。（269）

三月二十三，雨。荣弟赊去奥谷三秤，付又女弟，文［银］四钱零五厘（扣讫）。

四月十八，荣弟赊去奥谷十秤，文［银］一两三钱五分。（270）

从《畏斋日记》的行文可以推断詹元相的家庭收入主要来源：一是地租，一是高利贷利息。同乡之人有到詹家用衣物抵押借钱的，也有抵押借米的，每次所借钱粮不多，都是加利息偿还并赎回抵押物。从日常生活的开支来看，詹家的生活也不算奢侈。文中商品的买卖大多用银子来支付，所以显得钱数很少，这是因为康熙前期物价平稳，美洲白银尚未大量进入中国，银价较高。清代物价的上涨从康熙四十六年（1707）开始，"米价自（1707年）大旱从每升七文涨至二十四文之后，虽仍随丰歉涨落，但不再复归原价"[1]。这一年正是《畏斋日记》停止记载的那年。

《畏斋日记》行文里的"还讫"、"付银讫"等应是在赊销后还款时，作者所标注。《畏斋日记》所记赊销事例，有作者赊取自用的，有代别人赊欠的，如代赊棉布，代仪一叔赊取信纸；也有他人赊欠作者家的。赊取的对象主要有布料、衣帽、纸、书、油、米、饭钱等消费品。康熙三十九年（1700）六七月份，作者连续三次赊买孟交叔绵布，七月初九日一次赊买绵布二十三丈一尺，言定九五色银二两五钱四分；十一日又赊布二匹（共五丈九尺），计价八钱。赊欠如此多的绵布，是因为元攀弟因病去世，用作孝布，通过赊欠解决了詹家的燃眉之急。作者还两次赊买书籍，康熙四十一年（1702）六月二十七，赊买答保舅《通鉴纲目》一部，言定二两一钱，当时付八钱，仍欠一两三钱，后来又付四钱，又付二钱，又付七钱，外加色五分，四次才将书钱付清，外加利息五分。康熙四十二年（1703）十二月初八，收无及客《明纪本

[1] 张研、牛贯杰：《清史十五讲》，北京大学出版社2004年版。

末》一部，当时付银四钱三分，仍欠二钱五分，后来还清。清代书籍的价格相当昂贵，对于詹氏这样的家庭来说，买一布［部］书是一笔很大的开支，只有通过赊买，分多次付款的方式才能在不影响生活的情况下把书款付清。作者每次外出总是找人家租房居住，在主人家吃饭记账，最后再还饭账。从康熙四十年到四十三年（1701—1704），每年作者都在上半年出门，多是与同族一道到旌阳参加科考，这成了每年必需的支出。作者赊买的物品还有两幅文章、两幅画、豆油等，这些物品的购买并不经常，是日常生活中的大额支出，所以才采用赊买方式，而其他日常需要的琐碎物品，詹家多是用现钱支付。由此看来，对于有一定经济基础的富裕人家，赊买通常在两种情况下发生：其一是在紧急需要的时候；其二是在购买价钱昂贵的商品时。

詹元相赊出的商品主要是米谷，多数人从詹家通过抵押的方式来借买米谷或银钱，但是有个别人则是信用赊欠，如"建州舅赊去晚米一斗"，"王师弟媳赊去晚米一斗"，"荣弟赊去奂谷三秤"，"荣弟赊去奂谷十秤，文［银］一两三钱五分"。他们能赊买米谷，可能是由于信用良好，也可能是与詹家有比较近的亲戚关系。值得一提的是康熙四十三年（1704）七月初一，合兄"领去桐子八十斤，立约还盐一百二十斤。仅收十斤，净欠一百十九斤"。康熙四十四年（1705）八月初四，詹元相在路上拦阻合兄盐一担，合兄请旦叔、秀三兄、思原弟求情，最后"暂付十九斤半，复立约付中人手，说每月支盐五斤，满日再扣利。"桐子主要用来制桐子油，不能食用，可擦拭铜器等。"合兄"很可能是一位商贩，而詹家的桐子可能是自家树上所产，这次赊卖物品不是用于个人生活所需，属于商业信用。

从《畏斋日记》的内容分析，清代人们的生活和消费信用有密切联系。家庭贫寒人家的消费信用主要用于衣食住行，如食物、衣服；家庭富裕人家的消费信用除用于日常所需物品外，还用于买昂贵的物品，如书籍、字画、文物等。店铺也乐于提供消费信用给熟人、富人和有权势的官吏，如三荷包在从省城济南到胶州上任时，"在省城临动身的时候，甚么洋货店里，南货店里，绸缎店里，人家因为他是现任大老爷，而且又是江西盐道的三大人，谁不相信他。都肯拿东西赊给他，不要他的现钱，因此也赊了几千银子的东西"[1]。"后来各家都熟了，知道陶大人是个阔客，就是没得钱，也肯赊给他了"[2]。

---

[1] 李宝嘉：《官场现形记》，第六回《急张罗州官接巡抚 少训练副将降都司》，时代文艺出版社2000年版，第42页。

[2] 李宝嘉：《官场现形记》，第八回《谈官派信口开河 亏公项走头无路》，第63页。

可以看出，消费信用能解决人们的燃眉之急，消费信用的提供者根据受信者的身份、地位及其信用度，对受信之人是有所选择、区别对待的。贾芸到舅舅卜世仁香料铺赊取冰片和麝香，卜世仁冷笑道："再休提赊欠一事。前儿也是我们铺子里一个伙计，替他的亲戚赊了几两银子的货，至今总未还上。因此我们大家赔上，立了合同，再不许替亲友赊欠。谁要赊欠，就要罚他二十两银子的东道。况且如今这个货也短，你就拿现银子到我们这不三不四的铺子里来买，也还没有这些，只好倒扁儿去。这是一。二则你那里有正经事，不过赊了去又是胡闹。"[1]货物赊欠给亲戚反而不好讨要，所以店铺规定不许替亲友赊欠。消费信用额度一般较小，但对于本小利薄的店铺同样存在风险。

　　詹元相家只是清初康熙年间徽州府的一个普通地主家庭，通过这一个案来概括整个清代前期的消费信用显然是不可能的，但这应该是研究清代前期消费信用的一条途径。

[1] 曹雪芹、高鹗：《红楼梦》，第二十四回《醉金刚轻财尚义侠 痴女儿遗帕染［惹］相思》，第210—211页。

第四章　清代前期的牙行与商业信用

清代前期的商业贸易与牙行有着千丝万缕的联系，尤其是批发交易与牙行的联系更为密切。清政府设立牙行的主要目的是征税与管理市场，其在商品交易中主要起中介作用，客商购买或销售货物都要通过牙行中介商人的帮助完成，在这一过程中双方会形成商业信用关系。此类信用关系一般情况都是客商给牙行商人提供信用，具有维持时间长、信用额度大、重复性强等特点，对推动清代商品经济发展有着重要影响。

一、清代牙行制度[1]

（一）牙行的设立与编审

宋代以前只有"驵侩"、"牙人"、"牙郎"等说法，宋代已经有官牙、

[1]　关于清代牙行的研究成果主要有吴奇衍：《清代前期牙行制试述》，《清史论丛》第六辑，中华书局1985年版；陈忠平：《明清时期江南市镇的牙人与牙行》，《中国经济史研究》1987年第2期；刘秀生：《清代牙行与产地市场》，《北京商学院学报》1991年第2期；杨其民：《买卖中间商"牙人"、"牙行"的历史演变——兼释新发现的〈嘉靖牙帖〉》，《史林》1994年第4期；张涛：《牙行的演变》，《武汉文史资料》1997年第4期；方行等主编：《中国经济通史·清代经济卷》（中册）第七章；龚关：《官府、牙行与集市——明清至民国时期华北集市的市场制度分析》，《天津商学院学报》2001年第1期；陈丽娟、王光成：《明清时期山东农村集市中的牙行》，《安徽史学》2002年第4期；郑晓文：《试论明清牙行的商业资本》，《开封大学学报》2005年第1期；胡铁球："歇家牙行"经营模式的形成与演变》，《历史研究》2007年第3期；倪中连：《明末清初世情小说中的牙行》，《内蒙古农业大学学报》2007年第6期；刘宗棠：《清朝前中期牙行制度的特点及其利弊》，《江西社会科学》2007年第10期；张萍：《从牙行设置看清代陕西商品经济的地域特征》，《中国经济史研究》2008年第2期；黄东海：《明清商牙纠纷与商业社会控制》，《河南省政法管理干部学院学报》2008年第2期；楼茜：《明清江南地区的牙人与牙行》（硕士论文），华东师范大学2008届。

私牙的区分。官牙指官厅牙人和在官府登记注册的民间牙人，私牙指未在官府登记注册而擅行此业的民间牙人。[1]明嘉靖二年（1523），定市易法，有牙行之名。[2]明后期以来，牙行在全国各地已经广泛存在，牙行在商业贸易中起着举足轻重的作用。

清政府在管理商业时承袭了明代的牙行制度。清代牙行是经各地官府批准并给发牙帖，由私人开设的专业经纪铺户。承充牙行必须具备所要求条件并经官府批准，"凡城市诸色牙行，及船之埠头，并选有抵业人户充应，官给印信文簿，附写逐月所至客商船户住贯姓名、路引字号、物货数目、每月赴官查照。其来历引货若不由官选，私充者，杖六十，所得牙钱入官。官牙、埠头容隐者，笞五十，各革去。"[3]乾隆四年（1739）关于地方官颁发牙帖的定例要求，"民间行户，地方官于请领牙帖时，查其为人诚实，家有产业者，取具邻保甘结，方准给帖承充。其素无赖，毫无产业者，不许滥给。"[4]承充牙户不仅要身家殷实，而且要诚实可信，还需相互保结。清政府规定胥役和监生不得承充牙行，乾隆五年（1740）九月初十日颁布"著严禁衙门胥役捏存牙行上谕"，规定："胥役不许兼充牙行，地方官严查确实，勒令歇业。失察者，罚俸一年。徇纵者，降二级调用。受财故纵，计赃以枉法从重论。"[5]乾隆八年（1743）定例规定，"牙行中有衿监充任者，即行追帖，令其歇业，永行严禁。如有不肖衿监，藐视法纪，仍蹈前辙，州县奉行不力者，令该管上司参查，俱照胥役兼充牙行例，分别失察、徇纵，及枉法受赃等项，按例处分。"[6]牙行可以传承，儿子可以接替父亲继续开行，但必须"身家殷实、为人循谨、无累商民"，否则，在"编审之年查明更换"。[7]开设牙行的行户若不愿继续承充也可以退帖报歇，乾隆二年（1736）部议张渠条奏称，"牙行式微，无力贸易，有情愿报官歇业者，查实开除。不必俟顶替有人，方准退

[1] 姜锡东：《宋代商业信用研究》，第128页。
[2] 许涤新主编：《政治经济学辞典》，人民出版社1980年版，第290页。
[3] 田涛、郑秦点校：《大清例律》，卷十五《户律·市廛·私充牙行埠头》，第267页。
[4] ［清］佚名《钱谷指南》（利·市廛牙行），郭成伟、田涛点校：《明清公牍秘本五种》，中国政法大学出版社1999年版，第416页。
[5] ［清］佚名：《钱谷指南》（利·市廛牙行），郭成伟、田涛点校：《明清公牍秘本五种》，第416页。
[6] ［清］佚名：《钱谷指南》（利·市廛牙行），郭成伟、田涛点校：《明清公牍秘本五种》，第417—418页；另见赵慎畛：《榆巢杂识》卷上，第27页，载《笔记小说大观》第三十二册，第333页。
[7] ［清］佚名：《钱谷指南》（利·市廛牙行），郭成伟、田涛点校：《明清公牍秘本五种》，第417页。

帖。"[1]这说明牙行的承充与歇业都属自愿。

　　各省的重要城镇、乡村集市及码头枢纽都设有经营不同买卖的牙行，清代在各地设立牙行有一定的数量规定，这与当地的市场商业状况紧密相关。雍正十一年（1733）特颁谕旨，"令直省都抚饬令藩司因地制宜，著为定额，报部存案。不许有司任意增添，止许将额内各牙退帖顶补之处，查明换给新贴。再有新开集场应设牙行者，酌定给帖报部，不许滥增。"[2]乾隆四年（1739）再次重申此上谕，说明此项规定并没有认真执行。经济发展商业繁荣的地方不断有新增牙帖，比如苏州就有滥增牙帖现象。也有一些地方执行情况较好，如河南光州，牙帖"共一千五十二张。内分原额牙帖十张，盈余牙帖六百九十七张，新增牙帖六十二张，新认牙帖二百八十三张。自雍正十二年（1734）以来，并无另增，节年遇有事故，统俟五年编审汇换。至乾隆三十年（1765），停止编审之例"[3]。由此可见各地所设牙行种类和数量与当地的经济发展状况密切联系。限制牙帖数量也导致了牙行的垄断行为，有的行户在领取牙帖后，与人合伙朋充开行，"于是有一人领帖，避朋充之名，改称伙计，皆可持市肆之短长，是领帖者一人而开行者或至数十人也。且有一家领帖，其兄弟子侄亦皆以老行有帖任意开张，遇有事故，则领帖者挺身直任，是领帖者一家而开张者或数十家也"[4]。

　　为保障政府税收与客商的利益，清政府制定了牙帖编审制度。编审制度一方面保证充任牙行者健在而且有实力继续开行，从而保证客商的利益；另一方面也是当地官府一个重要收入来源。各地对牙帖的编审周期并不完全一致，对牙行定期编审的执行情况也是有好有坏。虽有乾隆五年（1740）规定对牙贴持有者五年进行一次编审汇换，但除京城执行较好，外省多没有实行。如"江西省各属牙户于康熙二十九年（1690）前任藩司给发印帖之后，每越十余年清查倒换一次"，乾隆六年（1741），"时值编审，经臣照案行查送换。唯是通省牙行计共四千四百四十三户，自六年查催，至今尚未换齐，而五年之期限已满。今乾隆十一年（1746），又届编审，若再清查，缴旧换新，以四千四百

[1]　［清］佚名：《钱谷指南》（利·市廛牙行），郭成伟、田涛点校：《明清公牍秘本五种》，第416页。
[2]　《著通行各省都抚不得滥增牙帖上谕》（乾隆四年六月二十二日），吕小鲜编选：《乾隆前期牙商牙行史料》，《历史档案》1991年第2期。
[3]　［乾隆］《光州志》卷二十二《牙税志》，第134页。
[4]　《兵部右侍郎蒋口为请饬各省严杜行户朋充之弊事奏折》（乾隆二十九年六月初一日），《乾隆前期牙商牙行史料》，《历史档案》1991年第2期。

余名之牙帖，甫换旋交，既交复换，造册取结，由州县而府，由府而司，稍有不敷，层层驳诘，胥役视为利薮，多方勒索，纵加意稽查，有犯必惩，终不免于扰累。且查旧例五年换帖，原专指京城，盖为百货聚集，贸易众多应勒加清理，以剔奸弊，本非概之于外省。况外省州县牙行有事故歇业，另换顶补者，原许其随时请换的"[1]。乾隆十一年（1746）江西省布政使彭家屏请求停止牙行五年编审的规定。与其相反，乾隆二十六年（1761）湖南省按察使严有禧却上奏折请将各省牙行五年编审一次，以利商旅。[2]

以下事例能够反映出牙行的设立及编审情况。道光六年（1826）二月初四日，方日刚、屠际昌、郝兆典、林士魁四人所立拆伙约可知："道光二年（1822），屠姓以帖作本，方姓以行房家具作本，林郝二人出本银四百一十两零，四人合伙开设义生花行，赚折四股均认。做至道光六年（1826），生意欠顺，兼伙内支使银两，以致负欠各号客花银二千余金无偿。"由于合作经营亏损，所以四人拆伙，次年方日刚租借屠姓牙帖自己继续开行。下面是四川巴县的《方日刚租贴约》[3]内容：

> 立租领牙帖人方日刚。今租到屠际昌更名庆有牙帖一张，凭众议定每年租银一百两正。其银屠姓每年家用五十两，下存银五十两作还屠姓以前客账。其有每年帖课，惟屠姓承纳，至若验帖编审等费，方姓承办。此系二人心甘悦服，并无勉强等情。今恐无凭，立租领字为据。
>
> 凭 张荣泰 周勤斋 方履中
> 道光七年十月二十六日 方日刚亲笔

方日刚所租牙帖每年租银一百两，牙帖原主人当是由于拖欠客账太多，没有资本，无法继续经营下去，先遇人以帖作本合伙经营，后生意欠顺才出租牙帖。通过这一对牙帖的租借条约可以推断：第一，牙行的设立有数量限制，牙行不是随时都能申请设立的，只有当旧的牙行倒塌或退出，新的牙行才能有指标来申请。第二，持有牙帖的铺户每年要交帖课，官府要对牙帖进行定期的验帖、编审，铺户需要交纳编审费用。第三，牙行所持牙帖如同营业执照，具有

---

[1] 《江西布政使彭家屏为请停牙行五年换帖之例事奏折》（乾隆十一年八月十三日），《乾隆前期牙商牙行史料》，《历史档案》1991年第2期。

[2] 《湖南按察使严有禧为请将牙行五年编审一次以杜冒滥事奏折》（乾隆二十六年正月初六日），《乾隆前期牙商牙行史料》，《历史档案》1991年第2期。

[3] 《清代乾嘉道时期巴县档案选编》（上册），第341—342页。

对某种商品的中介垄断权。第四，牙帖具有价值，可以租借。

从理论上讲，清代的牙行都应该是官牙，而实际上总有人贪图私利，私自设置牙店，经营牙行的买卖。政府为保证税收和社会秩序的稳定，对私充牙行埠头之人有明确处罚措施，"私充者，杖六十，所得牙钱入官。官牙、埠头容隐者，笞五十，革去。"[1]可见，官牙有监督私设牙行的责任。因为官府通过设立官牙不仅可以掌握本地的客商来往情况，而且每年能够按帖收取牙税及其他费用。

（二）牙行的管理与经营

清政府设立牙行，不仅可以收取帖课及其他费用，还能节省政府管理成本，因为牙行为清政府履行了许多行政职能，包括管理市场、代缴税金、维护治安、办买官物等。牙行由各地官府统一管理和发放印信文簿，上等牙行有自己的门面，一般附设客店和货仓，"凡客店每月置店簿一本，在内赴兵马司，在外赴有司，署押讫，逐日附写到店客商姓名、人数、起程月日，各赴所司查照。如有客商病死，所遗财物别无家人亲属者，官为见数，移招召其父兄子弟或已故之人嫡妻认识给还，一年后无识认者，入官。"[2]作为经纪人的牙行，其收入的主要来源是行用，即在代客买卖的过程中，牙行收取一定比例的手续费。道光十年（1835）五月初三日的巴县告示中规定："凡属丝类概归蚁等行内发售，仅取行用二厘，上裕国课，年久无紊。"[3]光绪三年（1877）五月，在苏州所立《猪业毗陵会馆平减猪价钱串用力碑》称："职等猪行，凡有各属猪客，来苏投行销售，按来货之多寡，视销路之滞速，评定行市，代客卖买，公平交易。每猪一只，向取行用钱一百四十文，转给船户洗船钱二十文。所有店欠客钱，由行垫付。每钱一千文，扣提串力钱二十文，即系代客收帐辛力之费。店户来行买猪，不取行用。每猪仅出行伙捉力钱一百四十文，前经公允成章，历久遵循。"[4]牙行要为买卖双方评定物价，有时还帮助安排运输货物。苏州猪行除向猪客收取行用外，还提取串力钱，也就是代客人收账的辛苦费。买猪的店户虽然不出行用钱，但是要出捉力钱。经营其他货物的牙行除行用钱外，也可能向客商要求其他的费用。

[1] ［清］佚名：《钱谷指南》（利·市廛牙行），郭成伟、田涛点校：《明清公牍秘本五种》，第416页。
[2] 田涛、郑秦点校：《大清例律》卷十五《户律·市廛·私充牙行埠头》。
[3] 《清代乾嘉道时期巴县档案选编》（上册），第348页。
[4] 苏州历史博物馆等：《明清苏州工商业碑刻集》，江苏人民出版社1981年版，第255页。

牙行是联系本地铺户与外地客商的纽带，本地货物的运出与外地货物的输入都要经牙行之手。"凡遇客货投行及铺取行货，令行户客商铺贩，彼此各一簿。将货物银钱数目，一样登写客贩之簿，用行户图记交贩收执；行户之簿用客贩图记，交行户收执。如此则互有凭据，而混赖之弊自可剔除矣。又行家宜赴具承充，互保殷实，给发执照，以免骗赊货物一条，应如所请。凡有承充更替者，一体呈明查实取结，补给执照开张，仍行通报各上司查考，则私充之弊可除，而商贾亦不致有被骗之累矣。至该丞所称，从中交易微细小行，毋庸给照一节，查牙行虽名有各殊，其经手银钱货物无异，未便因行小毋庸给照。"[1]以上是广东佛山的牙行经营细节，其他地区的牙行经营手续基本与此相同。客商与牙行的凭据除盖有对方图记的行簿与客簿外，还有牙行写给客商的行票可凭。[2]货物交接时，客商、牙行、铺户三方都要在场，"发货之时，牙行带领铺户，三面查货，亲交，计货多寡，立定限帖，并同往铺家认识居址。如届限期，客人、牙行一同索讨债。"[3]以上是乾隆三年（1738）的定例，从中可以看出牙行在买卖过程中明显起中介作用。

牙行经营的业务与各地的物产民生有密切关系，一般在申请牙帖时，牙帖上会注明牙行经营的买卖。[4]清代各地的牙行铺户并非全由本地商人设立，有的地区多由来自外省或其他府县的客商领帖或租帖设立。下面以渝城（今重庆）为例说明，渝城是清代西南重要的商业枢纽城市。在渝城做买卖的外省客商较多，来自同一省份的客商都是同乡，一般要设客长来联络同乡之谊。为查清渝城的牙行设立情况，嘉庆六年（1801）六月八省客长奉渝城知府钧谕进行了清理，在六月二十四日的禀状中称：[5]

前奉钧谕，转奉府宪札示内云，谕八省客长首士知悉，照得诸色牙行，必须身家殷实、诚实可信之人，始准承充；如有事故、歇业、资本消乏，即令退帖。原恐行户亏空客本，以安商民也。今查渝

[1] 《粤东例案》（抄本）《行市》，转引自黄启臣：《明清珠江三角洲的商业与商业资本初探》，《黄启臣文集》，第229页。
[2] 参见本书第六章关于"商业信用票据化"的论述。
[3] ［清］佚名：《钱谷指南》（利·市廛牙行），郭成伟、田涛点校：《明清公牍秘本五种》，第417页。
[4] 杨其民：《买卖中间商"牙人"、"牙行"的历史演变——兼释新发现的〈嘉靖牙帖〉》一文中所引用的《嘉靖牙帖》便有"左帖下沙沟柴行牙人宋储收执准此"字样，注明该帖用来设立柴行。清代应该沿袭此例。
[5] 《八省客长禀状》（嘉庆六年六月二十四日）、《巴县牙行清单》（嘉庆六年六月二十四日），《清代乾嘉道时期巴县档案选编》上册，第252—256页。

城各行户，大率俱系外省民人领帖开设者，虽有殷实之户，并有以些小本资装饰齐整行面，有意哄骗客商货物，任意花销者甚多。及至亏空客本，则潜回原籍，名曰放筏。异乡孤客，一旦亏本折资，以致控官守候，甚至流落无归。种种贻害，实堪发指。本府下车之先，业已访闻确凿，若不早为革除，商民受害无底，讼累日深。合行谕知。谕到该客长等，确查渝城有帖行户，共有若干，某人系何省民人，开设何行；其无帖开行之家共有几家，所开何行，为人是否信实，家道充足与否。尔等系属同乡，自必知底里，着就本省客长联名具保，方准开设。倘有拐骗放筏，亏空客本，着落具保之客长分赔。如现有冒名顶替私充牙行，其家道本非殷实者，即系有心拖骗客货之人，亦即据实具禀，分别追帖另募，庶得商贩流通，可免奸徒设骗、兴讼互控之端。该客长等务须逐细清查，公同酌议，亲身赴辕具禀，以凭出示，勒石永远遵行。本府并不假手胥役，恐致滋扰。该客长等亦当秉公妥办，勿得籍端生事，定干重究。特谕。

……现在逐细清理，查得江西省开行者共四十户，湖广省开行者共四十三户，福建省开行者共十一户，江南省开行者共五户，陕西省开行者共六户，广东省开行者共二户，保宁府开行者共二户，浙江、山西两省并无开行领帖之人，另造细单呈电。向来渝城原额引帖修计有一百五十一张，现在开行者计有一百零九张。余帖充滞，并无开设，民等确查无异。

渝城的额设牙帖是151张，现在领帖开行者共109家，其中铜铅行1家，药材行11家，布行4家，山货行30家，棉花行2家，靛行2家，杂粮行1家，麻行2家，磁器行2家，锅铁行5家，花板行2家，猪行2家，酒行3家，烟行3家，纸行1家，糖行3家，毛货行3家，油行2家，纱缎行1家，丝行2家。涉及20种行业，共82家牙行，其余27家没有记载。从中可以看出，各省客商在渝城所开牙行与本省特产相关，来自江西省的客商主要开设药材行和山货行；来自福建省的客商主要开设烟行和山货行；来自江南省的客商主要设有糖行，另有一家纸行和一家磁器行；来自陕西省的客商主要设毛货行和山货行、油行、布行；来自广东省的客商设立纱缎行和山货行；来自相邻省份湖广省的客商最多，他们主要开设棉花行、靛行和山货行，此外还有杂粮行、麻行、布行、瓷器行、锅铁行、花板行、猪行和酒行等；本地人所开的两家均为丝行。各省开设最多的山货行主要是为了收集和输出四川省的商品，其他行则多是为了向四川输入本省的特产，这样长途贩运商在进川出川的买卖来往过程中都有货物贩卖，不会闲置资本，也使四川地区的货物流通顺畅进行。

通过分析牙行清单可以看出，在渝城所开设的牙行按资本组成与经营方式[1]来分主要有三种。一是自帖自营，即开设牙行者用自己名字申请牙帖，自行经营。二是他帖自营，即开设牙行者租用他人牙帖，自己经营并负担牙行的盈亏。如前文中的方日刚就属于这种类型。三是帖本合营，即合伙开行，或设立分牙行，一人出帖，其他人出资挂平并经理，双方按讲定的比例分取利润。这种经营方式在渝城被称为"挂平"，在乾隆五十六年（1791）四月初十日《巴县告示》中有关于"挂平"的说明，"因货丛任重，始招挂平帮帖"，"各布店均带挂平生意，在店在行不一，内有集□□身势难两任。然各平上帮贴有数，而年更月改，各平生意，一倍至十，其间苦乐不均。今三面公议，各店平上不必帮贴银两，只论经手卖布若干，每布一卷旧例取用二钱。其二钱内抽取二分帮帖行户，以资国课差徭，实为平允。"[2]因为牙行的买卖生意太多，本行无法完成时，就招其他商人帮忙，即挂平帮帖，挂平要向牙行帮贴银两。渝城布行从告示公布之日起，各平上不用再帮贴银两，改为从各平上按10%比例抽取行用钱贴补牙户。挂平帮帖的商人有在牙行买卖的，类似于合伙经营；也有在店铺经营的，类似于设立分行，或加盟店铺。道光二十三年（1843）七月四日，宝源靛行帖户谭春和写立的"招挂平约"称："今凭证招到钟斗垣四兄挂平开设宝源靛行，代客买卖生理。凭众议明帖姓当收押平老银一百五十两整，其银无利，但平上所获买卖客用金，每售靛百斤帖户得分九，扣银一分七厘，每年三节结算给银。其行房租佃作三股派认，平上认佃租银二股，帐户认佃租银一股。凡验帖验平一切官顶，平帖各认一半。自招之后，应凭钟姓开设，凡行内出入银钱客货账项，钟姓自行料理，不与佃户春和相涉。春和己手新旧帐项，春和自行填还，不与挂平钟姓相涉。倘日后钟姓发达不做，春和急将原收挂平老银一百五十两退还钟姓无阻。"[3]道光年间靛行的挂

---

[1] 据方行主编《中国经济通史·清代经济卷》（中册）第七章第三节，牙行的经营方式共六种：1. 自家经营业务。2. 帖户在经营中介业务的同时，自营商品。3. 帖户领帖后，雇人经营业务，称"立招挂平"。4. 牙行在自营业务的同时，又雇佣精通买卖业务的人，进行中介活动。5. 牙行以帖作本，与有银钱或有铺房者合股经营业务，也就是多人出资，由其中一人负责经营。6. 由牙行经营者向帖户租帖经营。

[2] 《清代乾嘉道时期巴县档案选编》（上册），第344页。

[3] 《谭春和立招挂平约》，《清代乾嘉道时期巴县档案选编》（上册），第359页。

平仍须交帮帖银两，春和没有完全脱离靛行，还得交纳1/3房租和一半官项，并按比例分取利润，双方关系更类似于合伙经营。在上述三种经营方式中，自帖自营所占比例最多，有41家；他帖自营的有24家；帖本合营的牙行较少，有15家；另外29家没有注明经营方式。

牙行的承充者多是殷实之户，有的承充者原本就是商人。有的牙行则不再满足于只为他人中介买卖，也想在货物买卖中分一杯羹，赚取商品买卖差价。在开设牙行的同时，这些人或者出资另设商铺，或者就在本行投机经营商品买卖。在对外贸易中，清政府向外国商人同样推行了牙行制度，就是有名的广州十三行。关于广州行商制度与行商信用本书第八章将进行专门论述。

二、牙行与商业信用的关系

"牙行在中介交易中执行政府赋予的三项基本职能：征收市税、平衡物价、商业计量"[1]。在执行政府职能之外，牙行在商品交易中的职能是中介作用，为买卖双方评估物价，主持银货交易。由于清政府规定客商收买和售卖货物必须通过牙行，不许客商与各地无帖商贩和生产者私相买卖，各地的牙行就承揽了输入和输出本地货物的全部生意，牙行实际上成为客商在各地区的"代理行"或代理商。在湖北沔阳州，据在长埠口开石灰行番国泰供，"陈尔位五月间装了一船石灰到小的行卖，共一百五十石，小的替他赊给本地铺户零卖，议定每石石灰七分银子，合钱五十六文，共该钱八千四百文，约定月内归清。"[2]在这个牙行代客商把石灰赊给本地铺户的事例中，首先是客商陈尔位给了行户番国泰商业信用，行户才能再将石灰赊给本地铺户，即零售商。牙行的代理作用越来越大，"代理制度，主要是资本的老家和资本发生作用的地区之间地理上的距离的产物，也是两种不同经济水平的技术上的差别的产物"[3]，牙行代理性质与清政府的法律强制有很大关系。牙行经营不需要大量资金，他们主要是用买卖货物的客商的资本来经营。牙行商人实际上已成为商人的中间阶层，他们在与客商、店铺交易过程时，经常采用赊买赊卖方式。清

---

[1] 刘秀生：《清代牙行与产地市场》，《北京商学院学报》1991年第2期。

[2] 《太子少保总督湖广等处地方硕邑谨题》（乾隆二十一年十二月十五日），刑科题本1140。

[3] ［英］格林堡著，康成译：《鸦片战争前中英通商史》，商务印书馆1961年版，第131页。

◎ 第四章　清代前期的牙行与商业信用

105

政府禁止牙行商人采取赊买赊卖方式进行交易。规定牙行如遇客货投行，"或称一时难售，诱令赊放，不作现钱交易者"，"枷号一个月，责三十板"[1]。这一规定，一方面表明政府对赊买赊卖的明确态度，另一方面也说明了在乾隆初年牙行对客商的赊买赊卖行为相当普遍地存在。

（一）牙行与外地客商的信用关系

牙行产生的起因是为商品买卖起中介作用，帮助买卖双方评估物价，说合交易。随着商品经济的日益繁荣，在明清江南市镇中，"牙人的这种作用只限于市集贸易或米豆杂货的散售贸易当中，已退居极为次要的地位。"[2]除简单的只收取行用的中介业务外，一些牙行还兼营商品买卖，赚取货物差价的利润。牙行的经营资本有自筹部分，也有招人挂平合伙筹集的，其实还有相当部分是利用行商（客商）铺户的资本，通过赊卖、赊买、代销、代购、代赊、预买、定买等商业信用方式，牙行实际经营资本要比投入资本大得多。牙行的经营也存在风险，有的凭借诚实守信，得到客商依赖，经营规模不断发展；有的因为不善经营，欠账太多难以维持；也有的牙行故意欺骗客商，拖欠债务，破坏了牙行的信誉。

客商每年一次或多次在各地奔波，他们做生意一般有固定的路线，在商品购销城镇通常还有固定的代理商和客户，即被客商称为主人家的牙行及与其交易的铺户。在主客交易中，外来客商总是处于弱势地位，他们对当地的货物情况、价格水平、商业铺户的信用状况知之甚少，商品只能全权委托给牙行买卖。加之清代法律也不许客商直接与铺户交易，所以选择诚实守信、公允正派的牙行作为主人，对客商极为重要，这一选择原则在明清时期的商人书中得以体现。明代万历四十五年（1617）成书的《杜骗新书》就对客商如何选择牙行提出了切实可行的意见："出外为商，以漂渺之身，涉寡亲之境，全仗经纪以为耳目。若遇经纪公正，则货物有主。一投狡侩，而抑货亏价必矣。是择经纪乃经商一大关系也。可不慎哉！如其人言谈直率，此是公正之人。若初会晤间，上下估看，方露微言，则其心中狡猾可知。若价即言而不远，应对迟慢，心必怀欺。若屋宇精致，分外巧样，多是奢华务外之人，内必不能积聚。倘衣补垢腻，人鄙形猥肩耸，目光巾帽不称寒暑，此皆贫穷之辈。若巧异妆扮，服

---

[1] 《军机处录副奏折》（湖北巡抚晏斯盛乾隆九年十月六日奏），转引自吴奇衍《清代前期牙行制试述》，《清史论丛》第六辑，第47页。

[2] 陈忠平：《明清时期江南市镇的牙人与牙行》，《中国经济史研究》1987年第2期。

色变常，必非创置之人，其内必无财钞。若衣冠不华，惟服布衣，此乃老实本分，不可以断之曰贫。"[1]成书于乾隆五十七年（1792）的《商贾便览》是明清以来商人书的代表作品，作者吴中孚根据自己的经商经验，告诉经商者选择牙行时，要"观颜察色，从神态、言谈、礼貌、服饰、房宇、器用诸方面去仔细观察"。"先看房宇，凡是房屋精致、用物精巧，一定是'好奢华之人'，反之，'器用物件'虽为古旧，倒是'老实节俭，其家充溢可知'。讲究衣饰，奇装异服，'皆浪荡下流，必非守业受用者。'与人谈话，顾左右而言他，大声呼喊奴婢，这种人大都是'卖弄富样，假充财主'。有一种人'不轻出口，以目上下瞻看，方露微言，则其心中必有所计较'。貌似很谦恭，'其心必诈'。问价即答，大概价格不相上下。讨论物价，慢应或含糊其词，必是有诈假。对于那些'越分阿谀'的牙侩要警惕，此辈必'非好牙'。凡不时'唱戏大张筵宴美醴佳肴邀张之结买客心'，均需识破此是'钓饵之计，其中必有所利'，宜小心谨慎。所以必须善择牙人，慎之，才可避免上当吃亏。"[2]

客商将货物交付牙行登记后，便坐等货物销售收取账目，短则几个月，多则一年半载，实在不能等下去的可能余下一些账目等下次来时再收取，这样就形成了"一账搭一账"的局面，使客商与牙行形成固定的、持续的信用关系。牙行在资金紧张时，有时还会"前搭后账"，即用后一个客商的货物价款去支付前一个商人。客商这种赊销货物的方式势必潜藏着信用风险，当货款收回无望时，只好诉诸官府请求帮助。在《杜骗新书》第六类《牙行骗·贫牙脱蜡还旧债》中，四川人张霸买蜡一百多担到福建建宁府丘店发卖，所投牙行欠前客货银极多，便用张霸的蜡还前客旧账，被张发现诉诸官府，遇到刚正的梅爷才帮张霸追回蜡钱。[3]

前往各城镇买卖的客商有城镇附近的短途商贩，也有跨省而来的长途客商。短途商贩运来本地的特产，运出外省货物销售；反之，长途客商运入外地货物，再将本地产品运到外地销售。牙行成为货物进出的枢纽，同时要和本地区的短途商贩和长途贩运商交易。

牙行该欠客商货款的案例较多，先看牙行与短途商贩的交易案例。在四

---

[1]　［明］张应俞：《杜骗新书》，第六类《牙行骗·贫牙脱蜡还旧债》。

[2]　陈学文：《明清时期商业书及商人书之研究》，台北：洪业文化事业有限公司1997年版，第208页。

[3]　［明］张应俞：《杜骗新书》，第六类《牙行骗·贫牙脱蜡还旧债》。

川省重要商品集散地渝城，来自周边各县的短途商贩被称为"山客"，他们将四川的特色商品集中到渝城的牙行。道光十四年（1834）十二月二十九日吴福崇等告状称："情山客运靛至渝投行发卖，各路客商亦各赴行看靛议价承买，概系现银交易，过秤后买客随将银兑交行户转给卖客，彼此均以行户为主。靛色向系置放水流沙坝，一经买客过秤，倘遇水发冲溃，买客照数兑银，不得推诿。山客靛价不清，惟行户是问，不能波及买客。历来旧章无紊。今行户刘会侯否何侵吞山客银两潜匿，遭山客黄仕顺等违悖章程，恃伊等势众，将民等买明靛包一百二十余篓各字号印涂抹，妄行截阻，不容民等装载开行。民等于本月二十八协同理问，仕顺等一味逞横，称打言杀，肆凶坚阻。民等因各雇就船只水手桡夫，日费甚繁，又兼靛□□□□难于照守，如有所失，银靛两空，情□□□□叩□□□□唤究阻，俾民等将靛装载开行。"[1]由于行户刘会侯没有付给山客靛钱，山客不许买方装靛开行，然而按照靛行规矩，山客只能找行户讨账，与山客直接发生信用关系的是牙行，而不是客商。牙行在靛交易中的中介作用已退居次要地位，更像是中间商人。下面所引案例可能是本案的继续，也可能是行户刘会（惠）侯再次赊欠山客们的靛钱。道光十八年（1838），在柳光顺、黄仕顺等八人的供状中称："小的们是綦江、合江、江津各处贩靛来渝城朝天门外投裕丰行发卖，不料行主刘惠侯同他的侄子刘成章，把小的们的靛包买去，约值银一千四百余两。小的们只望刘惠侯归收刘成章的银两，兑还小的们，不知刘成章买靛到手，说是刘惠侯欠他的烟银未还，把小的们靛银扣去，刘惠侯无银归还，反把刘惠侯藏匿不面。"[2]靛行主人刘惠侯因为不能兑还山客的靛钱，藏匿不出，众山客找到了买方刘成章索要。九河会首刘长兴的解释是："向来靛行规矩，都是行主代客买卖，买主不能问及卖主，卖主不能问及买主，所有行内现存靛包，山客不得阻滞。"[3]因此山客的靛钱只能找到行主刘惠侯才能有着落，向买方索要不符合行规。

再来看牙行与长途贩运商交易的案例，在渝城，从外省远道来渝城贩运货物的客商被牙行拖欠货价的时间较长。嘉庆十三年（1808）五月二十日，陕西商人刘志成告状称："嘉庆十年（1805）六月二十日，蚁贩运棉花七十二包，投谕巨富方牛和、方豫泰叔侄自置行内发卖。岂牛和、豫泰叔侄欺蚁异朴，立心吞骗，将蚁棉花卖银二千五百三十两零八钱二分，仅还过蚁银八百三十六

[1] 《清代乾嘉道时期巴县档案选编》（上册），第357页。

[2] 《黄仕顺等供状》（道光十八年），《清代乾嘉道时期巴县档案选编》（上册），第357页。

[3] 《黄仕顺等供状》（道光十八年），《清代乾嘉道时期巴县档案选编》（上册），第358页。

两四钱三分，余银一千六百九十四两三钱九分肥己不吐，行票现据，临审呈电。"[1]刘志成被牙行拖欠棉花货款达1694.39两，时间达三年之久。刘志成是"承领东本"来渝生理，资本却被牙行占用。做棉花生意的陕西客商傅如松和赵松甡，从湖北贩运棉花到渝城发卖，二人先后于道光六年（1826）六月和七月投到陈玉亭与人伙开的勇聚牙行，傅如松被欠价银270余两，赵松甡被欠价银96.48两，都有行票账簿柄据。二人多次讨要欠款未成，陈玉亭反而闭行歇业。二人讨要无门，只好同时向县衙告状。[2]另外贵州客商秦玉顺状称："于嘉庆九年（1804）民贩运笋包来渝，起贮德丰行，交与李德丰并挂平之胡天佑发卖，除收外，下该民银一百八十八两未楚。去年又该民笋子银二百六十三两二钱六分，前后共该银四百五十一两，图票现凭，屡讨不与。"[3]德丰牙行连续两年该欠客商货款达451两。

在牙行与客商的交易中，牙行也会提供信用给客商，如牙行为了代客商销货会把货物赊给短途商贩。四川夹江县花客黄德隆在陈镛栈房住寓，"伊向来在各花行吊买棉花，历年已久，客旅咸知。迨至道光五年（1825）德隆无人照管，请蚁帮伊经理。自六年（1826）起，在千斯门周亿发花行吊买棉花，发票帐簿俱注黄德隆字号，至八年止，交易共有一万多金，腊月初八日结有行单可凭。除收，下该银八百七十余两。因德隆停歇花庄不做，蚁辞未帮，所该行账，去正月蚁与亿发行帮贸、监生舒廷兰同赴夹江，与德隆交替明白，德隆央请伊同帮花客杜合盛、张元泰承担，俟德隆缓期付银还给，抵面交卸清楚。"[4]在千斯门开设的亿发花行在两年内与花客黄德隆交易达一万多金，到德隆歇业时，欠该行货价银870余两。牙行代客出售货物多是靠信用赊销，待慢慢收取货款后才能偿还给长途客商。为了方便本省客商在客地讨账，各省商帮在一些重要城镇修建有会馆公所。如乾隆二十七年（1762）苏州的《猪行公建毗陵公墅碑》记："余房以便各客歇宿，自炊索帐。如不在行生业，及为别项生理者，虽系同土，概不借歇。……查设立讨帐公所，以资栖歇。"[5]由碑记内容推断，这应该是经理猪行生意的客商所立。

[1] 《清代乾嘉道时期巴县档案选编》（上册），第339页。
[2] 《傅如松告状》（道光七年）、《赵松甡告状》（道光七年），《清代乾嘉道时期巴县档案选编》（上册），第342—343页。
[3] 《秦玉顺告状》（嘉庆十一年十一月十三日），《清代乾嘉道时期巴县档案选编》（上册），第362页。
[4] 《道光十年八月初四日陈镛诉状》，《清代乾嘉道时期巴县档案选编》（上册），第343页。
[5] 《明清苏州工商业碑刻集》，江苏人民出版社1981年版，第250页。

（二）牙行与本地铺户及生产者间的信用关系

清代前期，与牙行发生商贸关系的主要是外地客商、本地铺户及商品生产者，商品生产者、本地铺户与牙行的商业信用关系是客商与牙行信用关系的前奏或延续。

牙行与生产者的信用关系多是牙行代客预买商品。乾隆三十七年（1772）十月二十四日，浙江巡抚熊学鹏的题本中记录了桑叶牙行徐世民的一段供词，对其代商预先价卖的情况作了具体的叙述。徐世民说："小的在（浙江桐乡）炉镇开张桑叶行，代客买卖。乡例桑叶原可预先价卖的。（乾隆）三十四年（1769）二月里，沈维新来到行内说他族弟沈三锡央他预卖桑叶两担，每担议价五百五十文，共取去钱一千一百文，言定蚕时采付。后到开秤时，叶价昂贵，小的同客人向沈维新催要，他转向沈三锡讨取，后来沈维新领小的们到沈尚先地上，止采了一百五十斤，尚少五十斤。客人不肯挂欠，小的只向经手人要叶，原是沈维新凑了五十斤桑叶找清客人载去的。"[1]牙行主人徐世民预付的桑叶价款应是客人的资本，客人将资本预付给牙行，牙行再预付给沈三锡，最后预付给桑叶生产者沈尚先，这种信用关系从客商开始，层层传递下去，使客商的资本不断发挥作用，最终将资本用到生产领域，通过商业信用将商业资本转化为生产资本。在江西南昌县，商人通过牙行预先"放收"葛布。据康熙十一年（1672）五月江西巡抚董卫国奏称："看得谭子高葛布牙行也。康熙十年（1671）二月间，有山西客人李承安投行放收葛布，子高领议时价，散与众机户，共放布二千七十匹，约到本年八月来收。"[2]也有商品生产者把产品运到牙行发卖的情况。四川合江县人谢常明、袁鹏先，栽种蓝靛营生。道光六年（1826）四月间，"二人共装靛三十二包来渝兴洪行内蓝茂达、蓝川泰弟兄发卖。不料他们弟兄把小的们靛斤私行发卖银百余两，小的们屡向收讨，这蓝茂达们弟兄分厘不给，就私行逃匿。"[3]生产者给牙行提供信用，牙行却欺骗生产者。

清代前期，各地的店铺并非都由本地人开设，有相当数量的商铺是由外省客商设立的，这些客商既从事长途贩运贸易，又兼营本地商铺，经营的买卖繁杂，身份具有多重性。各省商贩还建立自己的商帮会馆，以便相互帮助照应。

---

[1] 转引自吴奇衍：《清代前期牙行制试述》，《清史论丛》第六辑，第38页。沈三锡与沈尚先应该是同一人。

[2] 转引自吴奇衍：《清代前期牙行制试述》，《清史论丛》第六辑，第38页。

[3] 《谢常明等人供状》（道光六年五月），《清代乾嘉道时期巴县档案选编》（上册），第352页。

本地店铺与牙行的商贸往来是牙行货物集中与分散的主要渠道，牙行与店铺的商业信用关系更为频繁，但信用期限要比客商的信用期限短。

嘉庆十一年（1806），五家客商联名告发渝城大昌棉花行，内容如下：

> 情蚁等五号均系领本来渝生贸，因巨豪郑殿扬等所开大昌棉花行，去三月内套民等棉花投伊行内发卖，该民马乾一花银一千两零，张大丰银三千五百二十余两，陶协盛银二千七百四十两，李如升银三百六十五两零，王大丰银一千一百九十余两，总共该民等白花银八千八百余两，行票朗凭。屡讨无还，迫民等今正初五，以毒牙坚吞等事将殿扬等扭控易主案下。审实驼骗真情，将伊等押卡，限伊等二十日内呈缴。伊等藐违抗限，□朦县主，串同伊等多人连名捏情赂保出外，权登甲支使殿扬等脱逃悬案，登甲一人抵骗，硬行将行开张生贸，民等之银置之事外。民等屡禀巴县，均批森严，被登甲贿嘱原差头李彪等，不唤不追，案延两月。民等无奈，于今二月二十日以支逃抵骗等事，控经捕府，虽准差唤，尚未审讯。伊等二十四日胆敢逞刁，以素不相识张天顺妄喊宪辕。窃民等以货投行发卖，原应照票向行收银，今登甲声称入行在后，经凭客众书约，民等实不知情情。况殿扬负欠累万，登甲若非商串局骗，何肯挟资阑入令伙，仍挂大昌招牌，其中情弊难逃宪鉴。[1]

五号是外地人在渝城设立的商号，郑殿扬为当地权势之人。大昌棉花行该欠马乾一等五号花银共达八千八百多两，该行的规模肯定很大，其中介职能已居次要地位，借牙行之名，实际上已完全成为代理商人。

再看在渝城千厮门开设吉顺合字号的福建人廖吉顺的供状：

> 道光十年（1830）有长宁县的王惠堂、冕堂弟兄在渝开正兴花行，买去职员棉花米石，该欠银三千八百余金。惠堂不给银两，借匿不面，职员控前区主责追，惠堂才将田业折算银三千二百两，业已立契投税。王惠堂凭中将业佃转耕种，认纳租谷，不料他们弟兄复来职员号内，吊买花包货物，复又欠银三千余金。职员着人往长宁县安宁桥收讨银两租谷，王惠堂弟兄躲匿不面，至今几载，花银租谷分厘不

---

[1] 《马乾一等告状》（嘉庆十一年），《清代乾嘉道时期巴县档案选编》（上册），第339页。

给。不料今正二十职员在城撞见，才将王惠堂扭禀案下。[1]

廖吉顺的供述明确说明正兴花行与吉顺字号的买卖关系，牙行的中介作用丝毫没有体现。店铺赊销棉花给牙行，牙行在不能还清欠款时，用田业抵还花账，却又佃转耕种。但廖吉顺没有吸取教训，再次赊销花包货物给该牙行，又被欠款三千余金，租谷又连续几年不能收回，损失惨重。

与客商类似，本地店铺一般也有固定的牙行进行交易，因为彼此经常来往，相互熟悉，信任对方，再加上商业信用的连续性，只要双方都能守信，就会长期交往下去，除非破产或其中一方背信弃义引起矛盾。上例中，廖吉顺再次被拖欠三千余金的货价银，原因正在于此。道光二十一年（1841）九月初九日魏丹庭禀状称：

> 情职在渝坐号经理本帮生理，素与千厮门宁远行之邹兴儒等深交。嗣伊戚旧伙舒方廷领兴儒本银以宁远行改为洪声花行，大张生贸。原有兴儒来职帮各号担保交易，至去五月方廷行内共该客账十万余金，均系按期兑还，惟该职帮九如号银一千六百两，立昌号银一千六百六十两，盈丰号银九百三十余两，瑞丰号银一千二百金逾期不偿。职清问兴儒，据称行无亏折。殊方廷心怀叵测，始而支吾推缓，百计辗转，今现银多金，昧良停贸，谋吞别图，奸狡实甚，诚恐兴儒局掣支匮，攸关血本，情实难安，是以将方廷扭赴案下。[2]

魏丹庭平时与开宁远行的邹兴儒有深交，对其非常信任，在邹的担保下，魏在渝城开设的四家商号赊卖棉花给洪声花行（由宁远行改名），四家商号共赊出花价银5390余两，洪声花行逾期没有偿还。四家商号可能是魏丹庭所设的联号店铺，魏丹庭没有分散商业信用风险，若洪声号没有能力偿还欠款，这些损失真是血本无归。

（三）牙行的信用风险与牙行诈骗

清代一般市镇的人口组成都比较类似。樊树志认为在江南市镇上，"最有势力的是那些牙行——花行（棉花牙行）、布行、丝行、绸行、米行等，以及仰食于牙行的领投业（领头业，中介捐客），脚行脚夫（搬运业），还有从

---

[1] 《廖吉顺供状》（道光十九年一月二十二日），《清代乾嘉道时期巴县档案选编》（上册），第343页。

[2] 《清代乾嘉道时期巴县档案选编》（上册），第343—344页。

事打行（打降）、白赖（白拉）的市井流氓。其次是沿着大街小巷开设的数以百计的各行各业的店铺，他们与牙行一起形成由老板和伙计组成的商人群体，即所谓坐贾。此外还有行商，即从全国各地来此贩卖丝绸、棉布、粮食等商品的客商，以及由他们组成的商帮与会馆聚集起来的商人群体。再次是各种作坊——机坊、炼坊、染坊、踹坊以及其他手工业作坊，由作坊主与雇工构成的工人群体。当然也有聚居于此的士大夫，以及市镇周边的亦工亦农的农业人口。"[1]牙行在各城镇的重要地位与牙行控制着当地的商贸往来直接有关，士农工商各阶层人物都与牙行有着直接或间接的关系，全国绝大部分商品都要经牙行之手。据内务府总管傅恒奏称："治圃生理，均系愚氓，自行艺莳不能自行货卖，全赖商人贩运归于牙行，商人即得现钱而去。牙行总汇货物，然后零星发于小贩，自行讨账归本，小贩始行肩挑至各巷内零星卖于民间食用。查此等小贩多系贱隶，安有现钱先买，具系赊来卖去，然后还钱，若无牙行为之转运疏通，恐大商贩上市既难立时出售，又不信任小贩，货物必致拥滞。"[2]这说明牙行经营商品买卖，其中介作用反而被淡化。牙行经营更多的是凭借"信用资本"，正是凭借牙行的信用，帮助大商贩尽快出售商品，并帮助小贩解决了资金问题。

从目前所见关于牙行的史料看，牙行的社会信誉并不好，与牙行联系的字眼经常是"奸诈"、"欺骗"。在经济活动中，商人靠货物的买卖差价赚取利润，追求利润的最大化是其从事经营活动的最终目的。行户作为商人的一个阶层，自然也是如此。清代牙行分成不同等级，牙帖税一般分为上、中、下三等。[3]各等级牙行经营的业务有所差别，有的行户只有牙帖，没有门面，仅为人说合买卖，评估物价，完全起中介作用，靠收取用钱谋利；有的行户完全拥有自己的商业资本，不仅收取行用，还兼营商品买卖，赚取商业利润。牙行在代客买卖时，经常有两种欠账，一是牙行欠客商的货账，叫客欠；一是店铺欠牙行的货款，称外欠。牙行与商业信用密不可分，由于牙行与信用风险时刻相伴，无论是主观原因，还是客观原因，只要发生经济纠纷，人们往往会把"奸诈欺骗"与牙行联系在一起。

事实上，清代前期的牙行作为客商在货物经销地的代理，多数牙行会诚

---

[1] 樊树志：《明清江南市镇的"早期工业化"》，《复旦学报》2005年第4期。
[2] 《内务府总管傅恒题》（乾隆二十三年五月二十一日），中国第一历史档案馆藏，户科题本。转引自吴奇衍：《清代前期牙行制试述》。
[3] 详见《中国经济通史·清代经济卷》（中册），第1314页。

实交易。道光二十年（1840）正月，安徽宿松人段光清进京，偕太邑会试者同行，"余因先弟昔年在巢县柘皋地方木商交易，尚有些微零帐未清，先兄乃使昔年三弟原同经伙伴往取，以助进京盘费。余遂同醉卿迂道由巢县往取木帐。行户蒋姓，殷实诚信人也，见余至，相待甚恭，遂将账目结清。先送余起行。"[1]与段姓兄弟交易的蒋姓木行是殷实诚信的牙行，对待客商甚恭，及时结清所欠账目。为公平交易，规避风险，稳定市场秩序，限制牙行的欺诈行为，行帮内部对牙行的经营有明确规定。湖南巴陵的《竹木行条规》规定："竹木发卖客商，不知买主之人，倘一经卖去，拖骗客本，理应行户赔垫，免客羁留。如违，许禀究追。"[2]湖南安化的《五都夏氏宗祠牙行规条碑》中写道："经纪心同父母，客商凭行放买，莫知地方好歹。如帐不楚，行户赔偿。至乡间货物，出自膏脂，须公平权量，稚鲁无欺。"[3]这些对牙行的规定是被社会和官府认同的，起到法律效力。

官府同样制定了律例惩罚牙行的拖骗行为。乾隆四年（1739）定牙行之例规定，"凡铺户拖欠商本，追邀本牙行帖，勒令铺户清完，其不足之项牙行赔补；如牙行侵蚀者，并责互保牙行摊赔；至于以后客之货挪补前客之欠，移弱客之货代补强客之欠，准互保先行举首，免其治罪；容隐者，责令分赔，其牙行内同事侵吞客本，均律以牙行侵吞之例。"[4]牙行的互保是为了保证客商资本的安全，在所见史料中，除了在对外贸易中的商欠由其他行商共同摊还外，在内地的客欠中，尚未见到保行对所保牙行客欠的赔偿。

铺户或商贩的外欠是引起牙行拖欠客本的重要原因。河南嵩县民李俊控永宁县武生邢允元等欺行抗价的案例中：

> 邢允元贩卖木植，本年（道光十年，1830）四月初四日，与铺伙李金花在嵩县潭头镇，凭牙纪李俊说合，买到董姓木筏一吊，价钱一百零二千六百四十文。同日，又凭牙纪尚廷建、惠永清说合，买到张永清木筏一吊，计货一百八十九件，又三十一件，共价钱一百二十五千七百一十文。又于初七日，买到崔世魁木筏两吊，计货二百八十九件，外椽子二十五排，车轴两根，共价钱一百四十千零五百八十五文。初九日，买到苗太木筏三吊，计货五百三十一根，外

[1]　[清]段光清：《镜湖自撰年谱》，中华书局1960年版，第3页。
[2]　《湖南商事习惯调查报告书·商业条规》，彭泽益编《中国工商行会史料集》（上），第214页。
[3]　《湖南商事习惯调查报告书·商业条规》，彭泽益编《中国工商行会史料集》（上），第229页。
[4]　《清朝通志》卷九十三，《食货略》（十三）。

椽子两排，共价钱三百四十八千三百零五文，均系尚廷建等说合。除所买张永清木筏一吊，先经邢允元令水手郑安运赴马回镇，卖于杜姓木厂外，余筏六吊，停泊水次。于二十八日夜，风雨交作。河水暴涨，全被冲散。经李俊、尚廷建、李金花三人持灯呼救。当有古城村民赵培成等捞获木货一百六十七件。经地方赵成瑞在各村查获木货五十七件。邢允元以失货尚多，不肯收领。遂揑称木筏系赵培成等砍散，被抢一空，在县呈控。尚廷建亦帮同诬禀。邢允元临讯逃脱，遽以前情控府，并称货物伊未验收，图累牙纪。李俊等亦以欺行抗价等词来诉。提讯得悉前情，查木筏实系被水冲散，众目共睹。不特李俊供词可凭。至货物成交在四月初旬，计至漂失之期已逾二十余日，何云尚未验收，且每根木植俱印有伊信成字号戳记。至于水中捞起，皆认为邢姓之物又乌能诿卸于人乎。邢允元揑词诬控。本应按律惩处。念其漂失多货，情有可悯，姑免深究。除交过李俊木价四十一千五百文，张永清五千文，崔世魁二十三千文，下欠六百四十七千七百四十文。除将前后查获木货二百二十四件，变价抵偿，并将卖于马回镇木筏原价呈缴外，下欠若干。该县即勒限追还具报，至漂失货物，本与牙纪尚廷建无涉，因其帮同邢允元诬告抢夺重情，罚钱一百千，帮给邢允元归还货价，以示惩儆。邢允元、李金花俱由洛阳县押发，余交批差带回，以便缴领完案。即行县遵照可也。此判。[1]

商贩邢允元因水灾酿成巨大损失，先是揑造陷害村民赵培成故意砍散木筏，后又辩称货物没有验收，想把债务推脱，将风险转嫁给牙纪。幸亏牙纪李俊及时将其告发，县府查明实情，勒令邢允元限期还欠。本案中牙纪尚廷建为摆脱可能的麻烦和债务追索，尽然伙同邢允元诬告他人，被罚钱100千（即100贯）帮邢允元还债。

牙行不可能保证每次交易都能成功，由于主观判断失误或不可抗拒的客观原因，牙行的资本甚至包括客商的资本损失是不可避免的，在清代前期尚没有保险业务和有限责任制度的情况下，牙行面临的信用风险无法分散。当风险真的来临时，有的行户倾家荡产赔付客商，有的请求客商免除部分债务，有的采取躲避方法，将风险转嫁给客商。在安徽歙县，"江君扬、江鸣珂'因向在六

[1] 〔清〕李钧：《判语录存》卷二《漂失木货事》，第22页。

合开张布行，亏空客钱无措'，乾隆三十三年（1768）将楼屋一所作价九五银200两卖与汪氏。"[1]这是因客欠而变卖房屋。嘉庆十六年（1811）三月初七日，朱清顺告状称："蚁揭本贩靛生理，蝇利俯仰。去八月蚁贩靛五十七包来渝投洪茂靛行发卖，殊行户张同文、张居瀛父子欺蚁异朴，顿起拐驼之心，即将蚁靛卖面银七百二十二两一钱，与伙廖应生及帖主吴槐春伙同闭行潜逃，现有伊行簿可凭。"[2]牙行采取了逃避的办法来拒付货款，原因并不清楚，不知是见利忘义，还是无法还欠。

牙行的经营风险完全要靠自有资金和家庭财产来承担，而且所欠客商债务责任是无限期的，父债子还、兄终弟继的传统思想依然是当时认同的法制理念。即使牙行因客欠而破产停开，其所欠债务也不能幸免。在嘉庆十九年（1814）二月十七日所立的《吴宏钊等合伙约》中，吴宏钊叔侄"在千厮门正街开设正太山货花行，因连遭贩骗，以致负欠客贩不能填偿，兼钊年迈，侄等浑朴，无力承交。自思客贩终难归款，是以叔侄相商，将行底门面家具什物等项并原帖一张一并在内，共作银四千两，凭众言明，出顶一半与王有常、李元贵二人名下开设"。"至宏钊叔侄前开正太行负欠客帐，以及贩该正泰行银，一概不与王、李相涉。"[3]造成吴宏钊叔侄负欠客账的原因无疑与小贩的外欠有关。为清还客欠，叔侄只好以牙行门面家具为抵，与人合伙开行，牙帖改换为吴常贵，招牌改为"中正"，从前的正泰行已经结束，然而正泰行的债务仍得偿还。这张合伙合同在"各宝号、各宝行"的中证下完成，其中应包括与正泰行有债务关系的店铺和同帮牙行。合伙经营五年后，新行依然没有起色，反而连遭外骗，至嘉庆二十四年（1819），"负客帐八千余两，均无填尝"，于是李元贵在嘉庆二十五年（1820）六月初二日，"请凭各号账主、情甘将应得分生意四股之一，并原本银一千两整，一并扣除，辞退出伙。嗣后行中从前内外见［欠］项，一并付王有常各［名］下承讨承还，毫无元贵相涉，听凭有常与宏钊各半生理。"[4]第二年，即道光元年九月吴宏钊身故，十月初二日吴的妻子"请凭各宝号本行客，清算七年账项，各该客银八千余两，王、吴按分公还"，"因吴宏钊身故，伙账算明，其有所该客账，邀求客恩，或合伙，或将

[1]《清乾隆汪氏誊契簿》，见"屯溪资料"置077·1。转引自《中国经济通史·清代经济卷》中册，第1277页。
[2]《清代乾嘉道时期巴县档案选编》（上册），第350页。
[3]《清代乾嘉道时期巴县档案选编》（上册），第340页。
[4]《李元贵退字约》，《清代乾嘉道时期巴县档案选编》（上册），第340页。

行变卖摊还客账。"[1]与人合伙经营七年，吴宏钊并没有还清客账，拆伙时分得客欠八千余两，这些债务的清偿在拆伙约中提到三种办法：一是请求债权人免除；二是再与别人合伙经营买卖以便偿还；三是将行变卖摊还客账。吴宏钊的去世丝毫没有免除吴家的债务，却给后人留下沉重的负担。牙行对于债务的无限责任致使牙行的经营不能稍有闪失，否则就可能使其坠入债务的深渊，越陷越深，不能自拔，这也有的是牙行故意躲避债主，不还欠账的重要原因。

牙行借势欺人、以强凌弱的行为也时有发生。乾隆四十七年（1882）八月，杨东来告状称："蚁在叙府贸易，实买姜二万五千斤来渝发卖。前月二十日抵渝，投玉芳兰行内发卖。本月初三日芳兰已将蚁姜黄发卖，现钱二百四十千一百文。殊奸牙欺蚁异孤，以为弱肉可嚼，将钱悉行鲸吞，一文不给。"[2]这桩买卖本是现钱交易，欺负山客的人单势孤，牙行将货钱全部私吞。关于牙行的拖欠诱骗在《军机录副奏折》中也有记载，"凡牙行之私收把持、朋充射利、拖欠客本者，俱经严定科条，正欲使奸牙不得逞其伎俩，而商贾不致折耗资财，久羁异地。……无如地方官奉行不力，以至狡狯牙行仍复侵吞、诓骗或诱取客货，私自潜逃；或收得价银任意侵用，及至拖欠既多，则挪新掩旧。种种弊端不一而足，各省皆然，惟楚省之汉口为尤甚。盖汉口一镇，乃水陆通衢，商贾云集其间……拖欠客账相习成风，累月经年不能清结，凡有赴臣衙门具控者，俱批行地方官，勒定限期，严行追比，即或陆续追清，而客商之苦累，已不可胜言。……又该牙每逢客货入行，或称一时难售，诱令赊放，其客商希图后获微利，货一脱手，经年累岁不能清结，究之全折，竟成乌有者甚多。"[3]

牙行的侵吞、诓骗行为各省都有，而汉口尤甚，这与其地理位置相关。汉口地处水陆通衢之地，商贾云集，货物繁多，经商之人身份繁杂，所以案例较多。在众多案例中，能够收回客账的只是少数，多数客欠竟成乌有。"湖南为水陆通衢，出产裕饶，商贾云集，牙行颇多"，按察使严有禧"于案牍中见指追牙行之件不一而"，"计其欠项，多至盈千累百"，"使远乡孤客失业废时，羁縻异地，情殊可悯。为此他上奏要求各省牙行按照京城做法，每五年编审一次"，"查明本人曾否老疾，资本是否消乏，有无冒名顶充及拖欠客帐等

[1] 《王有常等拆伙约》，《清代乾嘉道时期巴县档案选编》（上册），第340页。
[2] 《清代乾嘉道时期巴县档案选编》（上册），第362页。
[3] 《湖北巡抚晏斯盛为请定地方官清厘牙行处分例以禁牙行吞骗事奏折》（乾隆九年十月初六日），《乾隆前期牙商牙行史料》。

事，另取邻保同行保结"。且"嗣后拖欠客本这牙行，如果追比无完，或逃亡无着，即令出结之邻保同行人等摊派代完，先给客商领回，其代完人等俟该牙名下追出偿还，庶孤客得免守候之苦而保结不敢冒滥矣。"[1]

总之，牙行在各地的商业中扮演了重要的角色，牙行与客商、铺户之间的信用关系，既有助于资本的流动与合理配置，缓解小商贩和生产者的资本困难，同时又给资本的提供者带来信用风险。由于当时在没有保险业务和有限责任制度的情况下，商业信用风险危害很大，既可以置牙行于破产的境地，也会波及客商，致使客商血本无归。这是由清代前期的商业制度、商业发展水平决定的，"行户之骗账也，其弊在买者与卖者两不相见，故得从中舞弊"[2]。牙行的经营不需要太多资本，作为客商的代理，牙行是在利用客商的资本经营买卖。清代前期还没有保险制度，牙行的具保也只是一种形式，牙行在面临倾家荡产时侵吞、诓骗客商的财物也就不难理解了。

[1] 《湖南按察使严有禧为请将牙行五年编审一次以杜冒滥事奏折》（乾隆二十六年正月初六日），《乾隆前期牙商牙行史料》。
[2] ［乾隆］《巴县志》卷3《牙行》，转引自刘秀生《清代商品经济与商业资本》，第100页。

第五章　清代前期商业信用期限与货款清偿

现销直接用银钱或是以物易物，无论如何一次性完成了买卖，对于卖方来说显然要比赊销好。但是商人利用赊销，能够实现在现销时不能完成的买卖，扩大销售，或者能卖到更好的价钱。贩商通过赊卖还能取得持续的供货地位，为商品争取稳定的买主，并取得买方的信任。

在赊销过程中，信用期限必须经过双方的协议，期限的确定要依据双方各自的资金状况、竞争情况、行规、季节因素以及社会习俗等来确定。期限约定后，合约的执行即货款的清偿是否及时，如何付款就要靠赊买方的信用和财务状况。

一、赊销期限

影响赊销期限的因素很多，赊销的期限有长有短，清代商品的赊销期限最短的仅半天，最长的可达一年，在实际生活中赊销期限一般较模糊，很少有明确到某一天的，经常是精确到某一月。

（一）30天以内的赊销

较短的赊销期限一般由与日常生活相关的消费信用引起，笔者所见时间最短的是在陕西西安府泾阳县，张玉戳伤张联致死案。据张玉供："二十四年三月十三日早……张联赊肉（马肉）三斤，该钱一百二十文，约当晚给钱。"[1]张联上午赊肉，和卖主约期当晚给钱，期限只有半天，后失约引起争斗。也有

---

[1]　《刑部章煦谨题》（嘉庆二十四年十一月二十九日），刑科题本5866。

赊期是一天的，在四川巴县，据马元富供："嘉庆二年（1797）十二月二十八日，许贵买了小的一件布衫，讲定钱三百文，原约第二日给还。"[1]在山东莱州平度，据孙方供："嘉庆三年（1798）七月初七日，小的到芦里村卖瓜，撞见王三在那里寻工，赊吃了小的九个甜瓜，共该五十六个京钱，应许第二日给还。"[2]四川重庆府涪州，"嘉庆十九年（1814）十一月十一日，洪五万向洪帼楠赊买烟叶一斤，欠钱四十文，约定次日给还。"[3]十四日傍晚，洪帼楠在一硐捲地方与洪五万撞遇，向其讨前欠，两人争殴，洪五万被伤身亡。在四川邛州薄江县，嘉庆二十年（1815）十月十四日，叶允仲至余金玉家讨花生钱，与余妻口角，将余妻戳伤致死。据叶允仲供："嘉庆二十年（1815）九月间，余安民的丈夫余金玉赊买小的花生二升，该钱六十四文，原说次日还钱，过后余金玉总不还给。"[4]本来赊期一天，过后则总是不还，属于失信行为。四川垫江县，道光七年（1827）三月初一日，"谭仕爵赶集高滩场，凭波闲淙作中买得鞠德昌黄牛一只，议定价钱六千文，约俟次早还钱，许给波闲淙中钱三百文"[5]。牛价赊期一天，波闲淙应是牙人，收取牙用（即牙钱）三百文。广东顺德县人游亚复供："寄居县属地方，与采卖草药的陈亚耀邻村居住……道光十六年（1836）七月十七日，小的向陈亚耀赊取枸杞子一把，说明铜钱十文，约俟次日交还。"[6]以上七例中的赊销对象分别是马肉、布衫、甜瓜、烟叶、花生、黄牛、枸杞子，其中只有黄牛属于生产资料，价钱也最昂贵，达六千文，还有经纪钱三百文；其他六种都是纯消费品，甜瓜当时就被吃掉了，衬衫最贵三百文，一把枸杞子仅十文，这些交易额较小的赊销赊期也较短。这些赊销的买卖双方的居住地相距都不远，或者同村，或者邻村，最远也在同一集场的辐射范围内，彼此大都认识。这些赊销都是口头契约，只有黄牛的赊卖有经纪人作中。短期信用经常在集市（场、墟）上发生，安徽蒙城县，嘉庆二十三年（1818）四月初三日，"任礼肩挑烟叶至蒙城范家集售卖。戴步渠向任礼赊买烟叶半斤，该钱二十三文，约俟初五日偿还。"[7]广东河源县，乾隆十二年（1747）四月，"（李）振美挑米至墟发卖，（邱）亚二向振美买米四升，欠

[1] 《太子太保兵部尚书总督四川地方军务勒保谨题》（嘉庆四年八月二十一日），刑科题本4406。

[2] 《刑部等衙门庆桂等谨题》（嘉庆四年六月初十日），刑科题本4410。

[3] 《刑部等衙门满洲都统臣崇禄满洲都统臣崇禄等谨题》（嘉庆二十一年二月十四日），刑科题本。

[4] 《刑部章煦谨题》（嘉庆二十一年九月初六日），刑科题本5641。

[5] 《刑部等衙门经筵讲官托津等谨题》（道光八年三月初三日），刑科题本6490。

[6] 《刑部王鼎谨题》（道光十八年三月二十五日），刑科题本7080。

[7] 《兵部侍郎康绍镛谨题》（嘉庆二十四年正月二十五日），刑科题本5838。

钱二十八文，约后下午交账。"[1]这两次在集市或墟上的赊欠赊期都是两天，是否和两次集和墟的相隔时间有关呢？清代全国在部分地区都有集市，北方称为"赶集"，南方称"赶墟"，四川地区称"赶场"。各地集市开设的频率并不统一，每旬开集2—3次最为普遍。在集市赊取的小额物品的债务清偿时间不应超过下个开集时间。

　　清代商人间的赊销期限少于30天的，一般是约定本月底结清账目，也有限期归还的。如在江苏省赣榆县，据王自江供："开面店生理……嘉庆四年（1799）四月初间，朱克渊向小的赊面三十斤，该钱四百二十文，说定十日内归还。"[2]绝大部分赊期在30天以内赊销，双方约定本月底清还。在湖北沔阳州，据番国泰供："在长堧口开石灰行……陈尔位五月间装了一船石灰到小的行卖，共一百五十石，小的替他赊给本地铺户零卖，议定每石石灰七分银子，合钱五十六文，共该钱八千四百文，约定月内归清。"[3]客商陈尔位把一船石灰赊给开石灰行的番国泰，番又把陈提供给他的信用转移到本地零售商人，番约定当月内归清陈的石灰钱。在陕西西安府，贺区供："嘉庆元年（1796）二月里，马成富赊买小的猪一只，欠价钱一千文，约月底清还。"[4]在河南陕州灵宝县，据陈思明供："嘉庆七年（1802）十二月初间，徐年智赊了小的一石五升麦子，该价银一两零五分，说明年内归还"[5]，即年底前归还，赊期不到一个月。河南永宁县，据梁世耀供："嘉庆八年（1803）五月十九日，马廷有问小的赊马一匹，价银十八两，约定五月内交还"[6]，实际赊期为11天。在陕西商州雒南县，据见证周德章供："道光元年（1821）十二月初十日，袁林福央小的作保，赊买魏有才包谷一石，该价钱一千三百文，约月底清还，过期屡讨没给"[7]，本次赊卖有担保，赊期20天。在甘肃成县，冉敦厚籍隶徽县，与已死县民刘荣邻庄，"道光十五年（1835）十一月十二日，刘荣赊买该犯（冉敦厚）马一匹，价钱十一千五百文，订期月底交钱，马匹旋即倒毙，该犯屡讨马价无偿"[8]，赊期是18天，后因商品质量问题，引起纠纷。

[1]　《刑部阿克敦谨题》（乾隆十三年四月初四日），刑科题本0631。
[2]　《兵部侍郎巡抚江宁等处地方岳起谨题》（嘉庆四年十一月十六日），刑科题本4434。
[3]　《太子少保总督湖广等处地方硕邑谨题》（乾隆二十一年十二月十五日），刑科题本1140。
[4]　《刑部等衙门阿桂等谨题》（嘉庆二年三月十三日），刑科题本4307。
[5]　《刑部等衙门经筵讲官董诰等谨题》（嘉庆八年十二月初四日），刑科题本4702。
[6]　《刑部等衙门觉罗长麟等谨题》（嘉庆九年七月三十日），刑科题本4770。
[7]　《刑部等衙门文渊阁大学士管理刑部事务臣戴均元等谨题》（道光三年九月十二日），刑科题本6120。
[8]　《太子太保总督陕甘等处地方军务谨题》（道光十六年十月初八日），刑科题本6926。

（二）30—90天的赊销

30—90天的赊销可称之为"中期赊销"。在贵州绥阳，据张德贵供："小的与李倬邻居相好，嘉庆二年（1797）十一月里，小的有马一匹，托交李倬代为售卖，凭中杨洪德担保把马赊给石中连，议价十四两，原约年底清还。"[1]马主托邻居托卖，有中人担保把马赊卖，到年底赊期一个多月。山西人王岐山籍隶定衰县，在丰镇地方种地度日，"嘉庆八年（1803）三月二十八日，王岐山央梁王氏赊布两匹，价钱一千八百七十文，言明对月偿还。"[2]赊买者应该较穷，得不到信任，经过央求才赊得两匹布，赊期一个月。在安徽建德县，"嘉庆十六年（1811）四月，姚氏向王义赊麦伍升，价钱五十文，约定五月初偿还"[3]，此应是消费信用，赊期一个月左右。在贵州开州思外里乡，谢大刚殴伤张大义身死案，据谢大刚供："二十四年三月里，张大义向小的赊买蚕茧一包，该价银二两五钱，原约四月底付给"[4]，赊期约一个多月。在陕西延安府定边县，据黄添喜供："平日卖肉生理……道光七年（1827）七月二十日，常庆的堂兄常宽赊买小的猪只，价钱五千三百文，约定次月还钱"[5]，赊期也是一个月多。在湖南永顺府永顺县，据刘洸献供："已死刘伦奉是小的儿子，道光十五年（1835）八月十四日，向添长赊买儿子刘伦奉牛一只，议定价钱十四千文，约到九月内交还，至期屡讨没付"[6]，赊期约一个半月。在直隶广平府磁州，据地保禀，"道光十五年（1835）正月二十四日，小的买了武安县人陈万仓一匹马，言明价值大钱六千文，因没现钱托张照祥担承，说定二月里给付。"[7]因没现钱，赊期约一个月，有担保。

信用期限约两个月的赊销一般是讲明还债的具体月份。在陕西商州直隶州雒南县，据赵高氏供："已死赵学成是小妇人男人，乾隆六十年（1795）八月，男人央邓绳先赊了白布两匹，该钱二千文，约十月清还。"[8]湖南长沙府湘潭县，据刘金供："嘉庆二年（1797）六月初二日，李晚向小的赊去小

[1]《刑部等衙门经筵讲官成德等谨题》（嘉庆五年四月十二日），刑科题本4481。

[2]《刑部等衙门董诰等谨题》（嘉庆九年九月二十五日），刑科题本4757。

[3]《兵部侍郎巡抚安徽等处地方钱楷谨题》（嘉庆十六年十一月初二日），刑科题本5221。

[4]《刑部戴均元谨题》（嘉庆二十五年），刑科题本5808。

[5]《刑部等衙门经筵讲官托津等谨题》（道光八年十月初二日），刑科题本6515。

[6]《兵部侍郎兼都察院右副都御史巡抚湖南等处地方裕泰谨题》（道光十六年七月二十二日），刑科题本6930。

[7]《刑部等衙门经筵讲官王鼎等谨题》（道光十六年二月初八日），刑科题本6978。

[8]《刑部等衙门阿桂等谨题》（嘉庆六年七月初八日），刑科题本4251。

猪二只，议价银一两九钱，约定八月内交还"[1]，赊期要长于两个月。在四川龙安府平武县，吕志惠供："本年六月间，问庆泰赊布一匹，说定八月间还钱一千文"[2]，赊期两个月。在四川绥定府达县，田丰荣供："嘉庆二十四年（1819）五月初四，小的凭高如怀，买张泳兴一匹马，价钱十四千八百文，当交二千八百文，下欠钱十二千文，说明六月底归还。"[3]这是部分赊欠，已交过一小部分钱，剩余欠款赊期约两个月，有保人。同样在四川宁远府冕宁县，据眉州人郑启爱供："向来案下佃耕度日，与王盛成素识……道光十三年（1833）十月间，王盛成问小的赊买包谷五斗，说定价钱一千五百文，当给钱一百文，下欠钱原约十二月给还，过后屡讨没给。"[4]此案也是先交一百文钱，下欠一千四百文约期两个月。在贵州威宁州，据曾庆元供："与陈大五素好无嫌。道光二年（1822）十二月十三日，小的向陈大五赊盐五斤四两，讲定价钱三百一十五文，约至次年二月内交还。"[5]这是隔年信用，从腊月到次年二月。

信用期限是三个月的赊销。在四川绥定府达县，据覃开泰供："嘉庆十三年（1808）二月十七日，覃开富赊买覃开谷耕牛一只，凭小的议定价银八两二钱，约定五月内交还。"[6]从三人的姓名可知，他们是同一宗族。在贵州兴义县，张世堂供："嘉庆二十三年（1818）七月里，庞木忠向小的买去水牛一只，价钱四串五百文，除交现钱外，下欠钱二串，约十月内付给。"[7]清代铜钱一串是一千文，这里水牛一只价钱是四千五百文，当时交现钱二千五百文，还欠二千文，约定十月内偿还，赊期约三个月。在贵州清江，据李老三供："小的向贩遵义绸生理，与已死周云亮素识无嫌，道光十四年（1834）二月里，小的贩绸于清江售卖，周云亮问小的赊去绸子一匹，价银二两一钱，约期五月内归还"[8]，赊期三个月。在江西瑞昌县，据曹茂波供："道光十四年（1834）三月初二日，张利旺央小的转问王赵孝赊谷一石，议价一千八百文，

---

[1] 《总督衔兵部侍郎湖南等处姜晟谨题》（嘉庆三年十月二十七日），刑科题本4336。
[2] 《刑部等衙门和珅等谨题》（嘉庆三年十月十四日），刑科题本4377。
[3] 《刑部戴均元谨题》（嘉庆二十四年），刑科题本5901。
[4] 《刑部等衙门经筵讲官王鼎等谨题》（道光十五年三月二十日），刑科题本6860。
[5] 《刑部等衙门太子太保文渊阁大学士管理刑部事务臣戴均元等谨题》（道光四年五月二十日），刑科题本6176。
[6] 《刑部等衙门董诰等谨题》（嘉庆十四年十二月初二日），刑科题本5121。
[7] 《兵部侍郎韩克均谨题》，刑科题本5860。
[8] 《刑部等衙门经筵讲官王鼎等谨题》（道光十五年七月二十六日），刑科题本6859。

约俟六月内清还，至期张利旺还钱一千文，余钱屡讨未还。"[1]

（三）90天以上的赊销

90天以上的赊销可以称为"长期信用"，有四个月、五个月、半年或半年以上的，一般不会超过一年。下面是赊期约四个月的案例。在甘肃庆阳府安化县，据杜君典供："嘉庆二年（1797）十月里，杜时中向小的赊牛一只，该价大钱二千文，他约次年二月里清还"[2]，赊期为四个月。在黑龙江，据得禄供："缘镶白旗灵德木保佐领下另户余丁……先年四月，同我问妹子的叔公加深保赊了一石五斗米，作价钱六千文，言明八月内归还"[3]，赊期为四个月。在四川邛州，据彭山县人李复受供："向在治下帮人做面生理……嘉庆十四年（1809）十月间，杨白良托小的代赊棉布四匹，该钱六千文，原约二月清还"[4]，赊期四个月。在陕西汉中府宁羌州，据凶犯李湖供认："道光元年（1821）十二月里，何全赊买小的包谷五斗，作钱一千文，约定次年四月内清还"[5]，赊期四个月。在承德府赤峰县，"道光十二年（1832）九月十五日，焦之美赊买李贵明牛只，言明制钱两千文，约期四月归还"[6]，明确说明赊期四个月。

赊期五个月以上的信用。在河南温县，据李生武供："小的与杨用选各开帽铺生理，今年四月十六日，小的同杨用选凭牙行王明吾说合，伙赊了宋明侯皮莸四包，梳莸二包，共该价银五十四两四分，立有合同，约定九月中偿还，小的分皮莸二包重一百二十六斤，每斤价银一钱三分，该银十六两三钱八分，梳莸一包，重六十三斤，每斤价银一钱六分五厘，该银十两四钱，二共该银二十六两七钱八分"[7]，这笔交易有牙行凭中说合，立有合同，赊期约五个月，属于正规的商人之间的商业信用关系。在陕西汉中，西乡县民人罗江凝籍隶该县，务农度日，与已死城固县民刘洸裕连界居住，素好无嫌，"道光十四年（1834）九月内，罗江凝赊买刘洸裕稻谷二石，议定价钱四千文，言明

---

[1] 《刑部等衙门经筵讲官王鼎等谨题》（道光十五年七月二十二日），刑科题本6859。

[2] 《署理陕甘总督事务西安将军宗室恒瑞谨题》（嘉庆四年四月十八日），刑科题本4413。

[3] 《刑部等衙门董诰等谨题》（嘉庆九年十月二十八日），刑科题本4765。

[4] 《兵部尚书总督四川常明谨题》（嘉庆十六年二月初四日），刑科题本5254。

[5] 《刑部等衙门文渊阁大学士管理刑部事务臣戴均元等谨题》（道光三年六月），刑科题本6154。

[6] 《刑部等衙门筵讲官太子少保协办大学士户部尚书管理部务王鼎等谨题》（道光十七年八月初五日），刑科题本6998。

[7] 《刑部等衙门鄂弥达等谨题》（乾隆二十四年二月十七日），刑科题本1373。

来年二月归还，至期如数清给，并无短欠。"[1]赊期约五个月，至期还清。在陕西西安三原县，"缘乾隆十八年（1753）十二月内赵尔文赊取张宗林店内布二匹，欠钱七百十文，言明次年麦后偿还。"[2]收麦时间农历在五月份，"麦后"差不多就是五月底，赊期约六个月。同样在陕西西安耀州，据焦得年供："嘉庆二年（1797）十二月里，辛世贵替他伙计阴茂林作保赊买小的一只黄牛，讲定价钱六千七百文，约次年麦后清还。"[3]和上引材料一样，赊期也是大约六个月。湖北省廖守凤殴伤艾瑞祥身死一案，"缘廖守凤与艾瑞祥素好无嫌，道光元年（1821）六月间，廖守凤向艾瑞祥赊买小猪两只，议价五千一百文，约期年底交还"[4]，赊期近六个月。信用期限超过半年的赊销虽然存在，但数量较少，田彦与刘沛青素识无嫌，"道光元年（1821）十一月间，刘沛青赊买田彦玉粟五石，议价大钱十二千四百五十文，约俟二年六月内还钱"[5]，赊期约七个月。在盛京昌图厅，道光十三年（1833）春间，"阿木嘎什底之妻托勒巴罕赊买贾有叶子烟三把，讲明次年春间，给小羊一只"[6]，赊期长达一年。

清代前期的赊欠契约还很不规范，由于通信、交通、气候等不确定因素的限制，明确的日期很难准时履行协议。赊销期限的规定往往也不是很严格，伸缩性较大，只有很少一部分赊销规定了明确的还债日期，这种情况下信用期限都较短。如在河南南阳府邓州，据邓州人刘尚元供："嘉庆十四年（1809）二月十五日，牙纪张滕宽替任安坦作保，赊买小的耕牛一只，讲定价钱五千六百文，约期三月初二日清还。"[7]赊卖耕牛，有牙纪作保，明确约定清还日期是三月初二，赊期共十七天。陕西商州民人李怀贵殴狗儿身死一案，"缘李怀贵卖卤肉生理，与耿狗儿素识无嫌，道光二年（1822）二月十六日，耿狗儿赊买李怀贵卤肉二斤，每斤价钱七十文，共欠钱一百四十文，言定三日内还钱，逾期屡讨未偿"[8]，赊期三天。广西罗城县民黄札殴伤黄玉元身死一案，缘黄札籍隶罗城县，与已死黄玉元同姓不宗，素好无嫌，道光二年（1822）五月初

---

[1] 《刑部等衙门经筵讲官王鼎等谨题》（道光十六年三月十二日），刑科题本6940。
[2] 《护理陕西巡抚印务武忱谨题》（乾隆二十年三月二十七日），刑科题本1054。
[3] 《太子太保总督陕甘松筠谨题》（嘉庆四年八月二十七日），刑科题本5242。
[4] 《刑部等衙门文渊阁大学士管理刑部事务臣戴均元等谨题》（道光二年十二月初六日），刑科题本6056。
[5] 《刑部等衙门戴均元等谨题》（道光三年十一月三十日），刑科题本6169。
[6] 《户部尚书王鼎等谨题》（道光十五年十月十九日），刑科题本6869。
[7] 《兵部侍郎巡抚河南等处地方恩长谨题》（嘉庆十四年十月），刑科题本5091。
[8] 《刑部尚书署理陕西巡抚印务赞理军务兼理粮饷那彦成谨题》（道光二年八月十九日），刑科题本6064。

二日，黄玉元向黄札赊取鸭子二只，说定价钱二百文，期约十三日归还"[1]，赊期十一天。吉林省人倍功在家织售布匹营生，"道光二年（1822）五月初三日，岳玉名赊买倍功白布二匹，共计市钱五千，言明八月初一日还钱。"[2]赊期八十八天，在信用期限如此之长的赊销中，双方规定明确还债日期的非常少见。在四川绵州安县，据彭定璲供："死的彭定栋是小的父亲，平素卖米生理，道光四年（1824）十月初一日，张租余向父亲赊买饭米二斗，合钱一千一百二十文，原约初六日归还。"[3]此为消费信用，赊期仅五天。赤峰县住民陈忠用烟袋嘴戳伤赵金亮越日身死一案，缘陈忠籍隶献县，寄居赤峰县，"道光十四年（1834）九月间，有与陈忠同村居住之李可亮向赵金亮之父赵添幅赊买烟叶六百余斤，议价大钱十二千余文，言明十日间归楚"[4]，赊期10天。似乎有具体的日期规定后，条约会被更好地执行，实际上并非如此，条约的履行受多种因素制约，关键是看赊销者的财务状况和个人品德。

　　清代商品的赊销期限多是精确到月份，这主要是由当时的社会习俗决定，而社会习俗是长期形成的，与传统思想文化和商品经济发展的程度密切相关。中国传统的中庸之道，不会把人逼得太急，要留有余地，给人以周转的时间。清代前期，虽然长途贩运已经很发达，但依然是一个熟人社会，人们居住地相对稳定，流动性较差。清代商品买卖有相当比例在熟人中进行，如果买卖双方不认识，一定有中间人认识买卖双方，从中起媒介作用，也就是说赊销仅发生在熟人或有中介人的情况下。双方互不认识的很少有来往，生意人有自己固定的路线和售货点。买卖双方的这种关系有助于商业信用的发生，但不利于商业信用的规范。表现在赊销期限上，就是信用期限模糊，给人一种随意的感觉，不像是在做生意，倒像是普通民人之间的日常往来。在山西汾州府汾阳县，据郝智供："已死郝礼是小的胞兄，与张文耀兄弟同村没仇，嘉庆元年（1796）九月二十八日，张文耀领了王万通向哥子赊取一石二斗黑豆，言明价钱三千八百四十文，约定等二日还钱。"[5]张文耀与赊卖方同村居住，他既是介绍人，又可能是保人，促成了这笔买卖，约定"等二日还钱"。"等二日"

[1]　《护理广西巡抚印务布政司使臣嵩溥谨题》（道光二年十二月二十一日），刑科题本6075。
[2]　《刑部等衙门文渊阁大学士受理刑部事务臣戴均元等谨题》（道光三年三月二十七日），刑科题本6115。
[3]　《兵部尚书兼都察院右副都御史总督四川等处地方军务兼理粮饷管巡抚事臣戴三锡谨题》（道光五年五月初九日），刑科题本6258。
[4]　《刑部等衙门经筵讲官王鼎等谨题》（道光十六年九月十七日），刑科题本6948。
[5]　《兵部侍郎蒋兆奎谨题》（嘉庆二年三月十八日），刑科题本4276。

在方言中是一个不确定词，可能真是两天，也可能三日、五日，甚至七日、八日。在陕西汉中府略阳县，据孙杨氏供："已死孙中节是小妇人男人，嘉庆六年（1801）十月里，男人赊李必芳绒毡一条，讲定价钱一千四百文，约迟日就还"[1]，迟日是多长时间呢？赊期太模糊，不具体。四川遂宁县民人何有林殴伤傅文秀身死一案，"缘何有林籍隶该县卖米生理，与已死傅文秀素识无仇，道光元年（1821）三月间，傅文秀向何有林赊买食米五升，价钱二百文，原约数日即还，嗣后，何有林屡向索讨，傅文秀未经偿还。"[2]这是熟人之间的赊欠，赊期数日，太模糊。在四川雅州府，据雅安县人任红发供："平日在案下乌拉溪地方杨添受店内住寓，贩卖布匹生理……道光十五年（1835）三月初间，张万云赊买小的白布二匹，议定价银二两四钱，原约缓日就还，屡讨没给。"[3]外地客商寓住客店，贩卖布匹，应是口头约定，"缓日"不一定是几日，没有明确赊期。

（四）"三节清账"与"标期"

1. 三节清账

商业信用如果是偶然的一次，货债的清偿日期一般事先讲定，实际生活中商业信用往往在固定的供货方和受货方之间重复发生，如固定的店铺经常有固定的供货商，从事手工业者的原料也趋于稳定的几个货源，一些富裕人家的日常消费品也喜欢在附近的信誉较好的几个店铺中赊买，这些关系形成的商业信用是连续发生的，往往是常年甚至一连几年一直维持着。这种情况下，货债的清偿一般按传统习惯来。中国商业有"三节清账"的风俗，三节分别是五月的端午节、八月的中秋节、腊月底的除夕。"士俗贸易场中，以端午、中秋、除夕为三节，按节索欠，谓之三节账。除夕一节，自昏达旦，虽东方既白，犹络绎道途。"有关于除夕索债诗云："无地堪容避债台，一年积欠一宵催；店门关到质钱库，还点灯笼走一回。""除夕达天明，索债路如蚁；铺户咸不关，张灯冷于水。"[4]除夕是公认的讨还各类债务的最后一天，包括赊欠物品形成的货账。道光七年（1827）五月十九日《饶希圣告状》中称："今二、三两月，售买如松和、逢源裕、天合生、如松钧四号大布共十八卷，该银三百三十

---

[1]　《刑部等衙门董诰等谨题》（嘉庆九年二月十七日），刑科题本4777。

[2]　《文渊阁大学士管理刑部事务臣戴均元谨题》（道光二年十一月二十一日），刑科题本6053。

[3]　《刑部等衙门王鼎等谨题》（道光十六年四月十八日），刑科题本6966。

[4]　顾铁卿：《清嘉录》卷十二《节账》，《笔记小说大观》第一编第九册，台北：新兴书局1985年版，第5678页。

余两，又该土布客银二十余两，均系端节兑银。"[1]端节就是端午节。在山西朔平府左云县，富有喜供："道光七年（1827）六月里，常新年子同院堂兄常发有向小的兄弟赊买牛一只，作钱八千五百文，说明中秋节前还钱。"[2]赊期约两个月，说明中秋节前还钱，已成为一种习惯性的约定。

外国商人根据中国商业的这一特点，提出"最好使每一个府城都成为一个（外国货）批发中心。中国人凭信用购货，每年三次结帐，所以商人和零售者必须是住在附近的。"[3]虽然这是19世纪后期的记录，但这种习惯的形成则要早得多，清代前期就应存在。在行会的行规中对债务的清偿有明确的规定，也可以反映出这一习惯。如在《中国经济全书·组合规约》中规定："贩卖商品，必依同业者定其价格，不可超价以欺人，亦不可因亲戚朋友以减价。欠账者分五八腊三节结算，故无倒账之忧。"[4]光绪年间的浙江杭州绸业同行公议行规："一议各庄均以现钱交易，倘有尾欠，三节清账。"[5]这一习惯在许多地方都存在，如在四川省巴县，道光七年（1827）五月十九日《饶希圣告状》称："情蚁系江西人，道光五年□□吴景昭邀蚁合伙开设广聚布否（店）……今二、三月，售买如松和、逢源裕、天合生、如松钧四号大布共十八卷，该银三百三十余两，又该土布客银二十余两，均系端节兑银。临期伊竟不虑交还客账，陡起不良，商蚁将钱货卷匿，蚁以伤天害理不敢听从。伊见蚁不应允，乘蚁外出，私将衣物透出，蚁回铺知觉，见伊谋骗心坚，情急投鸣各客并街邻李协泰等，同伊将铺中存货并铺底打头交客抵账不敷，尚在向客求情，伊反在外私收铺账吞肥，蚁央欠户对客面抵，杜伊私收。殊伊怀恨，于十六夜率人将伊铺盖衣箱等物估搬，蚁因客事未交，账目未楚理说，伊反行凶，执棒将蚁在街殴打。"[6]广聚布店由饶希圣与吴景昭于道光五年（1825）合伙开设，道光七年（1827）二三月份，赊买布匹共欠账银约三百六十两，数额很大，都是端午节还银，快到还银日期，吴背信弃义想将钱货卷匿，饶觉得伤天害理不敢听从。

2. 标期

清代山西、河北、内蒙古地区债务的清偿有"标期"习俗，也写作"镖

---

[1] 《清代乾嘉道巴县档案选编》（上册），第345页。
[2] 刑科题本6495，道光八年四月初七日《太子少保头品顶带兵部侍郎兼都察院右副都御史巡抚山西兼管提督盐政印务节制太原城守尉臣卢坤谨题》。
[3] 姚贤镐编：《中国近代对外贸易史资料（1840—1895）》第三册，第1327页。
[4] 《中国工商行会史料集》（上），中华书局1995年版，第577页。
[5] 《中国工商行会史料集》（上），第593页。
[6] 《清代乾嘉道巴县档案选编》（上册），第345页。

期"[1]。它的形成和镖局有关，"赤峰县交通不便，汇兑颇难。商家往口里购办货物，其款项交镖局解送，担任保险，春秋二季为镖期，此则镖期之所由来也。"[2]根据民国三十年（1941）《绥远通志稿》，归化城（今呼和浩特市）的标期习惯是[3]：

> 银钱帐目，向按四季标期清结，与内地按三节者不同。每年标期日期，无大差异。春季正月二十二日，夏季四月十八日，秋季七月十七日，冬季十月初九日。包头较归化各早十日。盖过标由西向东，最后回太谷耳。凡百交易，准此清结。四标归款之期，在各商界限甚严，不能逾日，否则信用立堕，营业顿归失败。而居民住户，赊欠商家之账，则于标后陆续催收，不以过标之日为严限也。民户欠项，每值过标，多付半数，迨至年终全数清偿，亦成惯例。

可以看出，两个记录关于归绥地区标期（镖期）的日子并不相同，这可能是由于记录时间的不同，标期有了变化。每年的四个镖期成了商业与金融业交割货款的日期，每遇标期，各商家严格遵守，积极应对，欠账的偿还不能差一天，否则就会信用尽失，无法营业。而居民住户却不受此限，一般过标时，仅还半数，到年终所欠债务则要全部清偿。

除"标期"外，还有"骡期"习惯，"骡期情形，亦与标期相近，相传为昔年用银时代，钱商结账后，有以骡运银往内地之举，故名骡期。迨后相习已久。现银虽废，而骡期仍存，计年十二月四标之外，共有八骡。往来交易，远期者按标归结；近期者按骡结算。按骡归结者其利轻，按标归结者其利重。标骡期内利低落，标骡期外利上涨。轻重涨落，亦无一定，纯视银分之如何以为断。惟骡期过付仅为各商互相之交易，若住户欠账，除预有订期者，其通常

---

[1] "标期"应该就是"镖期"，黄鉴晖在《明清山西商人研究》（第181页）认为，镖期是镖局长期为客商运送货物钱银而形成的，镖期是由晋至各地，往返一次的时间，通常一年分为春、夏、秋、冬4个镖期。这种镖期盛行于山西太汾两府与张家口、归绥两口之间。又因起镖至各地所需时间不同，虽然各地都分为春、夏、秋、冬4镖，但每个镖期的日子不同。他根据民国二十四年（1935）的记载，列出了"太汾两府和东西两口各镖期表"（按农历），引用如下：

镖别	张家口镖期	归绥镖期	太原府镖期	太谷镖期	太汾镖期（祁县、平遥、汾阳）
春镖	2月4日	2月20日	3月3日	3月8日	3月12日
夏镖	5月6日	5月15日	5月29日	6月3日	6月7日
秋镖	8月1日	8月16日	8月24日	8月29日	9月3日
冬镖	10月30日	11月15日	11月19日	11月24日	11月29日

[2] 《中国民事习惯大全》第一编《债权》第二类《利息之习惯》，上海书店出版社2002年版，第36页。
[3] 《绥远通志稿》卷三十八《金融》。

赊取货款，过骡期并不催收。住户清偿商欠，名为四标，实则为夏秋冬三标及十二月之年关，为归款期限。故春标与住户甚少关系，因年前甫经清账，即稍有拖欠，春标亦无催收之例。必待四月夏标，始能收结耳。"[1]四标与八骡加在一起，正好是12次，每年商家应该有12次结算，平均每月1次。骡期仅是针对商人间账目结算的期限，商人的短期赊买赊卖，按骡期结算，其利息较轻。每个季度一次的标期结账，要清理的是较长时期的债务，涉及的行业与范围更广泛，包括居民与住户的部分货款，标期是整个地区的账目大清理，与金融行业关系密切。

清代一些行会的行规中对赊销还款有明确规定。在玛高温所著《中国的行会》中称"每一个行会都有关于赊售的规定。然而这对本行会成员而言的。有一个例子：'本会议决，赊售货物的付款期，就谷物或类似产品而言，应以交货后四十天为限。豆饼和其他杂货的付款期都为五十天。任何违背此规定者，无论售、买双方，均罚其演戏一台和两桌酒席。'招待会要每一个违规者付出罚金二十五元。"[2]为了使赊销在本行成员中顺利进行，促进商业流通，从而大家共同获益，行会明确规定了货物的付款期，并规定了惩罚措施。也有对结账最后期限的规定，如"在十月份出售的货物，须在十二月上半月终了之前结账付款；十一月份出售货物，其买主须在次年二月付清；在一月份售货，可视同为二月初售货；从二月份的第一天起，凡四十、五十、六十天的赊欠（对某些商品而言），可分别轧帐结标。"[3]到清代后期，对于赊期的规定更加明确，精确到具体的某一天，如在湖南邵阳，光绪三十年（1904）六月，靛贸同人共同议定的靛坊条规中规定："买客来郡买货，银钱多少，均交店主，买客将货运去，或有店主扯用，甚至钱搁一二月弗一，以后务照老规，定以五日兑帐，不得延缓，如过期不楚，卖客邀同首事，定向买客追齐，方许开船，毫无情徇。"[4]客商来邵阳买靛首先把银钱交给店主，即牙行。卖靛者不能及时拿到靛钱，这样店主得到了卖方和买方提供给他的双重信用，为及时得到靛钱，卖靛者共同议定照老规矩，五日兑账。

总之，清代赊销根据赊销期限可以分为短期信用（少于30天）、中期信用（30—90天）、长期信用（90天以上）。短期信用金额较小，多由日常生活消

---

[1] 《绥远通志稿》卷三十八《金融》。

[2] 《中国工商行会史料集》（上），第11页。

[3] 《中国工商行会史料集》（上），第11—12页。

[4] 《中国工商行会史料集》（上），第445页。

费的赊欠引起，偿还货款日期有时明确，大部分都不确定。中长期信用的赊销期限大都精确到某一月的月底，没有固定日期，时间具有伸缩性，赊期经常到下一个收获季节。可见当时资金周转时间较长，同时受交通、通信的限制，也与商人们的处世原则、赊销双方的熟悉程度有关。另外，说明物价较稳定，商品周转速度依然缓慢，商品供大于求，购买力较弱。清代商业内部有约定俗成的三节清账与"标期（镖期）"、"骡期"等商业习惯，行会也对赊买赊卖期限有明确规定，这些都有利于商业债务的及时清算，有利于商业信用的发展。

二、货款清偿

清代全国各地的商品买卖中都存在赊销现象，可以肯定的是绝大部分赊销的货款都得以偿付。赊销作为一种商品销售方式，有利于商品的出售，同时也伴随着风险，即货款能否如期收回。从本书所引刑科题本案例可知，由赊销引起的命案有相当数量。赊销货款的偿付应该按双方约定日期足额还款，在清代前期由于契约的模糊性，还款日期的伸缩性较大，赊卖方经常处于被动地位，"凡取账，全要脚勤口紧，不可蹉跎怠惰，收支随手入账，不致失记差讹，此为勤紧用心。"[1]即使如此，货款常常是屡讨未偿，那么如何保证债务的清偿呢？债务的偿付形式有哪些呢？

（一）以物（工）抵债

清代以白银和铜钱为货币，而在中国两种金属的产量都很有限，国家对于市场上的货币流通量很难控制。对外贸易中，白银的输入与输出基本上依靠市场自身的调节机制。绝大部分人口的生活还是依靠自己生产的产品，老百姓手中的铜钱很有限，白银更加难得，只有富裕户或经商之家存有，在购买大宗商品时才可能用银。清代商品经济已经大大发展，但边远乡村剩余产品的商品化依然困难，乡村里依然保留着原始的物物交换。如在云南东川府会泽县，乾隆十七年（1752）四月，魏廷柏"挑盐至阿汤村，易换粮食，色□赊取食盐二斤，言明许还大麦一市斤。"[2]商贩魏廷柏到阿汤村用盐换取粮食，再把粮食

---

[1] 《士商十要》之一，转引自寺田隆兴：《山西商人研究》，山西人民出版社1986年版，第286—287页。
[2] 《巡抚云南爱必达谨题》（乾隆十七年十一月二十日），刑科题本0830。

运到外地销售，这样交换可能更容易，利润也许更大。清代不仅现销存在物物交换现象，在赊销中同样有这种情况，即以物抵欠。在热河开鲁县，"汉蒙杂处，蒙民皆以畜牧为业，凡汉人经商该地，每以货物高价赊出，随后取偿，蒙人即以牛羊骡马等物，作价偿还。因蒙人性质只图赊欠，不计物之所值，汉商获利最厚，蒙人亦以为习惯也。"[1]以物抵债已经成为蒙民的购买习惯。

以物抵欠有多种情形，有时在赊销时就直接说明用什么物品、用多少来还账，双方没有把商品的价值先用货币量表现出来。这种情况多在小额的消费信用关系中出现。在湖南衡州府衡山县，欧家昌于乾隆八年（1743）四月间赊欠李文法猪肉三斤，议谷三斗。[2]直接用谷来表示猪肉的价值，三斗谷成为三斤猪肉的价值形式。在湖南衡州府耒阳县，乾隆十二年（1747）十一月内，蒋昌隆赊刘文土烟一斤，议谷一斗五升。[3]在江西饶州府乐平县，乾隆十五年（1750）八月，"余华高向刘添生赊肉二斤，言定还谷二斗五升。"[4]西宁府，据房主和尚供："已死贾才是西宁县汉民……贩卖杂货……去年向他赊过十两茶叶，原约今年秋后还他一斗青稞"[5]，这是用青稞作为等价物来还债。在陕西城国县，嘉庆十八年（1813）三月内，"蔡文燦云戚张□宏……赊买袁富蓝布二匹，言明秋后还谷一石"[6]，用谷换取蓝布。在广西怀远县，嘉庆十九年（1814）二月二十日，"胡老六弟兄宰猪发卖，成仕赊肉十斤，言定每斤作谷十二斤。"[7]直接以谷作价，十二斤谷抵猪肉一斤。在盛京昌图厅，道光十三年（1833）春间，"阿木嘎什底之妻托勒巴罕赊买贾有叶子烟三把，讲明次年春间，给小羊一只。"[8]以上所举事例，双方在交换过程中，没有把两种商品的价值换算成当时流通的货币量来抵算，而是直接的物物交换，体现出最简单的价值关系，"显然，最简单的价值关系就是一个商品同另一个不同种的商品（不管是哪一种商品都一样）的价值关系。因此，两个商品的价值关系为一个商品提供了最简单的价值表现。"[9]这是货币产生过程中必经的简单的、个别的或偶然的价值形态。同时说明清代民间商品流通仍然有限，缺少货

[1] 《中国民事习惯大全》第一编《债权》（第六类《关于清偿之习惯》），第9页。
[2] 《巡抚湖南蒋溥谨题》（乾隆九年五月十三日），刑科题本0377。
[3] 《刑部阿克敦谨题》（乾隆十四年三月十九日），刑科题本0656。
[4] 《刑部阿克敦谨题》（乾隆十七年二月十五日），刑科题本0838。
[5] 《刑部侍郎代办陕甘总督陆有仁谨题》（嘉庆元年十二月十八日），刑科题本4205。
[6] 《兵部侍郎巡抚陕西朱勋谨题》（嘉庆十九年六月初二日），刑科题本5474。
[7] 《护理广西巡抚叶绍奎谨题》（嘉庆廿年四月二十七日），刑科题本5529。
[8] 《户部尚书王鼎等谨题》（道光十五年十月十九日），刑科题本6869。
[9] 《资本论》第一卷，人民出版社2004年版，第62页。

币，只能实物赊买赊卖，采用最初的交换方式。

在现实生活中，当债务人不能用实物还欠时，清代还有一个解决问题的办法就是以工还债，即债务人通过向债权人提供无偿劳动来清偿所欠债务。在江西瑞嘉临道，乾隆七年（1742），峡江县人姚顺二"向肖白三赊肉二斤六两，议定秋收后还谷二桶，延至十月……无谷偿还，遂为肖白三做工四日未受工银。"[1]姚顺二赊肉时承诺用谷二桶还欠，到期无谷可还，于是为赊销方做工四天，这是以物抵债转为以工抵债。同样在归化城（今呼和浩特市），阳曲县人杨喜受苦营生，因为没有吃用，原陆续赊取张宝铺里食物，欠他六百二十钱，已经还过五百文，还欠一百二十文，"五月二十四日，张宝雇小的与他锄地，讲定工钱四十文……张宝要扣抵小的旧欠"[2]，债主也是想用工钱抵赊欠之账。

以物抵债不仅存在于小商贩的买卖中，在长途贩运商人与本地坐商间也可能发生。在查办"高朴案"过程中，查获了一些与高朴私贩玉石无关的长途贩运商人，他们所贩玉石有相当一部分是当地商人以玉石还欠账而来。据徽州府商人吴芭洲等供："各玉石或系发卖绸缎在口外阿克苏并肃州地方价买；或系在肃州、凉州、兰州等处以结欠货账，折得玉石；并或以货换玉，带回销售。"[3]贩玉商人有三种获得玉石的方式，分别是：用钱购买，结欠货账，以货换玉。其中结欠货账就是以物抵欠，用玉石来抵还货物价格，在债务人没有银钱还欠时，债权人被迫接受玉石作为货价。这既是促进赊销的方法，也是赊销的弊端，使商人不能自由选择商品。乾隆四十三年（1778）十一月初四日毕沅折中称，陕西省蒲城县人孙全德，向在哈密田登杂货铺内生理，"有哈密回民马交临、马阿红欠伊货帐，以玉石一百三十斤二两抵银五百余两"[4]。孙全德愿意接受玉石作为货款，其一，可能是由于欠款方没有银钱；其二，他一定有办法让玉石脱手，换成银钱或自己需要的物品。据肃州人刘大魁供："向在太州开故衣铺生理，有宁夏回子苏大赊了我货银一千七百两，上年十二月内，他把玉石七十多斤来抵账。"据山西太谷县人郭同兴供："向在凉州府开布铺生理，上年六月，有乡亲范康在我店里赊了五百多两银子的货到肃州去贩卖，及至十月里回来，折了本不能还钱，他拿了二十九块玉石，共重二百三十一斤

[1] 《刑部陈万行等谨题》（乾隆八年六月初六日），刑科题本0325。
[2] 《巡抚山西太原等处地方恒文谨题》（乾隆二十一年一月二十六日），刑科题本1109。
[3] 《陕甘总督勒尔谨陕西巡抚毕沅奏折》，《乾隆朝惩办贪污档案选编》（一），第592页。
[4] 《毕沅折七》，《史料旬刊》第二十五期《高朴私鬻玉石案》；《乾隆朝惩办贪污档案选编》（一），第646页。

◎ 第五章 清代前期商业信用期限与货款清偿

半，要抵还我的店帐，我因他还不起银子，所以就收了他的玉石。"[1]商人多是用当地的特产来抵还货账，当欠债方无法用银钱来还账时，债权人似乎必须接受债务人的货物来销账，这已成为清代前期商人间的习惯做法。对于远在他乡的贩运商人来说，赊销是加快商品出售的必由途径，以物抵欠，以物易物也是不得已而为之的办法。

在赊销中，双方首先要确定的是被买卖商品的价格，一般都用银钱数来表示。而当赊买方无钱还债时，就用自己所拥有的物品来偿还，赊卖方只能被动接受，没有挑选接受钱或物以及还什么货物的自由。在广东阳春县，据郑士宽供："已死郑亚兴是小的儿子，本年六月十二日，儿子赊欠刘荣禄饭钱二十二文未还……刘荣禄来取粉饼作抵。"[2]郑亚兴欠饭钱，当债主索取时，用粉饼抵还。在直隶赵州，嘉庆十七年（1812）九月，"梁小平因陆续赊欠王谐粮食大钱一千三百文无偿，给与王谐棉花五斤半，抵作大钱五百五十文"[3]，用棉花抵还部分粮食欠款。在奉天府新民屯，周庭柱陆续赊欠郭庭瑞酒、面市钱二十四千文，"嘉庆三年（1798）五月初二，郭庭瑞向索前欠，周庭柱央缓，初七日，周庭柱拉青儿马一匹赴彼抵欠"[4]，这是以马来抵还酒、面钱。在湖南岳州府巴陵县，巴陵县民张棕位和两个儿子张组辉、张组华做卖篾货生理，"道光二年（1822）三月内，张棕位赊欠益阳县人夏有庭竹钱五千文，立有欠字，嗣张棕位病故未偿，十一月十七日，夏有庭驾船至县，往向张组华弟兄索取棕位欠钱，张组华等无钱还给，欲将烟叶作抵，即央邻人易文炳说允，张组辉将烟叶称重一百一十五斤，议价钱四千一百四十文，付给夏有庭作抵。"[5]张姓父子赊欠生产资料庭竹，立有字据，后来无钱还账，央求邻居易文炳说合，用烟叶抵还债务。这种情况下，债权人比较被动，他主动到债务人处收取欠账，自己是外乡人，势单力薄，无人帮忙。债务人是本地人，让邻居替自己说话，也许真的无钱，也许故意趁此机会将烟叶卖掉。烟叶的质量是否有保证呢？价格是否适中呢？债权人又如何销售呢？这些都是夏有庭面临的问题。在山西广灵县，"道光五年（1825）春，王得全陆续赊欠李得碌饼钱

[1] 《乾隆朝惩办贪污档案选编》（一），第707页。
[2] 《刑部等衙门阿桂等谨题》（嘉庆二年五月初六日），刑科题本428□。
[3] 《太子少保总督直隶那彦成谨题》（嘉庆十九年八月初一日），刑科题本5445。
[4] 《盛京户部侍郎宗室明兴阿等谨题》（嘉庆二十三年十一月二十九日），刑科题本5798。
[5] 《护理湖南巡抚印务布政使臣景谦谨题》（道光三年七月初六日），刑科题本6130。

四百三十文，四月间，王得全因无钱，给布裤一条，作钱三百三十文。"[1]因为无钱还欠，用布裤一条作钱三百三十文抵还部分欠款。山西闻喜县，道光二十一年（1841）七月间，"牛开故赊欠石玉义瓜钱七百文，给过羊肉五斤，抵钱五百文"[2]，以羊肉抵还部分瓜钱。在山东泰安府泰安县，"张湘晟赊欠张哄愚酒钱八千文，因无力归偿，将木棹抵欠"[3]。可见，赊销中形成的欠款的偿还要由欠钱者的财产状况来决定。在陕西宝鸡县，道光六年（1826）十一月十六日，据张添文供："道光六年（1826）七月里，向娃子借用儿子（张世莲）钱一百文，八月里，儿子央向娃子代赊猪肉二斤半，算钱一百文，抵还前欠。"[4]向娃子用代张世莲赊欠猪肉方式来清偿所借债款，实质上是以物抵欠的另一种表现，而且这时的货物是债权人张世莲乐于接收的需要之物。

有时双方考虑非常周全，既要说明还钱多少，又要说明在没有钱的时候，用什么物品、多少物品来抵算。如在甘肃巩昌府安定县，乾隆十九年（1754）八月内，"有景黑唤子向郭杜氏赊去白毛毡一条，言定价大钱三百文，如无钱给葫麻二斗。"[5]本案在赊白毛毡时，既有钱数，又有胡麻量。在盛京奉天府铁岭县，李广瑞供："小的赊欠韩坤铺内粮米钱十吊没还，六月间，小的拿布两匹到韩坤铺内抵还欠帐。"[6]说明当时以物还债的事例较常见。

以物还欠时，粮食是最常用的物，甚至起到了货币的作用，这与粮食的实用性有关，毕竟每个人都需要食物，容易被赊销方认可，而且赊买方自己一般能生产粮食。在贵州省，乾隆四年（1739）六月，申士忠"将盐三十五两放给老么，言定及麦收还麦五升"[7]，赊期到麦收时，用麦偿还。在甘肃张掖县，田玉卖羊肉，"朱登新欠田玉羊肉钱六百四十文未偿，乾隆十五年（1750）四月内，朱登新言明作麦八斗，约俟收麦后清还。"[8]双方议定八斗麦子抵羊肉钱六百四十文，等麦收后清还。在直隶广平府邯郸县，张存向来从事卖包子生意，裴绪先曾赊食裴二、张存包子，积欠小钱一千五百文，"乾隆十六

[1] 《刑部等衙门太子少保休仁阁大学士管理部务臣蒋攸铦等谨题》（道光七年三月二十七日），刑科题本6382。
[2] 《兵部侍郎巡抚山西梁萼涵谨题》（道光二十二年八月十七日），刑科题本7354。
[3] 《刑科题本等衙门尚书臣松桂等谨题》（光绪十九年三月二十七日），刑科题本7317。
[4] 《护理陕西巡抚印务布政使可布政使臣徒炘谨题》（道光七年六月初十日），刑科题本6405。
[5] 《巡抚甘肃等处地方臣吴达善谨题》（乾隆二十年八月二十四日），刑科题本1086。
[6] 《刑科题本等衙门经筵讲官卢荫溥等谨题》（道光十一年六月二十一日），刑科题本6709。
[7] 《刑部那苏图号谨题》（乾隆五年九月十五日），刑科题本0215。
[8] 《巡抚甘肃鄂多谨题》（乾隆十六年二月二十四日），刑科题本0789。

年（1751）六月内，绪先给麦二斗抵价小钱七百文，下欠未还"[1]，用麦子抵还部分包子钱。在陕西兴安州，乾隆十七年（1752）七月内，王志仁与王朝凤伙开酒铺，李佩兰"陆续赊欠酒钱五百文，言明给麦五斗"[2]，用麦抵还酒债。在吉林省，韩欣央求邻居韩立珠（二人同姓不宗）替他赊过皮袄一件，价钱九千文，"除韩欣已给韩立珠粮食二石，合钱二千五百文抵补外，尚欠钱六千五百文"[3]，这是用粮食抵皮袄钱。在西安商州直隶州，据刘六十四供："嘉庆元年（1796）四月里，小的赊欠鲁中孚布钱六百文，约定七月内清还，至期小的先还钱四百文，下欠钱二百文，约到年底清给，到十二月三十日早，鲁中孚来家索讨，小的没钱，量给他三斗包谷作抵"[4]，此为用包谷抵债。在盛京奉天府，诸力恒阿供："父亲陆续赊欠王圭一坦冯镇酒面钱九十一千，给还黄豆二石，交粮三石，共作价市钱四十四千文"[5]，此为用粮抵债。在云南省会泽县，王正兴戳伤王美身死案，道光十六年（1836）五月，"王正兴曾向王美赊欠肉钱一百一十一文，言定秋收折还包谷七升，届期屡讨未偿。"[6]在赊欠时就讲定用包谷七升抵算肉钱一百一十文，粮食起到货币的作用。这种现象在清代前期长期广泛存在，尤其是边远地区。在甘肃宁夏府中卫县，"市肆多山陕人，春出布帛售诸居人，夏收取偿，夏售布帛，春秋取偿，价必倍之，居人偿利，以谷菽居多，其价复贱，乡村之民去城市远者，多困于商。"[7]河南卢氏县，"家居器用，徒资粟易，赊诸坐商，商亦利积粟，往往倍售以待偿，及春麦秋禾之交，索偿者遍满四乡。"[8]商贩乐于以粮食作为货款，而且多是在粮食收获时收取，此时粮价最低，更便于商贩压低粮价，从而获取丰厚利润；清代前期由于手工业产品的附加值高，有条件的人多种植经济作物，进行手工业加工，粮食种植面积缩小，中国已存在相当部分人口依靠商品粮为生。

当债务较重，债务人无法用货物还欠时，会用地产典当抵还货账。嘉庆二十年（1815）间，山东滕县民"于云路赊欠素识之峄县人刘令先酒价京钱一百二十余千。因无钱归楚，将房屋契与刘令先为业抵还京钱九十千，下欠京

---

[1]　《太子太保总督直隶等处地方方观承谨题》（乾隆十九年六月二十八日），刑科题本1027。

[2]　《巡抚陕西钟音谨题》（乾隆十八年十二月二十日），刑科题本0982。

[3]　《刑部等衙门经筵讲官阿桂等谨题》（嘉庆元年八月初三日），刑科题本4181。

[4]　《刑部等衙门和珅等谨题》（嘉庆二年十二月十七日），刑科题本4267。

[5]　《刑部等衙门经筵讲官卢荫溥等谨题》（道光十一年十一月二十四日），刑科题本6688。

[6]　《兵部尚书总督云南、贵州二省等处地方军务伊布布谨题》（道光十七年八月四日），刑科题本7037。

[7]　[道光]《中卫县志》卷一一《风俗》，第1页。

[8]　[光绪]《卢氏县志》卷二《风俗》。

钱三十余千未经偿还。嗣于云路因刘令先欠伊麦价京钱五千往索不给。彼此口角争吵。"[1]于云路用房屋抵还酒债后，尚欠刘令先京钱三十余千。同时，刘令先又欠于云路麦价京钱五千，这部分债务双方并未抵消，反而互相指控对方。在山东武定府利津县，监生苟步青向在永阜场开设米铺生理，郭可传与堂弟郭可法在永阜场兴晒滩盐，陆续赊取苟步青粮食并借用钱文，共欠苟步青银一千五百两。"二十三年三月间，郭可传因无银两归还，托亲友孔继全、杨吉三等作中将所晒盐滩一副作价银二千两与苟步青为业。苟步青当将郭可传欠项扣抵，外找给郭可传银五百两，立有契据。"[2]郭可传将一副盐滩作价银二千两典与苟步青，除抵还欠账一千五百两外，找回银五百两，立有契约。然而郭可传典出的盐滩并非郭可传家产业，乃是族弟郭在丙价买滩地。经郭在丙控案，断盐滩归郭在丙承管。"苟步青先因盐滩断归郭在丙管业，郭可传未将盐滩典价偿还，即赴抚院暨宪辕控追。"开设米铺的苟步青因没有查实盐滩是否归郭可传所有，最后"银滩两空"，只能通过诉讼来索还债务。

以物抵欠时，债务人倾向于把物价估计过高；相反，债权人乐于把物价估低，双方就容易出现矛盾。在山西省，乾隆六年（1741）八月内，张起元向王建龙赊肉五斤，欠价未偿，想用荞粟一斗抵偿肉价，建龙依允，"起元以所欠肉钱仅止九十六文，欲收荞粟一斗作钱一百二十文，建龙找钱二十四文，建龙以现在时价止值钱一百一十文。"[3]债务人认为一斗荞粟值钱一百二十文，而债权人认为按时价值钱一百一十文。在安徽凤阳府怀远县，"据陈勇标说他陆续赊欠陈帼相糖钱二百二十八文，八月十五日中秋节，给过猪肉三斤半，应照节间时价每斤作钱六十五文，共该钱二百二十八文，可以抵销，陈帼相只管照常每斤六十文。"[4]陈勇标在中秋节给陈帼相猪肉三斤半，要按"节间时价"每斤六十五文算钱，陈帼相要照平常每斤六十文算钱。与上例相反，肉价在节时高于平时，上例中"时价"要偏低，赊方、买方都从自己的角度出发去评定物价，双方不能就价格达成一致而引起纠纷。陕西大荔县民人张恒堂子杀死李管儿、李生元二命一案，因为张恒堂儿子开饭店生理，与李生虎并已死李管儿、李生元邻村居住，素识无嫌，道光元年（1821）十二月内，"张恒堂子赊买李生虎羊二只，言明价钱三千文，二年八月二十一日，张恒堂子给李生虎纺

[1] 《兖州府》（嘉庆二十五年九月二十五日），《雪心案牍》第一函第三册。
[2] 《武定府》（嘉庆二十三年七月二十一日），《雪心案牍》第一函第九册。
[3] 《刑部来保谨题》（乾隆七年六月十九日），刑科题本0286。
[4] 《兵部侍郎巡抚安徽等处地方广厚谨题》（嘉庆十五年十一月初一日），刑科题本5163。

绸九尺，算钱一千五百文，李生虎未允……李生虎声言所给纺绸只能算钱九百文。"[1]张恒堂子以纺绸九尺算钱一千五百文，李生虎只算钱九百文，相差六百文，双方对商品的价格不能达成一致，引起争执，酿成事端。在四川宁远府盐源县，"道光十三年（1833）八月间，高仕友凭刘太盛作中，向冉袁氏之夫冉广义赊买包谷二石，议明价钱银四两，十一月间冉广义病故，冉袁氏屡向高仕友索讨无偿，十四年十二月间，冉袁氏复往向索，高仕友称他一时乏银，约定十四日携布匹抵偿，冉袁氏总恐高仕友抬价，因刘太盛本系原中，届期往向刘太盛述悉前情，令其往议价。刘太盛允，同至冉袁氏家，随后高仕友携带土布四匹走至，声言每匹作价银九钱，共抵偿银三两六钱，余欠四钱额冉袁氏情让，冉袁氏因布价过高不允接收，令其照数还银。"[2]在以布折抵债务之前，债权人就担心债务人抬高布价，果然因布价过高冉袁氏拒绝接收，要求照数还银。

以物抵欠的弊端除双方不能就物品的价格达成一致外，有时双方对于商品的度量也有不同意见。在陕西榆林府葭州，民人李二殴伤李添儿身死一案，因为李二是李添儿无服族祖，"道光十二年（1832）闰九月间，李添儿赊买李二羊一只，言明价钱七百七十文，十月初二日早，李添儿送去黑豆一升七合、米三升，令李二先收将来作价抵算，李二随即过升量得米短二合、豆短一合，欲李添儿找补，李添儿不依。"[3]一合是十分之一升，从现在看来，二合米，一合豆算不了什么。但是李二却斤斤计较，不依不饶，是因为贫穷，还是在买卖过程中商人的态度使然。双方由于对计量工具（升）的矛盾而引起争吵，以致发生命案。

以物易物、以物抵欠是清代前期商品交换过程中重要的一部分，是一种有效的解决货币短缺、资金不足的交易方式。既有利于小农的农产品顺利转化为商品，又利于商贩的商品出售；同时有助于加快商人资金的回拢速度，解决资金不足的问题。但是这种方式也存在缺陷，对于缺钱少物的贫苦人来说，以物抵欠往往意味着高利盘剥；对于商贩来讲，有时还来的物并非自己所需，或者很难再卖出去；最后，由于物品价格的波动，双方就物价不能达成一致意见，或对于度量的分歧，导致纷争和命案。有时情况很复杂，如在广东省有赖东林的妹妹，种烟度活，"嘉庆三年（1798）二月二十九日，赖东林妹因需油渣培

---

[1]　《文渊阁大学士管理刑部事务臣戴均元谨题》（道光三年十一月初三日），刑科题本6089。

[2]　《刑部等衙门经筵讲官王鼎等谨题》（道光十六年正月二十九日），刑科题本6956。

[3]　《兵部侍郎巡抚陕西等处地方史谱谨题》（道光十三年五月二十九日），刑科题本6776。

植烟秧，央唤梁辛受向林芳音赊取油渣三百斤，议定价钱六千九百文，约俟七月清交；三月内梁辛受问赖东林妹赊取烟秧三千株，值价钱九百文，当交现钱一百文……七月二十二日，林芳音……问赖东林妹索讨油渣钱……将晒好烟叶作抵，赖东林妹无奈将烟叶称重一百七十六斤，作钱九千一百五十文，除还油渣钱六千九百文外，林芳音找给铜钱二千二百五十文……嗣因烟价日渐昂，赖东林妹计算抵给烟叶吃亏钱八九百文。"[1]赖东林妹向林芳音赊取油渣时，梁辛受似乎是保人，后来赊期（大约五个月）快结束时，林芳音去向赖东林妹妹讨债，赖妹无钱，只好用烟叶作抵，之后烟价不断上涨，赖东林妹妹计算自己亏钱八九百文，后悔用烟叶抵还，这是以物抵欠的后遗症。

（二）债务抵消

债务相互抵消，指买卖双方彼此是对方的债权人和债务人，把双方债务中重叠的部分相互抵消的做法。在直隶顺天府大城县，吴言义曾向骆方虚赊取高粱二斗，除还过之外，当欠钱一百六十文，后骆方虚赊取吴言义酒二斤半，"抵作欠钱。"[2]双方互相赊欠，债务相抵。用于抵欠债务可能是由于互赊所致，也可能有借贷所致，这里所引史料至少有一方是由于赊欠所致欠债。

互赊实际上是以物抵欠的另一种表现，互赊，指双方彼此互相赊欠对方的商品。一般情况下，双方互赊的商品价值并不相等，常常只能部分抵消账款。在宝坻县，乾隆八年（1743）五月，"马玺赊高明望秫秸四束，该钱三十二文，是月十三日，明望□赊马玺猪肉二斤，该钱五十文。"[3]货价相差十八文。在山西平定州寿阳县，嘉庆七年（1802）十一月里，"赵显法赊买小的（赵显漠）羊皮一张，价钱二百文，小的也赊取显法羊肉一斤，价钱五十文，"[4]货价相差一百五十文。在四川邛州蒲江县，据邓登甲供："嘉庆十一年（1806）十二月间，汪有明向小的买谷三石，欠钱五千四百文……十二年三月间，小的向汪有明买猪二只，当时算明抵还钱三千八百文，还欠小的谷价钱一千六百文。"[5]汪有明欠邓登甲谷钱五千四百文，邓向汪赊猪两只三千八百文，两相抵算，汪还欠邓一千六百文。在安徽贵池县，据王勇会供："嘉庆十三年（1808）十月内，周潮青宰了一口猪，在街上卖肉，小的赊了他一斤猪

[1] 《刑部等衙门经筵讲官成德等谨题》（嘉庆四年九月初五日），刑科题本4422。
[2] 《刑部阿克敦谨题》（乾隆十九年闰四月二十三日），刑科题本0995。
[3] 《总督直隶高斌谨题》（乾隆九年三月初四日），刑科题本0359。
[4] 《刑部等衙门董诰等谨题》（嘉庆八年十月十八日），刑科题本4739。
[5] 《太子太保兵部尚书总督四川地方勒保谨题》（嘉庆十二年十一月二十七日），刑科题本4947。

油，该钱一百八十文，十四年七月初，小的从河南回家，带有毡帽数顶要卖，周潮青拣了一顶好的拿去，说定价钱三百三十文"[1]，双方互相赊欠货价相差一百五十文。这种情况在清代前期时有发生，在河南陈州府太康县，"张大黑向卖豆腐生理，张崇仁陆续赊欠张大黑豆腐二十四斤，张大黑亦欠张崇仁秫秸钱一百五十文未清，嘉庆十五年（1810）正月十九日清算，张崇仁每斤豆腐给钱七文，张大黑索钱八文不绝。"[2]张崇仁与张大黑互相赊欠，清算时因价格问题，双方引起争端。在广西横州，横州民陈亚沛贩米生理，与已死甘泳瀍素识无嫌，道光十九年（1839）五月三十日，"陈亚沛挑米往陶墟售卖，适遇甘泳瀍赊肉一斤，该钱七十文，甘泳瀍亦向陈亚沛赊米六升，该钱八十四文。"[3]商人互赊米肉，价钱相差十四文，引起矛盾。在江西新昌县，高干向卖米饼生理，"高香曾赊欠米饼钱三文未还。道光十三年（1833）九月初四日，高香摆卖花生，高干向取花生抵欠，高香不允。"[4]这是互赊不成功的案例，高干本想赊取高香花生抵欠，高香不同意，导致互相争闹，高香殒命。

双方互相负欠对方债务可能有借有赊。在安徽凤阳府灵璧县，据张大政、张廷同供："乾隆五十九年（1794）十一月里，父亲向张魁士借了四大斗秫秫，讲定每斗价钱二百六十文，共该钱一千零四十文，约到六十年，麦熟收钱一半，秋收还钱一半。六十年正月，张魁士向父亲赊了十斤烟叶，该钱三百七十文。"[5]张大政弟兄之父向张魁士借的秫秫，当时就算明价钱，约好还钱，从实质上讲，更接近于"赊买"。在盛京奉天府新民厅，张添爵系新民厅民，在该厅属六合屯居住，开设染坊生理，与同屯民人王得详素好无嫌，"道光十四年（1834）六月间，王得详之胞侄王栋陆续借贷张添爵钱文，并欠染布市钱共二十二千三百三十文，张添爵屡索未偿，十五年三月，张添爵赊买王栋青鱼，计价市钱四百八十文，四月间又雇王栋做工，应给工价市钱一千八百七十文，共扣抵王栋欠账钱二千三百五十文，王栋尚欠钱十九千九百八十文。"[6]当事人张添爵和王栋的交往相当多，王栋因借贷和欠染布工价而形成债务，张添爵因赊买青鱼和雇工钱而形成债务。双方把重合部分二千三百五十文相抵后，王栋还欠张添爵十九千九百八十文。通过债务相

[1]《刑部等衙门董诰等谨题》（嘉庆十五年七月十六日），刑科题本5189。
[2]《兵部侍郎恩长谨题》（嘉庆十五年十月初五日），刑科题本5196。
[3]《刑部等衙门经筵讲官王鼎等谨题》（道光二十年十月二十日），刑科题本7242。
[4]《户部尚书王鼎等谨题》（道光十四年十月二十七日），刑科题本6846。
[5]《护理安徽巡抚印务江苏布政使臣张诚基谨题》（嘉庆元年三月十七日），刑科题本4183。
[6]《刑部等衙门经筵讲官王鼎等谨题》（道光十六年十月初二日），刑科题本6941。

抵，双方节省了货币的使用量，方便了债务结算。

债务相抵时，双方都同意时容易执行；有时是一方愿意相抵，而另一方则不同意，双方发生矛盾，债务的了结会遇到困难。在兖州府曲阜县，"情缘生伯李宗年于乾隆三十四年（1769）、四十一年（1776）二次买到刘现章地二段，共六小亩三分二厘七毫，言民地民粮，及至过割方说实系屯田。因此岁给伊粮银六钱二百五十六文，并未过割，念系乡亲，许伊原价赎田。至四十四年伊赊生家杂粮除收，下欠大钱五千七百。伊子刘统让情愿零星抵兑粮钱，刘现章则云私债不比官粮，不肯抵兑，及老羞变怒，遂接年不要粮银，亦未偿还生家欠账。至四十九年，伊在屯官管勾禀生伯承买屯地，抗不过割……生情愿将买到伊地六小亩三分二厘七毫退还与伊，地价不要，欠生粮食钱亦不要，应找伊粮银即如数与伊，恳恩斧断结案，以免拖累坐家，世世焚顶无既。"[1]刘现章因赊欠杂粮欠大钱五千七百文，其子情愿用官粮钱抵兑，他认为私债不比官粮，不肯抵兑，双方变怒，刘现章既不要官粮银，也不还欠账，双方债务拖了下来。在陕西麟州宜君县，据赵学儿供：已死赵举是其分居堂弟，开面铺生理，嘉庆十五年（1810）四月内，"兄弟借欠郭成积钱一千零五十文，没有利钱，六月内，郭成积赊兄弟面三十一斤，那时每斤原止卖钱二十文，共该钱六百二十文……现在价值每斤算钱三十四文。"[2]由于物价的波动，双方在清算债务时容易出现分歧。

（三）债务转移

在赊销或借贷过程中容易出现连环信用，即一个人既是债权人又是债务人，别人欠他的账，他又欠另外人的账。清代前期赊销多在熟人之间进行，连环信用中各方很可能互相熟识，这就为债务的转移提供了方便。如果甲欠乙的，乙又欠丙的，只要甲、乙、丙三人都同意，甲可以直接把欠账还给丙，而乙则能置身事外。在山西兴安府石宗县，据任良友供："嘉庆十年（1805）十一月，小的借用周光余钱二千文，十二月里崔同顺量了小的七斗包谷，作钱二千二百文，都约定十一年二月还清……小的把崔同顺欠小的钱抵还，下剩钱二百文算结周光余利钱。"[3]任良友欠周光余二千文，加上利钱二百文，共二千二百文，正好与崔同顺欠他的包谷钱相等，于是就用崔同顺欠钱抵还自

[1]《孔府档案选编》（上），中华书局1982年版，第200页。
[2]《兵部侍郎巡抚陕西等处董教增谨题》（嘉庆十六年六月二十二日），刑科题本5226。
[3]《刑部等衙门经筵讲官董诰等谨题》（嘉庆十二年十月二十五日），刑科题本6718。

己欠账。这里借贷信用与商业信用发生了关系，三角债务变成两方债务，可以节省资金。在四川顺庆府大竹县，据应讯人袁正廷供："傅士皆原欠小的石灰钱三千五百文没还，嘉庆十六年（1811）三月二十八日晌午，小的与罗樟同到观音桥赶场，小的问张昌学买了五斗二升米，合钱一千零四十文，那时傅士皆也在场上赶集，小的向傅士皆要钱给发米价，傅士皆就向张昌学担承。"[1]傅士皆承担了袁正廷欠张昌学的债务，当场实现了债务转移。体现了还账的不规范性，债权人随时随地可以索债，成为纠纷的导火索。在陕西商州直隶州镇安县，据徐八士供："已死徐周虞是小的父亲，道光十三年（1833）五月初间，父亲赊买袁高晾小麦一斗，作价钱一千文，袁高晾因有应还周必幅钱文，兑在父亲名下归还，父亲约许迟日交付，周必幅应允，回来周必幅屡问父亲索讨，没给，小的是知道的……七月十九日，父亲被周必幅踢伤倒地。"[2]这是典型的债务转移，周虞因赊买小麦形成的欠款，本来袁高晾是债权人，换成周必幅，周虞不能按期还账，被打致死。在陕西西安府富平县，据王世椿供："道光十三年（1833）五月间，兄弟王世发赊买王之凝小麦五石六斗，作价钱十五千文，王之凝因欠王捞儿财礼钱文，叫兄弟把钱兑交王捞儿手收，后来兄弟止交过王捞儿钱五千八百文，余钱屡讨未给。"[3]王世发欠王之凝一万五千文是由赊买小麦所致。王之凝因娶了王捞儿的母亲，欠其财礼钱，于是就让王世发把麦钱直接还给王捞儿。王世发还是王之凝与王捞儿之母惠氏的媒人，得过媒钱二千文。从这个案例中可以看出，债务中涉及的三方不仅仅是经济关系，其中掺杂着复杂的社会关系，甚至有感情因素夹杂其中，反映了清代前期商品交易还受人的关系的束缚，有着较大的局限性。

在四川巴县，据李明福供：

> 小的去年凭陈文明们作中，得买赵天宜名下田业一分，议明价银一百九十五两，当交定银九十五两，其余一百两，因陶显荣借小的银一百两，小的就将借银抵兑与赵天宜名下承收，陶显荣与他另立借据，小的也就揭还借约与陶显荣去了，不料陶显荣病故，无人给兑赵天宜的银两，赵天宜就寻肆闹，小的才来把赵天宜们告在案下。今蒙审讯，小的既买田业，理应价契两清，不应将借项抵兑天宜田价，殊

---

[1] 《兵部尚书总督四川等处地方常明谨题》（嘉庆十六年八月二十九日），刑科题本5237。
[2] 《兵部侍郎巡抚陕西等外地方杨名飏谨题》（道光十四年三月初一日），刑科题本6819。
[3] 《兵部侍郎巡抚陕西等处地方杨名飏谨题》（道光十四年五月初十日），刑科题本6815。

属不合。断令小的交给天宜田价银一百两，其余陶显荣该欠小的借项银一百两，令小的另呈唤追。如小的无银交还天宜，令小的将田业退还赵天宜，即速另行觅买主出售，俟赵天宜将业卖成后，退还小的田价银九十五两。小的实属无银，情愿将所买赵天宜田业照退还原价，凭从他另行出卖，只要退还小的银九十五两，小的不得把持就是。[1]

通过债务转移，欠李明福一百两债务的陶显荣承兑李明福欠赵天宜的地价一百两，三方本已重新立约、揭约，却因为陶的突然病故而使赵的债务无人偿还，赵只好让李明福承担。此案的判定结果也是让李明福承担债款，而陶显荣欠他的一百两债务，可以另外追讨。可见在债务转移过程中，直接债务人负有最终偿还债务的责任。

连环信用在当今社会仍然存在，类似于"三角债"，一旦债务链上的一个环节断了，整个链条都会受到影响，牵涉到的企业相继受损，这是连环信用的弊端。银行与众多的企业交易，企业之间不发生直接关系，因此，银行信用可以减小这方面的风险。清代前期的债务转移把债务链条缩短了，减少了中间环节，简化了债务清偿过程，有利于商品流通；但由于债务首尾双方之间可能存在了解不够，或缺少中人，容易加大信用风险，造成事端。

清代前期因赊销、预买、定买所欠货款或货物，除债务人能够按时支付外，其他债务需要债权人亲自讨取。若多次索要失败，则首先让中保帮忙解决，还可以找同行或双方都信任的权威人士来调解，也有人凭借人多势众强取债务人其他物品抵算，最终的办法是诉诸官府，听凭宪官裁定。

清代前期民间商业信用广泛存在，货物赊销的期限与货债的清偿已形成了一定的商业习惯。这些习惯绝对不是在清代前期才形成，而是一千多年来中国封建经济发展沉淀的结果。由于明清商品经济的发展范围比以前各代更广泛，商业化程度更高，一些地区人们对商业的依赖性更大。明清的商业习惯似乎更容易被捕捉到，在习惯性做法依然存在的同时，清代商业信用也出现了一些新趋向，如在一些地区商业信用已经通过银行业进行。在北方的归化城，"为百业周转之枢纽者，厥为宝丰社。社之组设，起于何时，今无可考。然宝丰社在有清一代，始终为商业金融之总汇。其能调济各行商而运用不穷者，在现款、凭帖而外，大宗过付有拨兑之一法。此则为本省以往金融之特色，而为内地所

---

[1] 《李明福等供状》（道光十四年三月二十三日），《清代乾嘉道巴县档案选编》（上册），第196—197页。

无者也。拨兑之设，殆在商务繁盛之初，兼以地居边塞之故。交易虽大，而现银缺少，为事实之救济及便利计，乃由各商转账，藉资周转。历年既久，遂成金融不易之规，且代货币而居重要地位。"[1]清代归化城的大宗商品买卖，货款过付时已经采用转账办法进行。即使到民国时期发行兑现钞币后，"省内商业，尚以谱拨为主，而钱商仍有左右金融之势力也。"[2]在南方的宁波，钱庄不仅为商贾提供银钱的存储、借贷业务，同时也为商人的交易进行转账。"故宁波商贾，只能有口信，不必实有本钱，向客买货，只到钱店过账，无论银洋自一万，以至数万、十余万，钱庄只将银洋登记客人名下，不必银洋过手。宁波之码头日见兴旺，宁波之富名甲于一省，盖以此也。"[3]归化城钱行的"谱银"与"拨兑"和宁波钱庄的"过账"都说明清代前期，商业信用已经通过银行来进行，这是清代商业信用进展到近代大商业的标志，亦是清代金融的创新。

[1]　《绥远通志稿》卷三十八《金融》。

[2]　《绥远通志稿》卷三十八《金融》。"谱拨"指"谱银"和"拨兑"，"商市周行谱银，由来已久。盖与拨兑源流同，其初以汉人来此经商，至清中叶，渐臻繁盛。初仅以货易货，继则加用银两，代替货币。但以边地银少用巨，乃因利乘便，规定谱银。各商经钱行往来拨账，藉资周转，此谱银之所由勃兴也。虽其作用类似货币，而无实质。然各商使无相当价值之货物，以为抵备，则钱行自不予互相转帐，其交易即不能成立。故谱银者，虽非实质货币，亦非单纯信贷，大抵有货品以作后盾而已。拨兑行使情状，亦与谱银相类，所不同者，仅为代表制钱而已，市面通称为拨兑钱，即前之所谓城钱也。周使惯例，数至一吊即可拨兑，吊以下始用现钱。各商均须在钱行过账，营业始能运用。"可见，"谱银"是银的转账，而"拨兑"则是对制钱的转账，一吊以上即可拨兑。

[3]　段光清：《镜湖自撰年谱》，中华书局1960年版，第122页。

第六章　清代前期商业信用风险及其防范

任何商业投资经营中都存在一定的风险，有的是客观原因直接导致，有的则是交易对手违约带来。[1]信用风险是"交易对手违约的一种形式，交易对手违约风险是指合同或协议的一方无法履行其在交易中的责任时给另一方带来的风险。它可以是违约方拒绝提供所承诺的货物或服务，也可以是无力按时和全额偿还所欠的债务。"[2]与金融有关的信用风险广泛存在于现代社会，防范信用风险成了金融领域要研究解决的迫切课题。

清代前期的高利贷信用和商业信用在全国各地普遍存在，到期的债务经常不能及时偿清。信用风险早已被历朝历代工商业者及高利贷者所认识并想方设法规避，在吸收前代经验的基础上，清代有许多防范和化解信用风险的方法，尤其在高利贷信用中，清代各地的当铺、钱庄、账局、票号遵循着一套通用的风险防控机制。关于清代高利贷资本和典当制度已有许多学者进行了专门研究并取得了显著成果；[3]而对商业信用和商业信用风险还很少有人涉足，因此对于清代前期商业信用风险的认识与研究非常必要。

一、商业信用风险的种类

信用风险是双向性风险，在买卖契约写立后，预付定金的购货方和赊销

---

[1]　王日根在《明清时期商业风险及其防范刍论》（《中国经济史研究》2005年第2期）一文中，从宏观角度论述了明清时期五种商业风险及其防范，这里则从微观角度来分析论述人为的商业信用风险及其防范措施。

[2]　［英］布赖恩·科伊尔编著，周道许、关伟译：《信用风险管理》，中信出版社2003年版，第4页。

[3]　如刘秋根：《中国典当制度史》（上海古籍出版社1995年版）、《明清高利贷资本》（社会科学文献出版社2000年版）；黄鉴晖：《山西票号史》（山西经济出版社1992年版）等。

货物方都将面临可能的风险。商业信用风险根据引起风险的原因可分为价格风险和人为风险两种。价格风险是买卖双方不能控制的、由市场价格机制或价值规律（当商品市场充分发育后）决定的物价波动引起的风险，这种风险对于买卖双方来说都可能面临。交易达成后，若价格下跌是买方面临的风险，若价格上涨是卖方面临的风险。在陕西麟州宜君县，赵举开面铺生理，嘉庆十五年（1810）六月内，郭成积向他赊面三十一斤，"那时每斤原止卖钱二十文，共该钱六百二十文……现在价值每斤算钱三十四文。"[1]面价每斤涨了十四文，价格上涨达百分之七十，三十一斤面的先后价格差是四百三十四文，这是卖方遇到的价格风险。人为风险指由于买方或卖方的违约而给对方带来的可能损失。根据违约方的不同可分为两种：其一是买方违约，表现为买方毁约不买商品或在赊购商品后不能在约定的时限内足额支付货款；其二是卖方违约，表现为在签约或定买方交付货款后，卖方毁约不卖或不能按时全部交付货物，或者索要更高的货价。

（一）买方违约

买方违约引起的风险也可以区分为两种，一种是赊买方取得货物后，不能及时兑付货款；另一种是双方约定交易后，有时甚至已交付定钱，买方违约拒绝购买。在买方违约风险中，前者的风险更大，因为货物已经到了买方手中，卖方是被动的一方；而后者，货物依然在卖方手里，也许还包括买方的定钱，但是因为物价的波动，卖方仍面临失去以更高价格出售货物的风险。

1. 买方赊买货物后，拒付或不能按时清偿全部货款

在赊买方中，有批发商、铺商、商贩和广大消费者，他们在赊买货物后，绝大部分只要有能力付清货款就会按时清账，可是也有部分赊购者因为各种原因没有能力还债，或者故意拖欠不还，这就给赊卖方带来了损失。消费信用风险处于信用风险链条的末端，是全国各地普遍存在的风险；生产者面临的商业风险则是这个链条的起始；商人之间的商业信用构成信用链条的主体，风险程度应最大。

以下十一个案例是从刑科题本所载的发生在乾隆十八年（1753）到二十四年（1759）之间因赊买方没能按时还清货款而引起的命案中选出的。在山西保德州河曲县，乾隆十八年（1753）八月二十日，"周玉祥向刘士前赊糜子

---

[1]　《兵部侍郎巡抚陕西等处董教增谨题》（嘉庆十六年六月二十二日），刑科题本5226。

两石，议明价钱一千四百文，士前屡讨未还。"[1]在盛京铁岭县，据王殿供："小的是山东东昌府夏津县民，在王家寨居住……小的与李二合伙做生意，张洪德今年赊了小的一匹半布，共合该二两四钱，十月内给过小的钱五千，作银一两，下欠一两四钱。"[2]在贵州思南府，据苏济明供："小的是江西抚州府金谿县人……乾隆十七年（1752），来铜仁府张小鸡公场上开杂货铺生理，杨胜芝常到铺买货……乾隆十九年（1754）五月内，杨胜芝在小的店里赊了三丈六尺蓝布，讲定价银七钱四分，他还了三钱九分，下欠三钱五分。"[3]在广东阳春县，据杨可恩供："乾隆二十年（1755）八月十二日，可美向小的买谷一石，讲定价钱五百八十文，当交钱四百文，尚欠钱一百八十文。"[4]在直隶遵化州，据杨杰供："今年五月里老子杨五伦向通运买了三斗小米，议定小数钱四千七百八十文，还他四吊四十钱，欠他七百四十钱没还。"[5]在湖南沅陵县，据戴高瑄供："乾隆二十二年（1757）九月内，李应才赊去三斤猪肉，该银一钱一分，没有清还。"[6]在福建诸罗县，据洪治供："今年五月二十四日，高怀向小的赊去米一斗，该钱一百八十文，屡讨未还。"[7]在江西信丰县，乾隆二十三年（1758）七月二十八日，"钟运保向钟连分买米四斗，共该钱五百二十文，运保当交钱二百二十文，尚欠钱三百文。"[8]在直隶热河塔子沟，据蔡天福供："小的是山东邹平县人……在案下十道营子开设酒铺……刘万良陆续赊了小的一十八斤烧酒，共欠制钱三百六十文，屡次讨要总没给还"[9]，这是陆续赊欠造成的欠账。在陕西延安府靖边县，据李车八供："上年八月里，白兴旺余白布一匹要卖，小的讲定了六百钱，先付他三百一十文，欠下二百几十文。"[10]在广东海阳县，据黄永供："乾隆二十四年（1759）五月内，小的赊过黄朝拱米三斗，欠钱五百四十文。"[11]这十一个案例涉及山西、辽宁、贵州、广东、直隶、湖南、福建、江西、陕西等省，赊欠的货物都与衣食有关，包括粮食、布匹和猪肉。其中所欠货价多以钱数计，少则一百几

[1] 《巡抚山西太原等处地方恒文德谨题》（乾隆二十年三月十四日），刑科题本1051。
[2] 《盛京刑部侍郎觉罗吴拜等谨题》（乾隆二十一年二月二十九日），刑科题本1168。
[3] 《刑部等衙门鄂弥达等谨题》（乾隆二十一年五月十五日），刑科题本1142。
[4] 《议政大臣鄂弥达等谨题》（乾隆二十一年五月初六日），刑科题本1106。
[5] 《刑部等衙门鄂弥达等谨题》（乾隆二十一年六月初六日），刑科题本1012。
[6] 《护理湖南巡抚公泰谨题》（乾隆二十三年五月二十七日），刑科题本1334。
[7] 《兵部右侍郎吴士功谨题》（乾隆二十三年十一月二十九日），刑科题本1290。
[8] 《署理江西巡抚阿思哈谨题》（乾隆二十四年四月初十日），刑科题本1374。
[9] 《刑部等衙门鄂弥达等谨题》（乾隆二十三年十二月十三日），刑科题本1324。
[10] 《刑部等衙门鄂弥达等谨题》（乾隆二十四年九月十五日），刑科题本1348。
[11] 《刑部等衙门鄂弥达等谨题》（乾隆二十五年五月二十八日），刑科题本1417。

十文，多则一千几百文，只有在铁岭县、思南府赊布及沅陵县赊卖猪肉案中使用银两。"白银主要用于政府财政和纳税的过程中，实际上也用于商业的批发贸易中"[1]，其实在商品零售中，有时也使用银两。如湖南沅陵县案对猪肉的赊卖、贵州思南府案中杨胜芝经常到苏济明开的杂货铺买货，都应属于商业零售。除盛京铁岭县赊布案外[2]，其余九例买方违约没能交清货款的都应属于消费信用风险。

贩运商与生产者和铺商间的商品买卖一般使用银两，因为是批发交易，交易数额大，用铜钱太不方便。在湖南安乡县，周方度供："小的同乡邹南占合伙贩卖包谷，乾隆二十二年（1757）四月初二日，起了沅陵县客人邓南珍船上包谷三十石零五斗，该价银二十八两零五分，已还过银二十两，尚少银八两零五分。"[3]这肯定是粮食批发买卖，双方交易量较大。在热河塔子河，据王杰供："小的是永平府卢龙县人，在蛇拉沟替马六家做短工，那邢文达租种马六家的地，同马六在一个院里住着，今年一月二十九日，邢文达向马六赊了二十石三斗高粱拉到口里去卖，原讲定二两银子一石，到二月十七日邢文达回来会马六算账，邢文达只肯给一两八钱银子一石，马六不依。"[4]邢文达本是马六家的佃户，与马六同住一个院子里，他向马六赊了二十石三斗高粱拉到口里去贩卖，说明他有一定的资本，最起码有马车和食宿费用，马六肯赊给他二十石三斗高粱，说明对他很信任，双方似乎只达成了口头契约，并没有签订文字契约。等邢文达贩卖高粱回来与马六算账时，邢文达毁约每石要少给二钱银子，马六不同意。不管什么原因，邢文达违背了契约。这与邢文达的身份有关，他并非专业商人，只是偶尔涉足商业，他与赊卖方马六非常熟悉，二人间不仅仅是单纯的商业关系，这些都会影响契约的执行，给商业信用带来更大的风险。

专业商人间交易量较大、交易频繁，信用风险也大。道光六年（1826）十一月二十一日《谭来悦等供状》中称："这周国中因开悦来油行，负欠各字号银有数千两无措，并不是好嫖好赌，实系因帐放滥难归。集理数次，众号客邻恤行栈，仍尽客帮们买，照旧佃与周国中开设堆货，以便挣还客帐。"[5]周国中正好处于信用链条的中间环节，因为放账过滥，欠款收不回来，导致自己

[1] ［瑞士］傅汉思：《清代前期的货币政策和物价波动》，《中国钱币》1995年第3期。
[2] 本案中王殿与李二合伙做生意，二人可能是贩商，没有店铺，张洪德赊布一匹半也可能直接用于消费。乾隆二十一年十月，张洪德还"五千钱，作银一两"，这是作者所见银钱比价最高的记载。
[3] 《巡抚湖南等处地方提督蒋炳谨题》（乾隆二十二年九月初七日），刑科题本1216。
[4] 《太子太保总督直隶等处地方方观承谨题》（乾隆二十二年十月十二日），刑科题本1221。
[5] 《清代乾嘉道巴县档案选编》（上册），第62页。

负欠各字号银数千两而破产，众号客为索还欠账，继续给周国中以信任，把行栈佃与他开设。这是信用风险没有控制好的案例。有的商贩与生产者有多年的交易，双方互相提供信用，甚至祖辈相传。如张玉龙"自祖开设万盛号织绫机房生理，有开县客与蚁铺买卖，今已四代，蚁父子放出开县客账一千余金，因伊等与蚁买卖未绝，前搭后账，同行共知。"[1]开县客与万盛号机房的交易已四代，双方的信用关系牢固，"前搭后账"源源不断。即使如此，在新开机房的竞争下，张玉龙的账项回收也遇到困难，信用风险依然存在。

信用风险失控会给授信方带来损失，有时会导致破产，有时会引出事端或辩驳公堂。唐映松在道光三年（1823）开设福昌油麻行生理，"因被外账倒塌，无力开设"[2]。唐映松因为赊欠太多，不能及时收回欠账而倒塌。道光二十二年（1842）三月初二日《王元兴禀状》称，"情蚁父母俱故，抚幼弟王元顺，在土主场开油蜡铺小贸活生。去腊有该场约客刘全茂来蚁铺赊买去小烛三百支，该钱一百五十文未给。今正全茂同熊祥泰、熊洪川又来蚁铺赊买去牛油烛一百支，该钱四百文又未给，屡讨推骗。本月初一向全茂等就讨要，伊等厉称今正龙灯会，蚁未出钱，勒将烛钱五百五十文全作会钱。蚁只肯出钱一百文理答，遂触全茂等恶怒，喝痞牟老大同不知姓名多人将蚁凶殴，拳伤蚁胸膛两胯等处，幸汤万发等拖救得吉。全茂随用铁链将蚁短锁生根，勒搕要钱六千文始释。惨蚁借本小贸，今遭勒扣锁搕，情理奚容。为此，着弟王元顺奔辕鸣冤，补祠叩赏验唤讯究。"[3]王家弟兄借本经营油蜡铺生意，赊出的蜡烛钱不仅没有讨回，还遭到殴打和勒索。

2. 买卖双方达成协议后，买方拒绝购买货物

买方拒绝购物可能有两个原因，一是物价的波动，一是货物的质量。在广东韶州府潮源县，"乾隆十三年（1748）十二月，宁洋有买猪一只，议定每百斤价钱四千四百文……以肉价较前平减翻悔不宰，索还定钱。"[4]此案因为肉价的降低而引起，买方违约不买，还要索还定钱。在福建长寿县，"缘戴肯与堂兄戴信合本种烟，收成完，早至七月初七日，戴良向另定买烟叶，每百斤烟价钱五千五百文，先交钱五百文，因烟价稍减，戴良不肯承买。"[5]戴良为得

[1] 《张玉龙诉状》（道光四年七月二十六日），《清代乾嘉道巴县档案选编》（上册），第349页。

[2] 《唐映松禀状》（道光十一年六月二十三日），《清代乾嘉道巴县档案选编》（上册），第383页。

[3] 《清代乾嘉道巴县档案选编》（上册），第393页。

[4] 《巡抚广东岳濬谨题》（乾隆十四年七月二十八日），刑科题本0685。

[5] 《刑部等衙门鄂弥达等谨题》（乾隆二十一年五月二十六日），刑科题本1134。

到稳定的货源，早就向戴肯与戴信定买烟叶，并且先交了五百文定钱，后来烟叶价格下降，戴良定买的价格偏高，贩卖很难获利，于是戴良不肯承买。这是由于价格波动引起的承买方违约。

在直隶定州曲阳县，据乔自新供："平日卖布生理……乾隆十九年（1754）十二月十二日，小的背着布包到张进玉村里去卖布，张进玉问小的买二尺白布，讲定二十大钱一尺……他说小的把布撕短了，反悔不要。"[1]张进玉反悔不买撕下的二尺白布，是嫌弃卖方所给白布长度不够。这是由货物质量引起的买方违约。

道光七年（1827）二月十九日，有南川县民李金发定买刘愿易黄连四百斤，当时交定钱二十三串，由余宗榜执笔立有合约。当刘愿易将黄连四百斤运渝（重庆）后，"金发已回南去讫，突有恶棍李国栋自称金发系伊堂叔，欺蚁本朴孤远，套将黄连送伊栈房过秤，仅过黄连六十斤，值价银四十二两，国栋将黄连收存，余不过秤，吼称金发未在渝城前买黄连四百斤，伊代金发悔退，勒蚁还定钱二十三串，始肯还蚁黄连六十斤。" 李金发定买黄连四百斤（合银约二百八十两）后，反悔不买，为收回定钱二十三串，故意让李国栋收存刘愿易六十斤黄连作抵押。可怜刘愿易自己出资将四百斤黄连运到重庆，"异地孤己，守候耗费，衣物悉行典卖。"刘愿易认为这是他与李金发之间的交易，"货之涨跌，抑或悔退，自应金发觌面，而国栋何得旁人揸害，刁恶实甚。"刘愿易禀状要求"国栋将蚁黄连过秤，如数兑还蚁银"[2]。在定买交易中，买方违约会给卖方带来很大的经济损失。本次交易中，四百斤黄连从异地运到重庆仅运输费、存放费用就很昂贵，何况黄连本身还积压资本达二百八十两，若算上资本的利息，无疑经济损失巨大，交易成本太高。

在清末的民事习惯调查中，对与买卖契约有关的民间习惯制定了详细的问卷调查，其中就有"约定买卖，并付有定钱，中途有一人违约时，其定钱作何处理？"在甘肃省的调查报告中称，"此亦视其违约之人，以评曲直。买者违约，则定钱即作罢论；卖者违约，则定钱当倍蓰偿还，此不成交易之说也。如必欲成其交易，亦宜度物值之低昂，以为损益。低则增之，以益卖者；昂则减之，以益买者。定钱仍不乾没，或算入物值，或还之其人。处理之道如此而已。"[3]这虽然是清末调查结果，但由于民间习惯、习俗的养成往往需要较长

[1] 《刑部等衙门阿里衮等谨题》，刑科题本1094。

[2] 《刘愿易禀状》（道光七年七月初一日），《清代乾嘉道巴县档案选编》（上册），第373页。

[3] 《甘肃全省调查民事习惯报告》，《中国西北文献丛书》第120册，兰州古籍书店1990年影印本。

阶段，故而这些记载一定程度上说明了清代前期的买卖习惯。

（二）卖方违约

卖方违约是在商品买卖协议达成后，卖方反悔不卖或不能按时提供货物的毁约行为。卖方违约往往也与商品价格的波动有关，在契约定价低于市场价格时，卖方可能把货物另卖高价给别人。此外，因自然、疾病或其他原因引起的不能按时交货，也属于卖方违约。

预卖方将卖出货物再卖给他人，大都因为预卖价低于现卖价。在江苏苏州，王铁头于乾隆十一年（1746）九月内"两次取用王沛宜买秫秫银四十六两四钱，许交秫秫二十二石，后因秫秫腾贵……将秫另卖。"[1]王沛宜已交付货款，卖方却违约将秫秫高价另卖。在广东新会县，据区运淙供："道光十二年（1832）五月内，荔枝将熟，小的问陈恒顺定价买荔树十八株，议明每株价钱八百文，尚未交给定钱。后来，李英安又向陈恒顺定买，每株加增钱二百文，陈恒顺应允卖给，李英安就在基旁搭寮看守。"[2]陈恒顺本已答应按每株八百文价钱卖给区运淙，后来，李英安每株加价二百文，陈恒顺把荔枝卖给后者。以上两例是契约尚未履行卖方即违约的情况。有时商品卖出后，卖方嫌价钱卖低也会反悔。在湖南湘潭县，据事主李谦让供："乾隆十六年（1751）十二月十六日，谢若添等拿四两九钱银子向小的买谷五石四斗，小的当时将银子收下，并给一张谷票叫他到黄粟庄仓里向佃户李常英去挑，次日小的探知市价那时每银一两只卖得稻谷八斗，他止有四两九钱银子，不能买谷五石四斗。"[3]这是卖方由于没有及时了解市场行情将谷卖贱，得知卖贱后反悔而引起纠纷。

在收到买方预付款后，卖方无法按时全额交付货物会给买方带来损失，使其不仅丧失市场机遇，而且会加大成本，包括时间和精力。在江苏苏州，王在贤借银二两一钱，"与孔章定买桑叶，孔章仅付桑叶两担，计算余银九钱四分，孔章未经交还。"[4]说明两担桑叶用钱十一钱六分，每担五钱三分，孔章还欠王在贤一担多桑叶。桑叶是季节性很强的商品，价格波动很大，它的市场价格很难预测，一旦过季就分文不值。对桑叶的预买风险较大，但相应的风险报酬也高。在山西省归化厅，据潘季发供："道光十四年（1834）十一月

---

[1] 《署理江苏觉罗雅尔哈善谨题》（乾隆十四年九月初六日），刑科题本0665。
[2] 《刑部等衙门经筵讲官王鼎等谨题》（道光十三年六月二十八日），刑科题本6809。
[3] 《署理湖南巡抚将炳题》（乾隆二十二年五月初七日），刑科题本1126。
[4] 《巡抚江苏徐士林谨题》（乾隆五年十二月十八日），刑科题本0195。

十三日，小的用银一两三钱向杨再英定买包谷一石，先收二斗，下欠八斗，约到十二月内交还，以后屡讨无偿。"[1]定买包谷一石，约期一个月，至期只收过二斗，卖方没能交清货物，经过多次讨要都没给还。在四川邛州，道光三年（1823）八月，邛州人李太娃向李金斗毛用钱八百五十文买菜子五斗，立约限下年交货，后来李金斗毛出外贸易，没有把菜子交给。[2]直到五年后双方偶然在回龙镇赶场相遇，李太娃向李金斗毛索讨欠债，引起争端。道光十四年（1834）七月，据李庚才、李玉连父子同供："有霍为仲、霍为俊弟兄在大矿山开铁厂出卖毛铁生版与小的父子承买，付过他弟兄银三百几十两，毫无铁斤交给小的父子。不料霍为仲弟兄又到贵州仁怀县，得佃马输元土方开设铁厂，又套小的父子至仁怀领铁，又要小的们垫出银两缴厂，方有铁斤交给小的父子，无奈又给霍为仲弟兄几百两，共成九百余两，霍为仲弟兄片铁未给。"而据霍为仲、霍为俊弟兄同供："他父子前与小的买铁，仅付过银二百余两，小的们付过他父子的铁斤，所欠无几。"[3]在这起纠纷中，买卖双方的供词并不一致，李庚才父子称先后共给霍氏兄弟九百余两银，而霍氏弟兄片铁未给。霍氏弟兄称李姓父子仅付过银二百余两，所欠铁斤无几。其中肯定有欺诈存在，但卖方收银后，没有按时给足铁却是事实。

长途贩运商定买的商品量大，预付货款也多，面临的信用风险自然很高。四川重庆府，道光二十年（1840）五月初二日《刘德坤告状》[4]中称：

> 情蚁承领客号东本办纸运广，去年六月有素识钟在川、刘洪顺，串伊戚张富顺卖表纸一千捆承买，每捆八十合，每合三十六张，重以六十斤为准。议定每捆价银九钱三分，合算共银九百三十两，当交银□百两，其纸限定八月交足三百捆，嗣后银纸陆续两交，立有合约各执，临审呈阅。讵料在川等串通一局，擎银入手，期届无纸。蚁即令伊还银另办，伊等狡展，直至九月，仅给表纸七十一捆，合银六十六两零三分，下该银两拖欠无偿。叠次往讨，富顺仗恃监生之势，一味支吾，害蚁无银填号，追逼难当。今正以来，屡投刘复福、牛世华、温风和等邀集富顺等理说数次，众剖既无纸交，应将银两早还，何致久欠。无奈富顺势大，公然估骗，反行逞凶，恶言赌控，众皆莫何。

---

[1]《刑部等衙门经筵讲官王鼎等谨题》（道光十六年六月二十二日），刑科题本6351。

[2]《题本》（道光八年十月），刑科题本6459。

[3]《李庚才等供状》（道光十四年七月二十四日），《清代乾嘉道巴县档案选编》（上册），第306页。

[4]《清代乾嘉道巴县档案选编》（上册），第396—397页。

叩恳仁恩。赏准讯究。

刘德坤这次定买的交易成本很高，从经济学的角度说，交易成本就是经济制度的运行成本，交易成本是获得准确的市场信息所需付出的成本，以及谈判和经常性契约的成本。交易成本在交易过程中，体现为谈判和缔结契约的成本、履行契约的成本以及契约不履行时获取补救的成本。刘德坤与张富顺所签契约未被履行，从违约时算，刘德坤用了八个月时间货和银都未拿到，无奈只好求助于法律来解决。这期间刘德坤所花的时间成本和食宿费用，加上买卖可能获取的利润、所领资本的利息的累积等，使这次定买的交易成本太过昂贵，靠领本经营的刘德坤很可能落到破产的地步。

卖方违约的另一种表现是在双方讲定货价，赊销货物后，物价上涨，卖方要求赊买者偿付更高的货价的行为。在贵州省荔波县，韦阿独与已死韦阿二同姓不宗，素好无嫌，"道光五年（1825）十二月内，小的（韦阿独）向韦阿二赊买精肉四十斤，照当时市价作银一两二钱，买后数日，时价增长，韦阿二因小的没有付价，每斤要加增五厘。"[1]在赊买期间，肉价上涨，卖方要求加价，买方不同意，最后引出命案。由于买卖双方是熟人，只是口头信用，没有字据可凭，反而导致了信用的随意性，也使双方面临的风险加大。

二、商业信用风险的防范

要完全避免商业信用风险是不可能的，但是可以把风险控制在一定范围内。在以前历朝历代商业经验的基础上，到清代已经形成一套防范商业信用风险的习惯性做法。由于中国地域辽阔、民族多样，这些习俗存在着一些差异，但从总体上来说，可总结为以下几个方面。

（一）签订买卖契约

根据商业信用发生时的规范程度，清代前期的商品赊销与预买过程中的商业信用可分为口头商业信用、记账商业信用、约据商业信用。口头商业信用指买卖双方不作任何相关文字记载也不出具有关凭证，仅凭口头协议授受信用。

[1] 《兵部侍郎兼都察院右副都御史巡抚贵州等处地方嵩溥谨题》（道光七年二月初六日），刑科题本6396。

记账商业信用指买卖双方或卖方单独在自己的账簿上作会计记载，信用关系结束时冲销。约据商业信用是买卖双方签订合约或一方出具相关凭证给对方留存，在发生经济纠纷时作为诉诸法律的依据。第三种商业信用是相当规范的信用方式，多用在土地、房舍、山林等不动产交易中，另外，商人在进行大额买卖时一般也要签约。

契约是中国古代文书中的一种，有借贷契约、买卖契约、赠与契约、租赁契约、委托契约、合伙契约、雇佣契约等种类。保存至今最早的契约原件是西汉中期的居延汉简。"西周至两汉时期，已用文字书写契约，这时契约的形式虽仍为判书制度，但比原始社会的判书有很大的进步。此时契约的形式因用途不同，分为三种：即《周礼·天官·小宰》所说：'听称责以傅别'，'听卖买以质剂'，'听取予以书契'。这就是说，借贷契约用傅别，买卖契约用质剂，授予收受契约用书契。"[1]魏晋以后契约多用纸书写。清代古文书契被保存下来最多的是买卖契约及分家契约书。在这些契约中，绝大部分文书是以不动产（田地、房舍）为标的物，只有少部分文书以牲畜、人口或其他动产为标的物。

商品交换中的现货交易一般很少签订契约，在预买或定买货物时，买卖双方一般通过谈判达成协议。买方要交付定钱，为保证买方的利益，卖方一般要写字约给买方以作凭证。嘉庆二十一年（1816），四川重庆府兴福寺住持僧德怀出卖柏树立有卖约如下：[2]

> 立出卖柏树文约人兴福寺住持德怀。
>
> 情因连年旱□负下，会项沉重，僧于二月初卜口清凭山主诸人恭议，今将寺柏树四百根，出卖与蒙永顺名下。彼即凭众面议时市九八纹银三百二十两正，彼时僧凭众收定银十二两五钱足，其余下欠之项，定限四月初十日蒙姓进厂交银二百伐木，以下之项，俟货下河一半，价银概楚，如若四月初间蒙姓有误，其树凭随寺僧发卖，蒙姓不得问及僧定银之事，亦不得借事生非。倘蒙姓伐木之日，若有人异言阻止，其有蒙姓进厂资用，亦应有僧道魁、僧明鉴、山主雷学谦、雷致和等亦应承担。其余未在之树不得擅行打朳。恐在下河木料在途攀

[1] 张传玺：《中国古代契约资料概述》，《中国法律史国际学术讨论会论文集》，陕西人民出版社1990年版。

[2] 《僧德怀卖约》（嘉庆二十一年），《清代乾嘉道巴县档案选编》（上册），第21页。

坏他人粮食，以及木料失落，概不与寺相涉。此系二家情愿，其中并无敢屈从。今恐无凭，立出卖约一纸为据。

凭众人　雷开封　雷登贤　雷学祥　石占鳌笔

嘉庆二十一年丙子岁二月十八日　立出卖柏树文约人住持僧

此卖约规定较详细，既保证了买方的权利，也保护了卖方的利益，对买方违约即到期不付款伐树作了明确规定，卖方完全有权把树另卖给别人，而买方的定银不得索回。这是少见的对买方的义务有明确说明的卖约。

一般的卖约由卖方单独签署，卖方对自己违约后的补偿措施多有承诺。在四川巴县，道光十四、十五两年（1834、1835）林兴发定买黄廷玉、黄德泰父子生铁案中，黄氏父子分别给林兴发出具了卖生铁字约。字约如下：

（1）黄廷玉出卖生铁字约[1]

立出卖字人黄廷玉，今凭中将已得佃黄正良名下青矿山所办煽生铁，出卖与林兴发名下承买生铁五万斤。即日三家面议，每百斤价值足色银七钱三分，其银林姓已秤过交。其秤准以林姓十七两三钱为数，厂内过称，送至木涧林姓铁铺交给，力钱黄姓支给。以架厢日起，先上林姓号铁，定以四月内交楚，其银现交二百两，其余俟架厢后陆续交给，铁毕价楚，倘过四月铁斤不楚，有廷玉所招赵德顺佃拔之业，任意林姓揭佃上庄耕种，毋得外生异言。恐有人心不一，故立卖约一纸为据。

四月初三日复卖生铁一万斤，仍照原价扣算，不得异言，恐口无凭，故德泰亲笔批于原约之后，其银现交故批共成六万之数。

凭中　黄谦益　林顺元　黄仕元

道光十四年一月二十四日　立卖生铁字人黄廷玉

（2）黄德泰卖铁字约[2]

立出卖铁字约人黄德泰，凭中卖到林兴发名下承买生铁五万斤。即日议定价老白银三百五十两正，其银现交二百六十两正，仍照兴发原秤过交，坐厂交货，下余之银货毕价楚。其货不出本年腊月，如数

---

[1] 《清代乾嘉道巴县档案选编》（上册），第305页。
[2] 《清代乾嘉道巴县档案选编》（上册），第306页。

完结。倘有不楚，德泰河边之业，任意兴发过耕招佃，恐有人心不一，故立卖字约为据。

凭中人　黄谦益　林顺才

执笔人　黄德泰

道光十四年九月初三日立卖字人黄德泰

这两份字约分别由黄廷玉、黄德泰父子签署，都是定卖生铁给林兴发的，三次共买卖生铁十一万斤。第一份字约实际是两次卖铁字约写在了一起，第一次卖铁在道光十四年（1834）一月二十四日，第二次在四月初三日，铁价和第一次交易相同，价银现交，所以批在原约之后，共买卖生铁六万斤。字约详细载明了承买人、买铁斤数、价钱、秤准、交付生铁的最后期限（四月内）、地点、运输费用的支付方（黄姓）、货款的支付过程（定银二百两，其余陆续支付，铁毕价楚），卖方违约后的补偿方法。第二份字约签署于九月初三日，是双方第三次交易，林兴发定买生铁五万斤。这份字约包含的基本内容和前者一致，但货价和交付方式变了，价银每百斤便宜三分，改为坐厂交货，期限截至当年腊月，并写明卖方违约后，河边田业任意兴发过耕招佃。

这两份卖约都由卖方单独签署，买方并不签字，由卖方交给买方保存，作为卖方违约后，买方要求赔偿或诉诸官府的凭证。它们之所以得以保存，正是由于卖方黄姓父子违约，没能按时交付货物，并多领银两。在道光十五年（1835）十一月三十一日《林兴发禀状》中称："自去正以来，三次立约出卖铁片与蚁承买，共领蚁银一千六百八十余两，蚁共收伊父子铁片十五万斤。面算除收外，廷玉、德泰长领蚁银六百余两，尚该蚁铁九千余斤，拖骗不补。"[1]由此可见，黄氏父子与林兴发的实际交易量要比契约上约定的数量多，林兴发给黄家的银两要大大高于货价。为核实双方的债务，县府命朱洪顺等约团成员查对账目，于是买卖双方把各自的账簿约据拿到东岳庙内清算，"查明伊等自去正月起，往来交易买卖铁斤，是以逐细询明。照林兴发簿约清算，除取铁数外，黄廷玉父子该补还银六百余两。又以德泰之帐查算，只该退还兴发银四百五十余金。"[2]林兴发提供给黄家的信用既有约据信用，又有记账信用，难免有一方有错或双方的账簿均有错误，导致了双方账目不符，案情

---

[1]　《清代乾嘉道巴县档案选编》（上册），第307页。

[2]　《朱洪顺禀状》（道光十五年十二月初一日），《清代乾嘉道巴县档案选编》（上册），第307页。

难断。

从法学的角度分析，"罗马法中，买卖是完全的双务契约，一方的权利就是他方的义务。在契约中，不仅针对出卖人设定了明确的义务，对于买受人应承担的义务也有明确的规定。而中国古代买卖契约则不然，虽然契约也是建立在当事人双方合意基础上的约定，但在契约中却未必明确记载双方的权利义务，而且也不一定采取双方签名的方式。中国古代大多数的买卖契约，多为卖主一方给予买主的文书。就其内容而言，是卖主表示在接受买价的前提下把标的物的权利让渡给买主，有些类似卖主一方提出的保证。""在中国古代买卖契约中，针对出卖人订立了明确的义务条款；而对于买受人的义务，在契约中则少有明确的意思表示条款，一般只在支付价金方面有所体现。"[1]以上黄姓父子给林兴发出具的两份字约恰好反映了这一事实，黄姓父子在两份字约中都明确写明须交铁片的数量、日期、交付方式，并且提出了违约后的补偿措施，也就是把卖方的义务写得非常清楚。字约对于买方违约后的补偿措施却只字未提，只讲明买方已交的定钱数，剩余货价陆续交付。若买方反悔不买铁片，如何处置呢？只能依靠当地的习俗来解决。清代的买卖契约基本继承了中国古代买卖契约的风格，仅仅保障买方的权利，却忽视其义务，卖方的义务及违约后的处罚写得很明白。四川巴县道光十七年（1837）《杨廷魁红橘柑子秧卖约》[2]完全反映了这一特点。卖约全文如下：

> 立出卖红橘柑子秧交单合约人杨廷魁。
>
> 今凭众卖到正元名下承买红橘柑子秧二千根，即日议定每千根钱十千文整。其柑子秧包红橘，倘有红橘柑秧成园，日后查出白柑子秧，每根赔钱一千文。当交定钱一千文，其有柑子秧包送阳坝期河坎，交与船工，其钱如数交清。恐口无凭，立出交单合约一纸为据。
>
> 　　　　　　在见人　种和明　江合盛　吴三元　廖光禧笔
> 　　道光十七年冬月初一日　产单出交合约人杨廷魁志

从经济学的角度分析，卖方给买方的契约交换而来的是买方预付的货款（定钱）和商品的销路；买方通过预付部分货款得到稳定的货源和卖方的保证。利用卖约的媒介作用，使交易得以完成，这还不仅仅是纯粹的商业交换，

---

[1]　王宏庆：《中国古代买卖契约的效力与罗马法的比较研究》，《美中法律评论》总第1期，2004年12月号。
[2]　《清代乾嘉道巴县档案选编》（上册），第24页。

实际上也是生产者一种解决资金困难的方法。黄姓父子的铁矿本来是佃自黄正良的青矿山，在正月立第一张字约时，是三家面议，包括矿山所有者和买卖双方，当时矿井还未架厢，急需资金来投入生产。林兴发首付白银二百两给黄姓父子，正好解燃眉之急，使矿山的生产能够顺利进行。林兴发定买的生铁要等到架厢后才能得到，垫付的二百两白银就面临着风险，黄姓父子很可能不能按时交货。黄廷玉出具的字约给了林兴发一个保证，若黄姓违约，林姓可任意揭佃上庄耕种黄姓的土地。字约是卖方对买方的保证，对买方起到了保险的作用。

赊买大牲畜时也会签订契约。在四川新繁县，嘉庆十五年（1810）八月二十日，"有杨应明向张台赊买黄牛一只，议定价钱十二千文，立有约据。"[1]在山西蒲州永洛县，姚添信供："嘉庆二十三年（1818）八月，姚余儿向儿子买马一匹，价银十一两，因没欠银，是堂侄姚增爱说明叫姚余儿立给欠约，每月二分起利，十月内还清。"[2]姚余儿向姚添信儿子买马一匹，因没有现钱，经姚增爱说明，姚余儿立下欠约给卖方。这是买方给卖方的约据，属于欠约，并写明还银期限和利息。

在商品赊买赊卖和预买预卖时，一般由债务人签写字约给债权人。在湖南岳州府巴陵县，道光二年（1822）三月内，"张棕位赊欠益阳县人夏有庭竹钱五千文，立有欠字。"[3]当赊欠货物时，往往是赊买方立欠字约给赊卖方。在四川绵州绵竹县，据周正纪供："向开米店生理，与罗树基素好无仇，嘉庆二年（1797）间六月初二日，小的凭苏允受做中向罗树基买谷两石，当付价钱二千文，约定八月内交谷，立有字约。"[4]这次预买较规范，立有字约，也有中人。下面的四川巴县《李忠和卖谷约》[5]便属于预卖契约：

> 立出卖饭谷文约人李忠和。
>
> 今凭众卖到尹崇兴名下粘谷十五石整，彼即凭众议定，每石时市老银一两二钱，共合银十八两整。其银现交忠和亲收，并无货物注折。其谷准至本月内装船至金紫门以市斗交□挢，如过二月无谷来城，有许堃燮在城买米七石八斗付还尹姓，李忠和再不得异言。今恐

---

[1] 《兵部尚书总督四川地方常明谨题》（嘉庆十六年八月二十六日），刑科题本5272。

[2] 《兵部侍郎成格谨题》，刑科题本5843。

[3] 《护理湖南巡抚印务布政使臣景谦谨题》（道光三年七月初六日），刑科题本6130。

[4] 《刑部等衙门苏凌阿等谨题》（嘉庆三年八月十九日），刑科题本4354。

[5] 《李忠和卖谷约》（道光二十七年），《清代乾嘉道巴县档案选编》（上册），第381页。

人心不古，立出卖谷文约一纸为据。

在证人　胡顺　李斗山　许坤燮笔
道光二十七年十月初八日　立出卖谷文约人李忠和

写立卖约的李忠和收取尹崇兴谷价银十八两整，约定当月内将谷交到指定地点。并注明若违约的处置办法：由保人许坤燮在城内买米七石八斗付给。契约中通过保人的担保来降低买方的风险。

清代前期的买卖契约习惯基本上继承了中国历代的习惯做法。在商品预买、定买或赊买时，为保证债权人的利益，一般由债务人写字约给债权人，即买者写字约给赊卖者，卖者写字约给定买方，在字约中会涉及货款交付期限和方式，及违约后的补偿措施。在买卖房屋田产等不动产时，即使没有赊欠，是现款交易，也需由卖方立卖字约给承买方，这一方面是政府税收的需要，另一方面是为了保护购买者的产权。可以推论，在买卖双方信息不对称的情况下，掌握信息的一方要通过立约的方式向信息缺失方保证承诺的履行，从而使买卖顺利进行。在金融日趋信息化的今天，为获取信用对方的准确信息，已出现了各种信用评估机构或公司，采用经济或其他方法评价对方的信用度。在清代前期，为保证信息缺失方的利益，在立约的同时，还邀请中保来见证或保证双方承诺的履行，从而降低授信方的信用风险。

（二）通过中保人的保证

正如有学者指出的"由于业权的流动需要获得民间习惯法的具有强制性的保障，于是围绕着业权的买卖发展出以宗法社会的控制力为基础的民间担保制度"[1]。在清代的商业交易中，当涉及大宗商品如土地、房屋、牲畜或批发交易时，往往需要第三者的介入，"在他们的介绍、参与下，当事者们商定契约的内容、确认各自的意思，并写下契据、文约等文书"[2]，以见证买卖关系的成立，担保买卖行为的履行，这些第三者就是中保人。中保人是建立契约关系中对第三者的一个笼统的称呼，"在历代书面契约中，中人作为第三方参与契约的签订虽贯穿于始终，但各个时期对中人的称谓有所不同"，"明清时期契约的第三方参加者的称谓一般多为见人、见中人、凭中人、同中人、中证人、中见人、保人、中保人、居间、中间人、见立契人、见立合同人、中人等等，

---

[1]　李力：《清代法律制度中的民事习惯法》，《法商研究》2004年第2期。
[2]　李金铮：《20世纪上半期中国乡村经济交易中的中保人》，《近代史研究》2003年第6期。

其中尤以直书中人者最为常见。"[1]因各地习俗不同实际名称还要复杂一些，契约文书和刑科题本中常见的名称还有牙人、引见人、说合人、在见人、凭中等，都是指买卖契约中的第三者。

公证制度是国家为保证法律的正确实施，稳定社会经济、民事流转秩序，预防纠纷，制止违法行为，减少诉讼，保护公民、法人和非法人组织的合法权益而设立的一种预防性的司法证明制度。中国的公证制度经历了漫长与曲折的发展过程，早在民国时期即引入，目的是想代替私证制度。"私证"就是我国古代的"中人"或"保人"习俗，简单说来，是在民间通过借贷、买卖形成债务关系或产权转移时，特意聘请族人或当地权威人士来做见证，以防日后纠纷的做法。"中人"意为中间人，带有居中见证的意思，属于第三者，对于当事人的契约内容来说，他既不是权利主体，又不是义务主体。"保人"在清代应用的范围很广，包括在租佃关系、借贷关系、雇佣关系、买卖关系中，其责任要比"中人"大，有担保作用，若债务人不能按时清债，保人有义务督促甚至帮助债务人清偿债务，故保人起到了保险的作用。

在买卖关系中，除买卖双方外，常常涉及牙人、保人、中人、引见人或说合人，就是买卖契约中的第三方。在河南省，据安文俊供："嘉庆十一年（1806）三月里，小的凭张法舜说合，赊买刘祥黄犍牛一只，议价十七千。"[2]在湖北钟祥县，嘉庆十九年（1814）四月，"温光淙之父温德举凭王谷相说合，向王焕买猪一只，议定价钱三千文。当止交钱二千五百文，余欠延未楚给。"[3]以上两例中的张法舜、王谷相都是引见人。

"托中"、"凭中"是委托中人见证双方的交易过程，起法律见证作用。在浙江金华府浦江县，朱守容供："嘉庆元年（1796）六月初二日，小的家养有十二个小猪，徐开远托中朱兴岳向父亲赊买，议价钱十千七百一十文。"[4]在广东归善县，叶绍香平日开张油店生理，吴亚三赊油转卖，叶大均供："嘉庆元年（1796）六月内，吴亚三凭中蓝戊丹，复向儿子赊取三十担，议定价银五十七两四钱八分，先定银十六圆，定有约单。"[5]吴亚三是叶绍香的老顾客了，依然需要凭中赊取货物。在四川绥定府达县，据覃开泰供："嘉庆十三年

[1] 李祝环：《中国传统民事契约中的中人现象》，《法学研究》1997年第6期。
[2] 《刑部等衙门董诰等谨题》（嘉庆十二年十一月初六日），刑科题本4950。
[3] 《兵部侍郎提督军务臣张映汉谨题》（嘉庆二十一年四月十八日），刑科题本5657。
[4] 《兵部侍郎兼玉德谨题》（嘉庆二年三月二十一日），刑科题本4311。
[5] 《刑部等衙门和珅等谨题》（嘉庆二年十一月三十日），刑科题本4229。

（1808）二月十七日，"覃开富赊买覃开谷耕牛一只，凭小的议定价银八两二钱，约定五月内交还。"[1]这是同一宗族的赊买，中人由本族人担当。在陕西汉中府凤县，道光七年（1827）三月里，黎得欣托范生祥转向周同德保赊包谷四斗，每斗议价钱二百六十文[2]，范生祥是担保人。在四川宁远府盐源县，刘太盛籍隶乐山县，向在盐源县地方卖杂货营生，道光十三年（1833）八月间，"高仕友凭刘太盛作中，向冉袁氏之夫冉广义赊买包谷二石，议明价钱银四两。"[3]后来冉广义病故，冉袁氏多次向高仕友索讨欠款，十四年十二月间，高仕友称他一时乏银，约定十四日携布匹抵偿，冉袁氏仍请原中刘太盛同往议价。可见中人在交易全过程中，自始至终有见证议价的义务。在四川嘉定府洪雅县，"李华春、杨淙沅均籍隶邛州，李华春搬至该县地方居住，与李秀同姓不宗，素识无仇。杨淙沅常在县属贩卖布匹生理，道光十四年（1834）十一月十二日，李秀凭李华春作中赊取杨淙沅蓝布一匹，价钱一千四百文。"[4]邛州人杨淙沅在洪雅县属卖布，他之所以同意赊布给李秀，是由于有同乡人李华春作中，人们在外地很容易认同同乡人。

"保人"要为债务人担保，保证债务人按时偿还债务。在山东省东阿县"禀生姜栢等赴学宪衙门公恳开复口生陈公锡衣顶一案"中记载："陈公锡籍隶东阿，于嘉庆十一年（1806）间蒙钱学宪科试入学，与开设洪茂号粮店之山西人樊福田及东阿县人张连稳均相认识。嘉庆十九年（1814）十二月间，张连稳、卢正术等作保在樊福田铺内赊取米麦，均各立有欠帖。陈公锡亦于是月向攀福田赊取小麦三石，共合京钱二十八千六百七十四文，言明次年五月清还。陈公锡亲笔写立欠帖。因无人作保，知张连稳曾为卢正术等保赊粮食，即私列张连稳之名作保。张连稳并未知情。二十年春间，樊福田因回籍病故，恃无质证，并未认还。张连稳亦将卢正术等所欠麦价私收京钱二十千侵用。经王立德查知不依，向张连稳索讨。张连稳即向陈公锡商议欲告王立德讹诈钱文，央其代作呈词。陈公锡应允，即代作呈稿一纸，交于张连稳，令代书。林泰峯照稿謄写，赴县呈告王立德，亦即呈诉。经该前马令讯明，张连稳侵用钱文，将张连稳杖责，立限归还。因陈公锡不认欠钱，未经讯结嗣。张连稳查知陈公锡赊取樊福田麦石系私列伊名作保，心怀不甘，即将陈公锡亲笔呈稿交与王立德，

[1] 《刑部等衙门董诰等谨题》（嘉庆十四年十二月初二日），刑科题本5121。
[2] 《刑部等衙门经筵讲官托津等谨题》（道光九年八月十七日），刑科题本6603。
[3] 《刑部等衙门经筵讲官王鼎等谨题》（道光十六年正月二十九日），刑科题本6956。
[4] 《户部尚书王鼎等谨题》（道光十五年十一月二十三日），刑科题本6900。

铺伙辛肇元收存，并向告知情。由辛肇元即粘呈陈公锡亲笔呈稿由府赴藩宪衙门具控。"[1]从这个案例知道，赊买粮食要写立欠贴，欠帖上要有人作保。张连稳代卢正术等人作保赊买米麦，乘债主身亡将卢正术等人还欠赊账的京钱二十千私自侵用。后王立德（应是接替前任掌柜的店铺负责人）查出欠账，即向保人张连稳索讨，张连稳反而托陈公锡写呈词状告王立德讹诈。哪知陈公锡曾经赊买小麦三石，未经张连稳许可便私自将其名字列在欠贴上作保。张连稳得知实情后，又让店铺伙计控诉陈公锡。从此案可以看出保人在赊销中对卖方非常重要，保人就是债权人债务的承保人。

在湖南麻阳县，"黄友臣凭滕世隆作保，赊取陈太生稻谷三石，共该价银二两一钱。"[2]在山西蒲州府永济县，道光十三年（1833）六月，"张小成央赵桐作保，赊买估衣数件，说明价银三两二钱六分。"[3]一般情况下，当赊卖大宗物品或商品较昂贵时，如大牲畜，都有保人。在贵州绥阳，据卖马原主张德贵供："小的与李俸邻居相好，嘉庆二年（1797）十一月里，小的有马一匹，托交李俸代为售卖，凭中杨洪德担保把马赊给石中连，议价十四两，原约年底清还"[4]，杨洪德同时起到中保的作用。在陕西同州府白水县，据景善常供："已死景保成是小的儿子，嘉庆四年（1799）八月二十二日，高大略代王有潮作保赊买小的麦子十五石，讲定每石价钱一千八百文，共该钱二十七千文。"[5]在四川重庆府酉阳州南川县，嘉庆七年（1802）十月，钟明官与钟明学担保向杨光贤赊取棺木一口，价钱二千六百五十文。"[6]在河南南阳府邓州，据刘尚元供："嘉庆十四年（1809）二月十五日，牙纪张滕宽替任安坦作保，赊买小的耕牛一只，讲定价钱五千六百文，约期三月初二日清还"[7]，这桩买卖由牙纪作保。在直隶广平府磁州，道光十五年（1835）二月十一日，据地保禀："道光十五年（1835）正月二十四日，小的买了武安县人陈万仓一匹马，言明价值大钱六千文，因没现钱托张照祥担承，说定二月里给付。"[8]

如果购买人比较贫穷，即使买少量货物，卖方也可能要求有担保才会成

[1]《泰安府》（嘉庆二十三年闰四月二十九日），《雪心案牍》第一函第四册。
[2]《刑部等衙门鄂弥达等谨题》（乾隆二十四年七月初七日），刑科题本1345。
[3]《巡抚山西鄂顺安谨题》（道光十四年八月初四日），刑科题本6851。
[4]《刑部等衙门经筵讲官成德等谨题》（嘉庆五年四月十二日），刑科题本4481。
[5]《刑部等衙门经筵讲官董诰等谨题》（嘉庆五年十月十七日），刑科题本4505。
[6]《太子少保总督四川勒保谨题》（嘉庆八年），刑科题本4709。
[7]《兵部侍郎巡抚河南等处地方恩长谨题》（嘉庆十四年十月），刑科题本5091。
[8]《刑部等衙门王鼎等谨题》（道光十六年二月初八日），刑科题本6978。

交。在湖北荆门州，据李氏供："死的陈加宜是小妇人丈夫……二十三年二月初一日，丈夫在何祥儿行内，凭何祥儿耽承赊了刘廷玉三斗粟米，该价钱三百文，丈夫已陆续还过二百二十五文。"[1]三百文并不是很大的数目，陈加宜却要分多次偿还。这是由牙行担当保人，在买卖中发挥中介作用。在河南汝宁府新蔡县，嘉庆二十一年（1816）二月初七日，杨格代刘莲升作保，"赊买郭麻子布五尺，价钱一百八十文。"[2]在直隶天津府天津县，梁士供："道光元年（1821）十二月里不记日子，张起烦赵泳作保向小的赊了八斗高粱，合价大钱二千六百文。"[3]在陕西商州直隶州雒南县，据见证周德章供："道光元年（1821）十二月初十日，袁林福央小的作保，赊买魏有才包谷一石，该价钱一千三百文，约月底清还，过期屡讨没给。"[4]在安徽阜阳县，据凶犯孙流兴供："道光十一年（1831）二月间，张洪渊代张明献作保向小的赊麦五斗，说明每斗价钱三百五十文。"[5]在陕西西安府富平县，据赵伯盛供："富平县人……小的平日做纸生理……道光十一年（1831）三月里，刘元兴托他堂兄刘元椿担保赊买小的象棋一副，该钱一百五十文，屡讨没给，后来刘元兴外出傭工，到十二年正月二十三日，小的听得刘元兴回家，又催刘元椿问讨。"[6]在四川潼川府中江县，道光十五年（1835）七月初一日，罗汝兴令佃户袁老洪挑米赴场发卖，"孙王氏央李大祥（开茶铺的）担保向袁老洪赊买食米三升，言明价钱一百六十五文。"[7]

没有特殊说明的中保只起见证作用，不承担经济责任，约双方相识之人或权威人士担当即可。有一部分保人不仅要起见证作用，还要承担经济责任，若债务人不能按时清偿债务，他必须负责催讨，甚至代为清偿。前文刘元春为堂弟担保赊买一副象棋，多次被债主催促去讨要欠钱。债权人的债款不能及时收回，往往会找保人的麻烦，保人的经济利益不仅可能受损，而且可能惹火烧身，沾上官司，有时还要搭上身家性命。在四川成都府什邡县，据王心会供："死的王添德是小的父亲，嘉庆二年（1797）四月间，父亲原替佃户周

---

[1] 《署巡抚湖北等处地方周琬谨题》（乾隆二十四六月二十九日），刑科题本1364。

[2] 《刑部崇禄等谨题》（嘉庆二十一年十月初五日），刑科题本5694。

[3] 《兵部尚书兼都察院右副都御史总督直隶等处地方军务歖检谨题》（道光三年二月初一日），刑科题本6128。

[4] 《刑部等衙门文渊阁大学士管理刑部事务臣戴均元等谨题》（道光三年九月十二日），刑科题本6120。

[5] 《兵部侍郎邓廷桢谨题》（道光十二年四月十四日），刑科题本6715。

[6] 《刑部等衙门经筵讲官王鼎等谨题》（道光十三年四月二十三日），刑科题本6793。

[7] 《刑部等衙门经筵讲官王鼎等谨题》（道光十七年正月十九日），刑科题本7000。

燦耽承，赊欠何万碑牛，价钱四千五百文。"[1]王添德因为佃户"耽承"作保受牵连，把生命也搭了进去。在陕西商州直隶州咸宁县，嘉庆二十年（1815）五月初四日，李鹏等踢伤罗法魁身死。因为"嘉庆十九年（1814）八月内，罗法魁央李鹏作保，赊取张八白布四匹，价钱四千文，屡索无偿"。[2]因债务人屡次讨要，不偿欠债，保人李鹏踢伤罗法魁身死。同样，在四川龙安府平武县，据车纪荣供："小的广元县人，年二十三岁……从前在案下回龙寺地方开店生理，与死的李贵认识没仇，嘉庆二十一年（1816）十月间，李贵曾托小的耽保，在李姓铺内赊取白布二匹，说定价钱一千文。"[3]保人车纪荣本来为李贵担保赊布，却沦为杀死李贵的凶手。在贵州大定府，余大鸣等共殴宋文炳身死案。据余大鸣供："嘉庆二十一年（1816）四月，宋文炳的内侄宋世位向小的表兄陈文焕赊马一匹，价银十二两，原约一月后给还，是小的担保。五月二十七日，陈文焕叫同小的前去索讨。"[4]债权人陈文焕讨取债务时叫上保人同去，争执中不幸打死买方，保人余大鸣受到牵连。由此可见，保人既要承担经济风险，还得面临刑事风险。所以债务人要找担保人并不容易，往往是双方本身就有经济往来或其他关系，普通认识的人是不会为他人做这种类型的保人的。如在陕西西安耀州，据焦得年供："嘉庆二年（1797）十二月里，辛世贵替他伙计阴茂林作保赊买小的一只黄牛，讲定价钱六千七百文，约次年麦后清还"[5]，这是主人替伙计作保。在陕西雒南县，曹占魁供："嘉庆三年（1798）……骆小宦央宁起才作保，赊买武太牛一只，欠钱三千五百文。"[6]骆小宦想赊买武太的牛，必须有人作保，他央求宁起才给他做保人。另外，担保人也须有一定的经济实力，否则卖方不会同意。

清代前期的中保制度或习俗在全国各地的商业买卖中广泛存在，在商业发达的川陕地区更加突出。中保包括中人和保人，中人在买卖中只起法律见证作用，证实买卖的存在，不承担经济责任；保人除了起见证作用外，还负有追偿债务的责任，如有特殊说明的，要附带经济义务，即帮助债务人偿还债务。能充当保人者，要有一定的经济基础和威望。在给别人作保时，要承担相应的责任和风险。在清代前期，可以说中保制度起到了公证和担保的双重作用，它降

---

[1] 《太子太保兵部尚书宜绵谨题》（嘉庆二年八月二十二日），刑科题本4238。
[2] 《刑部崇禄谨题》（嘉庆二十一年四月十九日），刑科题本。
[3] 《兵部尚书那彦成谨题》（嘉庆二十三年），刑科题本5775。
[4] 《刑部松筠谨题》（嘉庆二十二年五月十九日），刑科题本5744。
[5] 《兵部尚书总督陕甘松筠谨题》（嘉庆四年八月二十七日），刑科题本5242。
[6] 《兵部尚书总督陕甘松筠等谨题》（嘉庆四年十二月十九日），刑科题本4428。

低了赊销和预买预卖中的风险成本，促进民间信用的发生，从而使商业流通更加顺畅。

（三）其他方法

使用抵押品也是防范商业信用风险的可靠方法。抵押品在高利贷信用中使用很频繁。在商品买卖中，抵押品（Collateral）是客户为获取商业信用而提供的担保资产，土地房屋等不动产是授信方最乐意接收的抵押品。与当时的生产状况相适应，在清代前期大多数人的生活用品还不丰富，服饰也成了信用中常用的抵押品。在贵州镇远县，"曾明善于乾隆十九年（1754）八月内交白布裹脚一双，向徐必显押小米二升，议照时价作银四分。"[1]在陕西安定县，据张鲁供："开饭店生理……嘉庆四年（1799）十月初三日，小的向张川买了一斗小麦，价钱三百文，小的因没现钱，把白羊皮马褂一件给他抵挪。"[2]这两例分别用裹脚和羊皮马褂做抵押品，赊取米和小麦，价钱仅三四百文。

商业信用仅提供给熟人或可信之人，这是零售商人或铺户赊销商品时的原则。老主顾或熟识之人容易获得商业信用，而生人很难得到商业信用。在贵州思南府，据苏济明供："小的是江西抚州府金谿县人……乾隆十七年（1752）来铜仁府张小鸡公场上开杂货铺生理，杨胜芝常到铺买货……乾隆十九年（1754）五月内，杨胜芝在小的店里赊了三丈六尺兰布，讲定价银七钱四分，他还了三钱九分，下欠三钱五分"[3]，杨胜芝是该杂货铺的常客，不需要中保或签约就能赊到商品，是一种记账信用。

清代前期在同一地区、同一行业的手工业者或商业铺户为了保护本行业从业者的利益共同组织起来成为行会。各行会都制定了保护和限制从事本行业的规定，即行规。经商人员组成的行会对具体的商业买卖过程，包括付款、交货、收款、赊销期限、对违规者的处罚等做了规定，其中有些规定保护了债权人的利益，使得商业赊销或预买的风险减小。以下是载于《湖南商事习惯调查报告书·商业条规》中的一些行规，这是省城的山货店条规[4]：

> 一议乡贩及船贩，常有在此店领本及该欠此店帐项，将货悄卸于
> 彼店者。放帐之店，将欠贩姓名帐目开送各店，悬牌各店，买货时遇

[1] 《巡抚贵州定长谨题》（乾隆二十年六月十七日），刑科题本1067。
[2] 《兵部侍郎巡抚陕西等处地方台布谨题》（嘉庆五年五月初九日），刑科题本4501。
[3] 《刑部等衙门鄂弥达等谨题》（乾隆二十一年五月十五日），刑科题本1142。
[4] 《中国工商行会史料集》（上），第241—242页。

牌上有名者，即将货钱代扣，随报债主。如各店扶同瞒隐，查出罚戏一台。若帐项仍由该店收清，必须通知各店销牌，或仅收半亦必批载清晰，送报各店。如违公同议罚。倘欠贩见各店悬牌，改名换姓及□人来卸货者，昧良已极，查出通知值年，即将货篮、扁担焚烧，出务永革不许城乡贸易。若铺户明知，假推不识，徇隐案规者，罚戏一台。

一议凡各店出船贸易，必须与经手船贩斟酌。如查出同伴做点货之人，有该欠各店帐项者，不得带同出外贸易，倘不跟究清白，或被债主查出，所欠之项，无论多寡，即向出船之铺户与经手船贩公赔，不得推卸。

一议买卖出店，有拖欠铺户帐项，屡讨不清者，许该店报明总管，由总管处领取条子，开具欠户招牌名目，遍贴同行，同行均不得卖货，如违从重议罚。

该商业行规不仅规定了商人的一般经商原则，还明确规定了商业信用风险发生后的处置原则，即"该店报明总管，由总管处领取条子，开具欠户招牌名目，遍贴同行，同行均不得卖货"，就是号召同行会的商人给予违背商业信用者严厉制裁。为避免商业信用风险的发生，甚至有的行会规定本行业禁止赊销。在晚清商业启蒙读物《日平常》中记述："交易场中，赊欠原可通融。勤往勤来，比〔彼〕此皆无折耗。久则暗中亏损，徒沾微利之名。近来人心不古，岁终尚不能归偿，以致有伤血本。推原其由，赊欠乃交易中之第一要害也，是以我等同行公议拙见赊欠慨〔概〕行停止，派班轮流查察，如有不遵者，公同议罚。"[1]这无异于将"赊销"一棒子打死。尽管这种办法有很大的弊端，但对一些小商贩却是比较适用的，因为他们资本太小，经不起商业信用风险的打击。

清朝前期商业信用风险主要表现为价格风险和人为风险，本章重点讨论了人为风险。人为风险主要来源于商人的违约，主要表现为买方违约和卖方违约。买方违约一种是赊买方取得货物后，不能及时兑付货款，给卖方带来了风险；一种是双方约定交易后，有时甚至已交付定钱，买方违约拒绝购买，给卖方带来风险。卖方违约一种是因事先不了解市场行情或行情变化而产生的违约行为，这种违约行为有的发生在契约尚未履行前，有的则发生在商品出卖之

---

[1] 王振忠：《徽州社会文化史探微——新发现的16—20世纪民间档案文书研究》，上海社会科学院出版社2002年版，第341页。

后；一种是在收到买方预付款后，卖方无法按期全额交付货物而发生违约所产生的信用风险；一种是在双方讲定货价后，因赊销期间物价上涨，卖方要求赊买者偿付比约定货价更高的价格的违约行为。商业信用的发生对商业发展和社会秩序都产生着正反两面双重的影响，因此防范商业信用风险的发生是清朝前期商业交易中不可回避的问题。清朝前期的商业活动中，防范商业信用风险发生的机制主要是通过契约和中保人的参与。契约在清朝商业交易中的普遍使用，不仅为商业贸易的实现提供规范和约束，而且当商业信用风险产生后成为受损一方诉求官府仲裁解决的依据。中保人作为交易的第三者，不仅为商业交易的发生起了中介作用，更重要的是保人在商业信用中的连带责任，在一定程度上防范和降低了卖方因信用风险带来的损失。此外，各行业还自立行规或者采取抵押信用等方法防范商业信用风险。但是在熟人之间进行的大量消费信用中，凭借的依然是个人的道德品质。

第七章　清代前期商业信用票据[1]

清代前期的商业信用，主要还是一种直接的实物商品及原料的赊贷，依赖的是贩运商自己所熟悉的以牙行主人为主包括其他商人、运输业者等构成的人际网络关系，商人身上携带现银或铜钱，风尘仆仆，经受着自然、人为的种种风险，完成商业交易。虽有商业信用的习惯行为为生产者及零售商人节省了货币和资本，但受人际关系和习俗之束缚，其积极作用的范围和程度终究有限；而且这种信用方式等于是以时间换资本，即延长贩运商人贩运周期，为零售商人节省了进货的资本。这对零售商人有利，却限制了长途贩运的发展。为了解决这一问题，当时的长途贩运商人们利用汇票等信用工具，通过商业信用，在相当大的程度上加快了资金流通、节省了金属货币，从而使商业信用的票据化得到了初步的进展。[2]

票据，是指出票人自己承诺或委托付款人，在指定日期或见票时，无条件支付一定金额并可流通转让的有价证券。票据是国际通用的结算和信用工具，它由于体现债权债务关系并具有流动性，而成为货币市场的交易工具。按照信用关系的不同，票据可分为汇票、本票和支票。汇票是由出票人签发，要求付款人按约定的付款期限，对指定的收款人无条件支付一定金额的票据。本票是

---

[1]　本章参考刘秋根、谢秀丽：《明清民间商业信用票据化的初步发展——以汇票、汇兑为中心》，《中国钱币》2006年第1期。

[2]　明清汇兑及汇票问题学术界关注较早，对于明代的汇票、汇兑多在有关商业货币问题的书中顺便涉及，如彭信威《中国货币史》（上海人民出版社1965年版）第749—950页。清代汇票、汇兑的研究则多与票号有关，如上引《中国货币史》第963—969页。黄鉴晖的《山西票号史》（山西经济出版社1992年版），并有配套的《山西票号资料集》。还有一系列论文，这里从略。专门研究或涉及清代前期会票的有汪宗义、刘萱等《清初京师商号会票》（《文献》1985年第2期）等，有关研究在以下论述中将涉及，此不一一介绍。总体说来，有关研究均未对民间商业信用票据作比较系统的研究，这是其一；其二，专门从商业信用角度进行的探讨亦罕见。

由出票人签发，约定由自己在指定日期无条件支付一定金额给收款人或持票人的票据。支票是由出票人签发，委托银行于见票时无条件支付给收款人或持票人的票据。[1]清代前期在商品买卖与货币市场中已经出现具有上述三种性质的信用票据，这些票据的名称区分还不是很清楚，就笔者所见史料看，主要有"会票"、"兑票"、"期票"、"粮帖"等。根据各种票据的作用大体可分以下几种情况。

一、用于银钱汇兑

商业的发展必然要求与之相适应的金融服务。在清代商品的长途贩运过程中，客商的银钱转移困难成为困扰商业贸易的一大难题。承袭前代的传统，清代也有银钱汇兑行为，即将款项从一地拨兑到另一地的行为。汇兑自唐之飞钱，宋之交子、会子、关子[2]以来，历史可谓悠久。自从这些商业信用票据在宋政府经营成为不可兑现的纸币以后，宋、元及明初民间的汇兑之事如何目前尚不甚明了，从现存文献记载看，可能已经走向衰落，但自从纸币在明中期退出流通，白银为主、铜钱为辅的货币体系形成以后，适应民间私营商品经济的自由发展，主要是日用品长途贩运贸易的发展，汇兑重新兴起，并对商品经济发展、商业资本的扩张产生了较大的影响[3]。明代晚期，会票已经用于商业经营中的资金异地汇兑，但会票的流通使用要以人际关系、个体信用为基础，尚未走向社会化和公开化。明天启六年（1626），苏州周顺昌被阉党逮捕入京，曾受周家恩惠的苏州人朱祖文，提前入京，联络苏州在京缙绅，百计营救，为在京用度，带有白银五百两的会票。四月十八日抵京，"于是有五百金会票在身，会票无姓名，而所会之家，另有家报，恐存周氏字样，亟往其家，付书以灭迹"，后又托念阳徐公、严叟顾公司会票，因属缙绅不便，乃托正补官于京的朱尽吾，至四月二十五日朱尽吾召朱祖文至寓所"以已支之银，未支之票，

---

[1] 王兆星、吴国祥编著：《金融市场学》，中国金融出版社1995年版，第42—46页。

[2] 交子、会子、关子等自民间初起时，均与汇兑或存款有关。后来演变成国家财政信用基础上的不可兑现纸币。

[3] 张彬村先生完全否认"信用市场"与16—18世纪"长程贸易"（即长途贩运贸易）之间的关系似乎也不甚准确。由以下的叙述看，一方面其需求对资金市场的发育有促进作用，另一方面，资金市场发育提高，对长途贩运贸易的发展也有推动作用。见张彬村《十六世纪至十八世纪中国的长程贸易与信用市场》，载《第二次中国近代经济史会议》Ⅲ，"中央"研究院经济研究所1989年，第863—881页。

转托吾苏查君献可。"并且"约以五百金非徐、顾两公命不可动,其五十金则听钱真零支,但须取有支票存照。"五月初二日"会票计又恐别有差失,则叮咛填写查蒋二丈面兑,非此二丈,不得擅支,以寓其隄防。"[1]此是由苏州携带会票去北京,在北京某家支银用度。[2]由此可见以下四点:第一,北京与苏州之间的资金来往已开始应用汇兑之法。第二,会票上所载银两可以零星支取,但须另外签写支票存照。第三,为保证汇票不致被非理支取,还填写注意事项。注意事项的填写,虽然不是正式的背书承兑,但似可视为背书的萌芽。第四,汇票具有流动、转让的性质,由文义判断,此汇票只要最后有人承兑并在汇票上签字,任何人持此票均可兑银,从而具有转让的特性。也因为如此,为未来汇票的贴现、流通创造了一定的条件。这种异地拨兑款项的汇兑,在明末及明清易代之后看来是继续发展的。明崇祯帝曾下令鼓励商人多多通过官府汇兑银钱,要求地方官府讲求信用,切实办理,并奖励兑银多的官吏。[3]明末清初的陆世仪也指出:"今人家多有移重赀至京师者,以道路不便,委钱于京师富商之家,取票至京师取值,谓之会票,此即飞钱之遗意。"[4]

20世纪80年代发现一批清康熙二十二年(1783)至二十五(1786)年间的由徽州谢氏收藏,属于京师前门外"日成祥"布店的二十三张会票实物[5],表明了这种异地汇兑款项的普遍性。[6]可举其中一例加以说明,此例是:

立会票吕子嘉今收到

处实兑现纹银壹仟两整。其银约至都中日成字号许明远兄处,四月终兑无误。立此会票存照。

平日成布法每百两亏五钱左右兑。

康熙二十二年二月　日　立会票吕子嘉

这些会票,尚不能完全证实是否商人所为,对于这种能够避免运现风险、又能节省金属货币、加快资金流通的信用手段,商人是不可能不加利用的,

---

[1] 朱祖文:《北行日谱》。按:《北行日谱》叙朱祖文此次营救的过程,书中有钱真、唐元、严秀人等似皆为周家仆人。

[2] 遗憾的是《北行日谱》未能记载承兑之家的姓名及身份,只详细记载管理会票之金的人。

[3] 可参见《崇祯长编》卷一《崇祯十六年十月戊辰谕户部》。此处叙述参见彭信威《中国货币史》,第749—750页。

[4] 陆世仪:《论钱币》,《皇朝经世文编》卷五十二。

[5] 可参见汪宗义、刘萱辑录:《清初京师商号会票》,《文献》1985年第2期。

[6] 对明清汇兑一般情况的论述可参见黄鉴晖:《清初商用会票与商品经济的发展》(《文献》1987年第1期);俞鸿昌:《清代会票概述》(《中国钱币》1995年第4期);戴学文:《清代会票析论》(《中国钱币》1995年第4期);汪庆元:《徽商会票制度考略》(《文献》2000年第1期)。

下举数例加以说明。第一，甘肃巩昌府安定县闫杰，贩羊生理，乾隆十七年（1752）八月，将羊贩至兰州，"颇有利息，将卖羊之钱会在会宁县范姓当铺内"，因在羊坡庄地方遇见同伴张某，"即告之取回，收置羊只。"[1]这是贩运商人为了及时收购货物，将资金汇到商品购买地可靠的当铺之内，让同伙及时取回以便再次购买商品，既安全，又方便，加快了商人资本的周转速度。第二，前引清康熙二十二年（1783）至二十五（1786）年间的会票实物共有二十三张，最少的一张只有五两，最多的三千两。兑款者为北京日成祥布店谢家成员及其他人，还不是由店号承兑。多数会票未注用途，只有一张注明是为了兑付"鼎谦号布价"，有一张也提到"鼎谦号"，但未注明具体内容。可见这批会票中，应该有一部分是缘于商业交易而导致的商人之间的汇兑，与以上所言阎杰的汇兑一样。[2]第三，乾隆四十三年（1778），发生了叶尔羌办事大臣高朴私鬻玉石案，乾隆四十三年（1778）三月，赵世保、赵金海、佘金宝并雇黄虎儿跟随，来到贩玉目的地苏州，其时，其同伙贩玉已毕，于是算账收银，所得银两除买办瓷器、绸绫杂货之外，"又会借与西安三原、长安、肃州五票共计银九千四百两，又还伊父赊欠各家货银九千四百五十两。"由此发现，参与贩卖玉石的除代表高朴的张銮等人外，还有多人，其中赵世保、赵金海便是其中之一。那么所会的对象是什么人呢？以下的叙述指出："又曾给西安买卖人银四票共银七千四百两，亦据各家照数交出，至会给肃州李业银二千两。"[3]可见都是些"买卖人"。当然尚不能判断赵世保会银究竟是为了还欠呢？还是为了用这些银子购货？或者是借给他人？不论怎么样，商人利用了货币汇兑进行资金往来则是无疑的。如果此银用于进货，则是一种商业信用。

在山东高唐州，民管桂《京控漕书李楹等包漕预征等情》一案中记述，"嘉庆二十三年（1818）十月不记日期，管桂欲完本年漕粮，因住处距水次仓厫较远，米石运载不便，即顺带京钱四十千零六十文钱票一张，往托伙开米铺素好李树、胡殿选买米代纳。维时李树外出，管桂当向胡殿选告知情由。胡殿选声称铺中每米一斗需价京钱一千一百一十文。管桂当将京钱四十六千零六十文钱票一张统交胡殿选收执。言明俟完米后扣除应用米价，下剩钱文仍行给还。胡殿选当嘱铺伙谢方彪登帐，谢方彪遗漏登记。嗣胡殿选未及买米代完，旋同谢方彪赴乡讨账。迨后管桂查知胡殿选未为代完，赴铺索还钱文。李树因

[1]　《巡抚甘肃鄂乐舜谨题》（乾隆十八年五月十九日），刑科题本。
[2]　张国辉：《清代前期的钱庄和票号》，《中国经济史研究》1987年第4期。
[3]　《毕沅折九》，《史料旬刊》第二十六期，《高朴私鬻玉石案》。

胡殿选等外出未回，检查账内又无登记收有此项钱文。嘱令管桂俟胡殿选回铺问明再讨，管桂当即走回。"[1]管桂曾和李树、胡殿选合伙开米铺，三人都是商人，平时大额银钱往来可能常用钱票。管桂所持"四十六千零六十文钱票"，从其性质分析，应是一张可流通转让的汇票，完成了异地汇款、支付货价的职能，可惜没有注明钱票的签发人和承兑人。案中所涉米铺接受钱票作为预付货价，说明当时的信用票据已初步流通。

二、用于货款等债务异时异地支付

长途贩运商或店铺零售商人从其他贩运商人或行店购货，因资金不够，常书立会票或本票，作为异时异地兑款的凭证。这样，双方交易不致因为暂时的资金短缺而受影响，从而避免了交易中纯凭个人信用而进行货物赊销时，因资金不能及时到手而长期坐等的情况发生，这对加快商品流通是有利的。清代会票与本票的运用非常灵活，下面列出数种情况并加以简要分析。

（一）完成远距离货款等债务的结算

如下面所举乾隆朝时查办贵州的贪污事例。乾隆三十五年（1770）正月，王愍供："至林振模会给银三千两，系在贵州做绸缎杂货生意之汤万言，会交苏州缎行史端揆之项。内有史端揆绸缎银七百两，伊堂弟王扶曦皮货银五百两；又借给汤万言银八百两，又伊借给汤万言银一千两，共三千两。林振模带有汤万言会票来苏还银，伊等收银之后，于会票内载明来银收清字样，仍交林振模将票带还，现有汤万言在黔可质等语，传讯史端揆、王扶曦，供亦无异。"[2]这张会票由在贵州做绸缎杂货生意的汤万言签发，由林振模带到苏州承兑后，归还了四项欠债，包括两项商业赊欠和两项资金借贷，债权人史端揆等收银之后在会票上签署"来银收清"字样后，会票仍由林振模带到贵州交给汤万言。可见此会票既有异地汇兑功能，又有商业汇票的性质，同时又完成了偿还借款的职能。由发生在乾隆年间高朴私卖玉石案的有关材料可见：高朴与山西商人张銮合伙贩玉，乾隆四十二年（1777）十月，张銮与高朴的家人

[1] 《东昌府》（嘉庆二十三年六月二十九日），《雪心案牍》第一函第七册。
[2] 《两江总督高晋奏报查明高積房田契券藉约等项分别着追等情折》，《乾隆朝惩办贪污档案选编》（一），第164页。

李福、雇佣的帮手熊濂带玉九十块，于四十三年（1778）三月到达苏州，由张鸾经手卖出玉石六十二块，得银十一万九千六十七两零，李福供称："所有家主名下应得五股银七万五千七百四两，已收银二万一千两……又张鸣远即张鸾欠银三万五千五百七十一两零，立有期票，约至四十四年（1779）二月底张鸾到京交清，又张鸾经手交付会票四纸，共银一万一千七百九十两，会到京中声闻银号等店兑付，又给熊濂四千两，立有收票。"[1]此处"会票"当是购玉的苏州[2]店家因资金不足，乃写立会票给张鸾，让他去京城声闻银号兑取银子。此处虽名为"会票"，实际上有两种含义，第一种是：声闻银号作为付款方，存有苏州购玉店家的款项，它根据所带"会票"上的命令，付给持票人张鸾相应数量的银子，这可以说是一种支票；第二种含义是：如果声闻银号系苏州这家购玉店家所开，则带有本票的性质。也就是说，这四纸"会票"是一纸约定异时异地还款的书面凭证。至于其中的"期票"则是张鸾所开立的，承诺在次年于京师还款的凭证，可以说是一种个人开立的本票。关于"期票"的格式，在民国的民事习惯调查中，福建顺昌县有简单介绍，"商界所用证券，只有期票一种，内载：凭票即付某种货币若干，交某（领款人）查收，此据，之末载付款人及担保人名押，并偿还年月日，至立票年月日，概从缺略。"[3]总体上说，上述"会票"的第二种含义又与"期票"的含义是一样的。在安徽盱眙县（今江苏盱眙），开猪行生理的张士道供称："道光八年（1828）九月十四日，申得亮赶猪一只到小的行内卖与顾有兴，经小的评定价钱三千二百文，顾有兴当付王万隆店票钱三千，现钱二百文，申得亮因王万隆钱店路远往取不便，向顾有兴索换现钱。"[4]顾有兴用王万隆店的票钱三千支付猪价，这三千票钱应是王万隆店承诺兑付的汇票。其性质与张鸾所持会票是一样的。本来钱店票钱的使用方便了商品买卖，强化了商业信用，但是限于当时的交通不便，王万隆钱店路途遥远，对于申得亮来说，他更愿意接受现钱。

随着第一家票号的出现与发展，清代前期商贾在一些地区对汇票的使用量甚至超过了银钱，尤其是在设有票号或分号的商业中心，商贾对票号的依赖程度不断提高。道光八年（1828），江苏巡抚陶澍说："苏城为百货聚集之区，银钱交易全借商贾流通。向来山东、山西、河南、陕西等处，每年来苏置货，

---

[1] 《萨载、寅著折》，《史料旬刊》第二十期《高朴私鬻玉石案》。
[2] 据张鸾之兄张钧指出：张鸾在贩玉前是在苏州做绸缎生意，并在苏娶妾成家，置有房产。
[3] 《赁贷借之习惯》，《中国民事习惯大全》第一编《债权》（第一类），第22页。
[4] 《刑部等衙门经筵讲官托津等谨题》（道光十年二月二十日），刑科题本6608。

约可到银数百万两，与市廛钱价相平，商民称便。近年各省商货未能流通，来者日少，银价增多，然每银一两亦不过值钱一千六七十文至二百余文不等。自上年秋冬至今，各省商贾俱系汇票往来，并无现银运到，因此银价顿长，钱价愈贱。"[1]各省商贾来苏州大多是办买丝绸等货物，汇票的使用大大方便了商人的买卖，苏州的票号可能设立于1827年秋冬，如果说乾隆时期苏州的会票是商铺的兼业行为，那么票号的汇兑行为已经发展为专业的金融服务，这说明商业信用的发展促进了银行信用，反过来，银行信用又进一步使商业信用扩张。可以说，票号的出现标志着清代前期商业信用的票据化趋势已经全面起步。生活在嘉道年间的宝坻人李光庭论钱票说："铸铜为钱，剪纸为票，近人厌用钱，而喜用票。于是假票之狱日兴，惟有于铺中大书'提防假票'四字而已。乡间不用票，而用帖子，一人持帖到某家，钱不现成，遂致口角。曰：帖子请著不给钱，票子传著方给钱乎？若再起会票来，将罄汝所有而取之矣。"并用歌谣解释道：

> 事非操券总难凭，白水真人变褚生。
>
> 纸贵文章归市贾，珠累符印让家兄。
>
> 尽教书向空中撰，不见钱从地上行。
>
> 金品竟推黄白贵，一张关会遍寰瀛。[2]

该书写于道光二十九年（1849），乃作者晚年"追忆七十年间故乡之谣谚歌诵，耳熟能详者"之作。文中的"票"即指会票，可见会票的使用已不仅仅限于商贾，在城镇多用会票，在乡间则多用帖子，即钱帖。最迟在道光时候，民间对于会票已经有相当认识，会票的通行范围已经"遍寰瀛"。这在清代小说中反映出来，成书于道光年间的《品花宝鉴》描写卖烟壶的老王向魏聘才索要银子没有时说："老爷没有银子，就使票子。"[3]

（二）牙行开出行票作为所欠货款凭证

乾隆四十七年（1782）梓行的一部尺牍书中有几封尺牍与本书所论密切相关。其一，"弟客岁在某行发货，尚该价银若干，乞仁兄代弟向兑觅寄"；其二，"前在宝行，承兄发卖之货，该价若干，期某月兑付……见票希即照

---

[1] 《江苏巡抚陶澍奏折》（道光八年四月初八日），转引自黄鉴晖《山西票号史》，第37—38页。
[2] 《乡言解颐》卷四《钱票》，第70页。
[3] 陈森：《品花宝鉴》第三回《卖烟壶老王索诈，砸莱碗小旦撒娇》，第38页。

数兑交舍亲寄我"；其三，"顷接来翰云，某方尚该货价，弟即执票向兑，奈彼一时不能兑付。"[1]这三例均涉及三方，一是出售货物的一方（"弟"、"我"），二是转售货物的一方（"某行"、"宝行"），三是代理人（"仁兄"、"舍亲"、"弟"），代表债权方兑取欠债，完成这一信用行为。其中第一封尺牍是售货客商请求分店负责人或自己朋友向牙行店铺兑取货价。第二封是售货客商直接向转售货物行店索债。第三封则是分店负责人或朋友向买货一方索取未清货价未成，回复售货客商。其中第二、第三两封尺牍之中说到"见票"、"执票"，其中的"票"是不是上引材料中的"会票"呢？有两种可能性：一种可能性是此票即类似上引各例中的那种"期票"即本票性质的"会票"。这种会票由戴学文先生所藏的一张乾隆时"会票"实物得到了证明。此票载："立会票段子有，凭行李朝用，今会到汪客名下表心/火纸计重贰百捌拾柒/陆百捌拾勋。当日言明价纹银二八/二六算，该银贰拾伍两柒钱一分六厘，其银期至七月中日，三面交兑，行支客不认，立此会票存照。乾隆十二年（1747）三月二十四日，开票人段子有"，后又写有"汪客执"，并盖有"李朝用杂货行"的铺印。此票由段子有在向李朝用杂货行购货后开出，由作为最终债权人的汪客收执，承诺在四个月之后，偿还火纸货价银25.716两。依清代商业一般制度，作为贩运商的"汪客"与作为零售商的段子有是不能直接交易的，故此票虽由汪客执。但实际上是段子有写立给撮合买卖的牙行主人李朝用的。故而最终交兑时，要求三面承兑。即段子有、李朝用、汪客三人当面承兑。[2]票虽盖有李朝用行印，但并不能说是由李朝用承兑。故而此票类似于上引高朴、张鸾例中的"期票"，即本票性质的票据。上引尺牍中第二、三例中的"票"即可能是这种性质的"会票"。

第二种可能性是尺牍中的"票"不是购货商人所立的"会票"，而是负责联系、撮合买卖的"行"（即牙行）经营过程中开立的"行票"。清代商业，尤其是城镇商业大体皆由牙行居中，客商贩货来到，皆由牙行接买，再向异地客商或本地零售商、小商贩发卖，发货之际，均写"行票"为据，收账之际便需以此票为凭。如巴县档案记载：嘉庆十一年（1806）马乾一诉状云："情蚁等五号均系领本来渝生贸，因巨豪郑殿扬等所开大昌棉花行，去三月内套民等

---

[1] 吴郡虞学圃、武溪温歧石辑：《江湖尺牍分韵撮要全集》，连元阁藏板。转引自邓拓：《从万历到乾隆——关于中国资本主义萌芽时期的一个论证》，《邓拓文集》第二卷，北京出版社1986年版，第595页。

[2] 戴学文：《清代会票析论》，《中国钱币》1995年第4期。

棉花投伊行内发卖，该民马乾一花银一千两零，张大丰银三千五百二十余两，陶协盛银二千七百四十两，李如升银三百六十五两零，王大丰银一千一百九十余两，总共该民等白花银八千八百余两，行票朗凭，屡讨无还……窃民等以货投行发卖，原应照票向行收银。"[1]这是牙行向贩客收买棉花开给"行票"，以为异时收债之用。当牙行向外发货时，则似称之为"发票"，如有巴县档案记载：道光十年（1830）八月陈镛在诉状中谈道：夹江县花客黄德隆"向来在[重庆府城]各花行吊买棉花，历年已久，客旅咸知。""自[道光]六年（1826）起，在千厮门周亿发花行吊买棉花，发票账簿俱注黄德隆字号，至八年止，交易共有一万多金，腊月初八日结有行单可凭。除收，下该银八百七十余两。"[2]显然，清代贩运商业及铺店零售的大部分交易通过牙行以商业信用的方式进行。而这种货债的清算似以这种"行票"、"发票"为凭。据刑科题本记载广西梧州府天河县一案例，广东阳春县人刘以高独自来岑溪县贩茶生理，与船户袁潮杨亲识，"向来将茶叶托他带往各处发卖，凭行单收银，嘉庆三年（1798）三月初六日，小的有茶叶二百斤，付水脚银三钱，托袁潮杨带到戎墟去卖，四月初间，袁潮杨取行单回来，卖得价银八两四钱"[3]。由此看来，上述尺牍中的票作为这种"行票"、"行单"的可能性也是比较大的。

行票可能是一式三份，在乾隆五十六年（1791）四月初十日《巴县告示》中写道："今渝城各布铺玩法者众，竟不遵用三联照票，恃结客心，拦铺私贸，而行内挂平，又有名无实。……三联照票虽属旧例，客不愿用，未尝因有联票□归账也。"[4]三份票据中，一张由牙行保存，一张由客商持有，另一张尚不清楚如何处置，不知是否由零售铺商持。

（三）用于债务承兑的票据

据巴县档案记载，嘉庆二十四年（1819）六月杨耕万告状言："情蚁楚民，在江北船厂造船，并修检船只为业，守分无妄。祸因今年三月，以自修桡摆船一只凭中石忠贵、吴增福等，出卖与板主张仕朝买讫。议价钱三十五千，当收钱五千，船尽仕朝牵去。原言装载足兑船价，蚁信为实。兹于本月三十间[日]，仕朝船装万顺魁号米石，蚁向仕朝追索，乃万顺魁挺身招认，蚁彼不允，

[1] 《马乾一等告状》（嘉庆十一年），《清代乾隆道巴县档案选编》（上册），第339页。按：〔〕内文字是本书作者补充，下同。
[2] 《陈镛诉状》（道光十年八月初四日），《清代乾嘉道巴县档案选编》（上册），第343页。
[3] 《刑部等衙门经筵讲官庆桂等谨题》（嘉庆四年六月十四日），刑科题本4410。
[4] 《巴县告示》（乾隆五十六年四月初十日），《清代乾嘉道巴县档案选编》（上册），第344页。

伊亲笔出立兑票三纸，注明兑钱三十千，给蚁朗据，审呈，言定任蚁随时收兑无欠。蚁以顺魁号商既出票招兑，凉[谅]无延骗，未防伊奸，笼蚁收接伊票，乘蚁不阻，仕朝船已开去。等蚁执票向顺魁兑钱，遭伊欺蚁忠朴，支吾奸推。蚁因负欠人帐，望此船价开销，逼追难缓，迫投雷正太等向问，顺魁陡起骗心，凶横不认，激蚁扭赴鸣冤。为此恳赏讯追，俾免滋祸。"[1]这里的"兑票"，是作为债权人一方的船主杨耕万，在买主张仕朝不能按约定偿清船价而去索债时，张仕朝所为之服务的米号——万顺魁，写立兑票给予杨耕万，约定随时可向万顺魁号兑钱。这样，通过万顺魁号延长了船厂主杨耕万给运输业者张仕朝商业信用的时间，万顺魁承兑了张仕朝的船价。此外，巴县档案记载中，有时名之曰"会票"，但含义却也是"招兑"。如嘉庆五年（1801）四月马天育诉状言："情生籍陕西，投成都经营，今正生贩草帽载渝投吴秉怀行内发卖，否秉怀在行左与夏正顺伙开杂货草帽铺贸，窥生初来，诚朴可嚼，串伙正顺两次凭伊管柜陈希五、伊侄吴大赊去草帽七十一捆，议价银二百六十七两三钱，约三月半完清，行票炳据。三月初一生收银八十六两九钱五分，余欠秉怀引生至伊货店叫正顺招兑，正顺止招六十九两，约限月底兑给，余欠秉怀认还。"因吴秉怀、夏正顺均未及时兑还，引起诉讼。同年四月，夏正顺亦上告，其状云："情蚁籍江西，在治太平厢开设杂货生理。今二月十五买致中行吴秉怀草帽十四捆，价银六十八两九钱□分，旋即交兑，出入账记炳存。"因吴秉怀潜匿，马天育要夏正顺还价银，率人来店，"声称曾会此银"，夏正顺乃集合众铺商，经众理说，众言：依惯例，行商坐贾交易时均须经牙行，从不私相授受，"该客既称面会，当立会票，同会何人，若无票无证，理难违规向取，正顺焉肯两偿。"[2]这里双方的分歧不少，我们且不论它，需要注意的是：对于其中十四捆草帽的价钱——六十九两，在夏正顺的诉状中，马天育辩解说："曾会此银"，实际上是不可能的，因为买卖两客从无私相授受之理，"既称面会，当立会票，同会何人。"若无票证，怎能两偿。而马天育的诉状则解释说：吴秉怀购草帽后只还银八十六两多，余欠让伙开杂货店的夏正顺"招兑"，共一百八十多两，而夏正顺只愿招兑六十九两，即十四捆草帽的价钱。可见所言"曾会此银"、"立会票"即是让夏正顺"招兑"。这种"招兑"与

---

[1] 《杨耕万告状》（嘉庆二十四年六月二十九日），《清代乾嘉道巴县档案选编》（上册），第421页。按：其中[ ]中的字系本书作者理校。

[2] 《马天育诉状》（嘉庆五年四月）、《夏正顺告状》（嘉庆五年四月），《清代乾嘉道巴县档案选编》（上册），第388、389页。

上例中万顺魁的招兑是类似的行为，是一种商业交易中的信用行为。另外一例，在嘉庆十一年（1806）六月二十四日，"胡天佑立票招兑，代民还周恒顺米银七十一两五钱。无如天佑招见［兑］之后，见民回籍，又不偿还，以致周恒顺乘民于本月初十运笋拢行，将民笋子口揹九包不许发卖。"[1]胡天佑之所以为秦玉顺承兑米银，是因为他挂平的德丰牙行欠玉顺笋钱，而且所欠之银要超过米银，但是天佑并未及时还银。

关于兑票的格式可以从下面黄巨源所立的分兑期票看出，道光十九年（1839）黄巨源立有期限为八年的分兑期票如下[2]：

> 立分兑期票黄巨源今期到
>
> 陈裕丰宝典大钱壹千文，当日凭中言定，自二十年起分作八年兑
>
> 还，不致短少，今恐无凭，立此期票存照，兑清之日原票缴回。
>
> 　　　　　　立兑券黄巨源
>
> 　　　　　　　　凭中　陈定山　吴步衢　陈庭瑞
>
> 　　　　　　　　道光十九年三月廿一日　立

黄巨源的身份不明，这张期票的性质可能是商业本票，也可能是银行本票。陈裕丰宝典应是专门经营典当业务的金融店铺，黄巨源是债务的承兑人，他可能只是承诺按期兑还这笔债务，直接欠陈裕丰宝典的债务人应该不是黄巨源。承兑的款项并无利息，也没有说明每年还款多少，只是承诺八年兑还，金额不大，期限却长达八年。

（四）具有支票性质的票据

在山西平阳府翼城县，"郭汶魁向在县属开设协兴号钱铺生理，与魁新粜行银钱往来，遇有籴买粮粟时无钱，开发粮价，写帖开明粮粟斗数，暂令粜粮人持帖至郭汶魁钱铺兑使钱文，迟日如数归给，道光十九年（1839）二月二十三日，谭恩照赶驴驮载杂粮数石至北关魁新粜行粜卖，谭恩照先将高粮卖，最后领得粮帖前往郭汶魁钱铺兑取钱文，郭汶魁查看帖，开粮数仅有六斗一升，按市价每斗合钱三百五十文，当即照帖付钱。"[3]本案中的"粮帖"具有支票的

---

[1] 《秦玉顺告状》（嘉庆十一年十一月十三日），《清代乾嘉道巴县档案选编》（上册），第362页。
[2] 《徽州千年契约文书》（清·民国编）卷二，第402页。
[3] 《兵部侍郎兼都察院右副都御史巡抚山西申启贤谨题》（道光十九年十月初三日），刑科题本7170。

性质，包括三个当事人：出票人即粮帖签发人（魁新粟行），受票人即粮帖的付款人（协兴号钱铺），受款人即受领粮帖所规定的钱数的人（谭恩照）。这张粮帖的具体形制虽不可知，但可以推断它具有见票无条件支付性质，是即期汇票。这是一张由于商业信用行为而签发的商业信用票据，在当时不知能否背书转让。这张"粮帖"由钱铺承兑，魁新粟行与协兴号钱铺之间有资金关系，所以同时具有支票性质。这里魁新粟行与协兴号钱铺之间并非店铺连锁或同一人开设的关系，而是商业单位与具有银行性质的钱铺间的银行信用关系。钱铺对粮价的承兑巩固了粮帖的信用，又使商业信用与银行信用有机地结合起来，从而促进了商品经济的发展。

（五）期票的运用

期票属于本票，是指债务人向债权人开出的，以发票人本人为付款人，承诺在一定期间内偿付欠款的支付保证书。清代巴县档案中，有一种"兑票"，与以上所说的"期票"颇为相似，值得我们注意。如道光十年（1830）唐象钦在巴县诉称："道光五年（1825）监生接这卢俊容下手修建梅葛庙，因庙内功果浩繁，用费不敷，监生长用银五千三百九十四两一钱九分，陆续收过卢俊容银一千三百四十五两零五分，其余银两没有着落……那时卢俊容缴出各靛行兑票十张，傅主当堂把兑票三张共银二百八十两给与周元顺、池瑞芳兑收，以作梅葛庙辉煌匾对治酒演戏的用费。监生只收执兑七行兑票七张共银五百一十两零八钱七分。"[1]这里是唐象钦承包了修靛行梅葛庙的工程，用去银五千多两，已收工程款项一千三百四十五两多，下欠银两，由卢俊容出面收得靛行牙商（或一般商人）兑票七张，承诺偿还其中的五百一十两零八钱七分。[2]这里七张兑票当是靛行客商们承诺将来还款的一纸书面凭证，其含义与张鸾所立"期票"及段子有所立的"会票"相类似。无疑这里开立"兑票"的人与未来的付款人是同一个人。清代的期票有分期多次偿还的意思，江苏常州府江阴县人瞿三淋种田度日，道光四年（1824）六月，他向顾开幅买牛一只，"讲定价洋二十七元，因无现洋，央任旭初出名担保，写立期票交执，言明九、十两月还清。"[3]瞿三淋买牛没有现钱，于是写立期票，票面上明确写明还款期

---

[1] 《唐象钦等供状》（道光十年五月），《清代乾嘉道巴县档案选编》（上册），第354页。

[2] 仍欠2866.91两，"断令七行山客每包靛打取厘金三分内，除银五厘以作梅葛庙焚献杂用，其余二分五厘填补还唐象钦账项。"

[3] 《刑部等衙门经筵讲官王鼎等谨题》（道光十六年六月初一日），刑科题本6911。

限，约四个月还清，同时有任旭初出名担保，是比较正式的期票。道光十一年（1831）六月二十五日，山西人崔明在河南偃师县所开杂货铺歇业，因欠监生马青山货钱十余千，马青山于二十七日将崔明铺内余货搬走。经崔明控诉，马青山将列有搬走货物的货单呈出，"至所开货单，青山谓出伊手，崔明自钤图记。崔明则称图章亦被盗去，货单系青山谎开，尚多遗漏。青山又称二十八日，伊铺尚出钱票，印有图章，证其未盗。试思时已闭门，岂能出票，况质之得票之王和顺称，系初十日先期所开既为期票，则图章难保不在青山之手，而货单不可凭矣。"[1]这里用一张初十日崔明店铺所开的期票证明了货单是马青山谎开，货单上的图记是马青山用盗去图章私自加盖。王和顺得到崔明店铺的期票，则可能是赊卖货物给店铺的取款凭证，上面加有该店的图章。道光十五年（1835）九月二十三日，在安徽霍邱县，陈名扬在集卖菜，有同集居住的张魁在集上向不识姓名人买得布鞋一双，价钱三百文，因无钱付给，"把身带沈太兴店一千钱期票向陈名扬押钱三百文，许俟次日还钱取票。"[2]因为张魁不认识卖鞋人，没有能够赊买布鞋。他身上正好带着沈太兴店一千钱期票，于是用期票向认识的陈名扬押钱三百文买了鞋子，说好第二天还钱取票。沈太兴店应该是商业店铺，这张期票由商业店铺开出，应是一张商业本票，在这里用作抵押。在江苏阜宁县，道光十六年（1836）三月十四日，梁同山将牛一只，凭梁克勤作中卖与田其位，"议明价钱十三千文，期约四月付钱，田其位当立期票交梁同山收执。"[3]债务人田其位是出票人，债权人梁同山是执票人，梁克勤是中人，约期约一个月，这是典型的商业信用期票。

（六）钱帖的使用日益广泛

钱帖是由钱铺签发具有信用货币性质的票据。"钱帖"也叫"钱票"，在乾隆年间已有使用，"乾隆初，始闻有洋钱通用，至四十年（1775）后，洋钱用至苏、杭。其时我邑广用钱票，兼用元丝银。"[4]因为可以省去搬运铜钱，用着方便，又随时可以向钱铺兑换铜钱，所以被商人接受使用，成为商业信用票据的一种。"今贾人出钱票，其始皆持票取钱无滞，久久人信其殷实不欺，于是竟有辗转行用至数十年不回者，并有竟不回者。黄河两岸，致富者莫不由

---

[1] 李钧：《以货抵债事》（道光十二年十月十六日），《判语录存》卷四。
[2] 《兵部侍郎巡抚安徽卜星额谨题》（道光十七年五月初十日），刑科题本7008。
[3] 《刑部等衙门经筵讲官王鼎等谨题》（道光十七年九月二十日），刑科题本703。
[4] 《中国近代货币史资料》第一辑，（上册），第54页。

此，皆以信行其诈，故能得手。"[1]钱票也成为一些人诈骗的工具。在西安府蓝田县，据胡应昌供"道光十三年（1833）十二月十六日，魏家寨人耶得有问兄弟籴买粟粮一石，议价钱三千文，耶得有照数付给引家卫镇上恒元号钱帖一张，兄弟因不需用，把帖存留，到十四年二月十八日，兄弟持帖前往取钱，不料恒元钱铺先已关门逃走，兄弟转回，路遇耶得有告知情，问他退帖索钱未允。"[2]这张钱帖出自恒元号钱铺，在商业领域流通，具有银行券性质。至于耶得有如何拥有该帖却不得而知，有两种可能，一是耶得有在恒元号用钱兑换而来，一是其他人购买其货物时支付给他的。恒元号钱铺开在引家卫镇上，而粟粮的买卖可能发生在同一镇上，更大的可能则发生在异地（如魏家寨），该钱铺的信用在当地小范围内已得到广泛认可，其发行的钱帖在当地可以流通，也可随时兑现。因为胡应昌的兄弟暂时不需用钱，所以没有及时兑现，由于信息的闭塞，当他两个月之后去兑现时，钱铺已关门，只好向耶得有追偿债务。道光年间，由于铜钱的贬值，且携带困难，钱帖在全国的使用日益广泛，在盛京奉天府铁岭县，李广瑞赊欠韩坤铺内粮米钱十吊没还，六月间，他拿布两匹到韩坤铺内抵还欠账，把布两匹卖给过路张姓，讲明市钱二十四吊，张姓给了李广瑞新民屯恒升号钱帖一纸，计钱十五吊，法库门永泰当钱帖一纸，计钱十吊。[3]这两张钱帖其中一张出自新民屯恒升号，一张出自法库门永泰当，前者可能是钱铺，后者是当铺。钱帖虽然有银行券的性质，但是仍然不是银行券，其面额根据使用者的要求，有大有小。钱帖的签发者也不是现代银行，可能是钱铺、钱庄、银号、当铺等金融店铺。

清代前期宁波的货币市场已相当发达，当地钱帖的使用非常普遍。据段光清咸丰八年（1858）记载：

> 宁波码头向有钱贴之名。钱贴者，因当年宁波殷富富室所开钱庄，凡有钱者皆愿存钱于庄上，随庄主略偿息钱；各业商贾向庄上借钱，亦略纳息钱，进出只登账簿，不必银钱过手也。民间日用，亦只到钱店多写零星钱票，以应零用，倒比用钱方便，免较钱色也。尝有以钱换票而贴水者，以票钱之便于用，而钱庄又系富室所开，不虑票钱无著。故宁波商贾，只能有口信，不必实有本钱，向客买货，只到

[1] 王鎏：《钱币刍言续刻》，第24页。
[2] 《兵部侍巡抚山西等处地方杨名飚谨题》（道光十四年十月十一日），刑科题本6840。
[3] 《刑科等衙门经筵讲官卢荫溥等谨题》（道光十一年六月二十一日），刑科题本6709。

钱店过账，无论银洋自一万，以至数万、十余万，钱庄只将银洋登记客人名下，不必银洋过手。宁波之码头日见兴旺，宁波之富名甲于一省，盖以此也。自军兴以来，宁波损项最多，而省中犹谓其少，以富名太大也。我尝言宁波虽大，而宁波码头实空，只有账簿，不见现金。譬如年久老树，外面枝叶虽茂，其中本质已空，遇大风暴，立见摧折。省中同寅皆掩口笑。后因码头日空，庄上存钱日少，以票取钱，必出贴水，其始每千不过贴水五十文，渐至百文；以后竟至四五百文。夷务以后，有贴水名目，官厅乃禁止铜钱出境，而贴水如故。有人言庄上起利，则存钱之家，自然日集市中，市中银儿日多，则钱贴自平。官厅乃著令钱店竖庄。竖庄者，起利也；利起而钱贴果平。余在宁波时，亦尝劝钱铺竖庄，钱贴日增，票钱买货，市价日长。[1]

这段文字虽写于咸丰年间，"军兴"当指太平天国运动，虽然使宁波受损，但是随着利率的设立，银钱很快又回流，钱庄信用日增，钱帖流通日广。文中反映了商业信用与银行信用的相互促进，宁波商贾，"只能有口信，不必实有本钱，向客买货，只到钱店过账，无论银洋自一万，以至数万、十余万，钱庄只将银洋登记客人名下，不必银洋过手"。商人的信用买卖在钱庄信用的保证下更加方便快捷，钱庄信用在商业信用的浇灌中迅速膨胀。作者明确说明宁波码头"只有账簿，不见现金"，实际上还包括取得现金的支付凭证。马克思把这种支付凭证概括为"票据"这个总的范畴，"就这种票据由于债权和债务的平衡而最后互相抵消来说，它们是绝对地作为货币来执行职能的，因为在这种情况下，它们已无须最后转化为货币了。就像生产者和商人的这种互相预付形成信用的真正基础一样，这种预付所用的流通工具，票据，也形成真正的信用货币如银行券等等的基础。真正的信用货币不是以货币流通（不管是金属货币还是国家纸币）为基础，而是以票据流通为基础"。[2]

三、用于银钱借贷、融通资本

有一种"会票"，其主要含义似乎是一种货币资金的借贷行为。这种票

---

[1] 段光清：《镜湖自撰年谱》，中华书局1960年版，第122页。
[2] 马克思：《资本论》第三卷，人民出版社2004年版，第450—451页。

据在现存清初徽州文书中被称为"会票"或"会券",商业店铺直接通过它来融通资本。有一份徽商店铺商人的承包书叙述:汪凝晖与吴润苍各出银八百两,于道光十二年(1832)正月在南昌府吴城后河合伙开设公和店杂货铺,后又借用汪凝晖会票银一千三百两以资转运,"孰料道光十三、四两年,南昌府各属水灾而吴城滨水更甚,以致店中水深数尺,生意寥寥,店中所贮各杂货损坏颇多,十三、四两年计亏本银一千余两,水灾之后,各乡拮据,店中生意竟觉清淡,而赊出各口岸铺店账目诸多疲累,十五六两年又复亏本,计道光十三四五六共四年计亏血本一千六百余两,以致转运维艰,二东不愿开,将店决意收歇。十六年冬月,查该各行并客会票总计该银一千四百余两,至年终去项,各该欠均未兑还,于道光十七年(1837)春月,将店存货物售卖,并将各口岸铺店及本镇银两上紧催讨,于本年五月内将所该欠各行店银两并该欠各客会票等银两,凭经胡灌涣翁、程涵远等之手,一并尽行还楚,分厘不短,唯该欠凝纪会票银一千三百两无项归结,后将店底家伙什物顶替银三百两,并存银钱货物等银二百零一两零九分,二共计扎瓜银五百零一两零九分,还凝会票,仍短欠凝记会票银七百九十八两九钱一分,听从凝、润二家分认。"[1]这可以说是一家中小型杂货店的最终盘算账,值得我们注意的是,其中比较完整地反映了这家店与资金市场的关系,而这种关系几乎都用"会票"予以体现。

那么这种关系具体究竟如何呢?大体说来主要有以下几种情况:其一,属于一种借贷。这是指讲述了本店(公和店)初开不久,即借用股东之一——汪凝晖的会票银一千三百两,这里没有说明汪凝晖的银是在南昌吴城,还是在徽州老家。如是前者,则是一纸纯粹的借贷契约;如是后者,则是一纸与货币异地汇兑相结合的一种资金借贷。这笔资金共计一千三百两,最终未能还清。

其二,是公和店该欠各行店、各客的会票银一千四百余两。这里应是公和店从各牙行、各贩运商人处赊取商品时,以"会票"形式欠下的货债,如果这些"行店"、"客"是在异地,这种"会票"则类似上引高朴贩玉一事中,苏州的玉器珠宝店写立给张鸾在京中"声闻银号"取偿的"会票";如果"行店"、"客"是在同一个地方,尤其是在同一城镇,则类似于上引张鸾自己写立的"期票",是一纸承诺将来某一特定时刻的书面凭证。

---

[1] 《汪启晖立承包字据》(道光十八年),《徽州千年契约文书》(清·民国编)卷二。按:本承包书所言分两个部分,前一部分写公和杂货店因水灾亏本,东家决意歇闭的过程;后一部分则写汪启晖租用此店原来房屋并续用公和字号一年为免债务纠纷,订立合约,以便划分新旧公和店界限,以避免纠葛。后一部分,这里未引。

其三，是别的"铺店"欠公和杂货店的货债。即"赊出各口岸、铺店账目诸多疲累"。所谓"疲累"即未按时清偿。这种债务性质与第二种是完全一样的。值得注意的是，所赊出货债不少是外地客商或铺店。

显然，第二种、第三种情况可以肯定是一种商业信用，第一种则是一种高利贷信用。也说明，至清代中期，即使像公和店这样的中小工商业铺店，已经能够熟练地运用各类票据化的商业信用，满足资金需要。此例虽是道光之后，实际上乾隆年间即已经达到了这一发展水平。

下面是发生在徽州的通过会票来完成银钱借贷的一些案例。有立于雍正三年（1725）三月的"会书"言："立会书吴景山，今邀到峴宾尊叔翁，蒙应会本课平纹银壹百两正，其银议定一周年带本利付还拾贰两，期以十年为满，共还本利银壹百贰拾两，此系承爱，不致愆期，还清缴券，立此存照。"（下略）[1]有立于乾隆十九年（1754）六月初一的会票言："立会票吴若千，今会到×××名下徽平九七色银壹千两整，其银每足月壹分肆厘行息，其利四季交付，不致有悮，立此会票存照。"[2]有立于乾隆二十六年（1761）正月的会票说："立会票人汪世兴，今会到吴名下九七银贰佰两整，其银三面言定，每月壹分八厘行息，其银至十二月本利一并付还无误，今欲中凭，立此会票存照，凭中汪良佩。"（下略）[3]此票于十二月二十八日还清。有立于乾隆四十五年（1780）十月的会票言："立会票吴西邻，今会廷彩族叔名下九七足色银肆拾两，三面言定每周年作壹分陆厘行息，约至来年春本利奉还，决不有误，今恐无凭，立此会票存据。平合万安米砝，乾隆肆拾伍年拾贰月日，立会票吴西隣，凭中吴玉光。"[4]有立于嘉庆元年（1796）的会票言："凭票会到方处本银五十两整，其利言明每月一分贰厘行息，约至对周归楚，其本约于三年对期归还不误，此照。计开平九四，色九六。嘉庆元年六月初十日立会票程翼文，中程翼川。"[5]另有许道善典立于道光九年（1829）和十年（1830）的四张会票[6]，分别是：道光九年（1829）十月十六日的会票，"会到恒记名下典平司镜银壹仟两整，言定每月一分二厘行息，期至对周本利一并清还。"道光九年

---

[1] 《吴景山立会书》（雍正三年），《徽州千年契约文书》（清·民国编）卷一，第233页。

[2] 汪庆元：《徽州会票制度考略》，《文献》2000年第1期，第191页。

[3] 《汪世兴会票》（乾隆二十六年），《徽州千年契约文书》（清·民国编）卷一，第334页。

[4] 《吴西邻会票》（乾隆四十五年），《徽州千年契约文书》（清·民国编）卷二，第21页。

[5] 《明清徽州社会经济资料丛编》第一辑《歙县程翼文会票》，中国社会科学出版社1988年版，第558页。按：此契又见上引汪庆元文第189页。

[6] 黎雁萍：《新见徽商会票简介》，《中国钱币》2004年第4期，第57页。

（1829）十一月初七日的会票，"会到恒记名下典平司镜伍佰两整，言定每月一分二厘行息，期至对周本利一并清还不误。"道光十年（1830）正月初七日的会票，"会到恒记名下典平司镜壹仟两整，每月一分二厘行息，期至冬间本利一并清还。"道光十年（1830）四月初六日的会票，"会到广记名下典平吴镜伍佰两，每月一分三厘行息，期至冬间本利一并清还。"还有许道丰典立于道光九年（1829）和十年（1830）的四张会票[1]，分别是：道光九年（1829）十一月二十三日的会票，"会到恒记名下典平吴镜壹仟佰两整，言定每月一分二厘行息，期至来年秋间本利一并清还不误。"道光十年（1830）正月初九日的会票，"会到恒记名下典平吴镜纹伍佰两整，言定每月一分二厘行息，期至来年秋间本利一并归还。"道光十年（1830）二月十五日的会票，"会到恒记名下典平吴镜伍佰两整，言定每月一分二厘行息，期至对来年秋间本利一并归还。"道光十年（1830）六月十一日的会票，"会到恒记名下典平吴镜伍佰两整，言定每月一分二厘行息，期至对来年秋间本利一并归还。"有道光二十二年（1842）的会票言："凭票会到陈名下曹平宝银肆佰两整，当日言定每月柒厘行息。其利年终缴付，其本五年归款不悮，此据。立会票吴秋士、吴秉周。居间陈莲士、荫清兄。道光二十二年十一月二十立。"[2]有立于道光三十年（1850）的会票言："凭票会到翁万丰宝号足曹平宝银壹千两整，言定每月壹分行息，期订次年对期交还，此据。立会票陈裕丰典，经收王学文，道光三十年（1850）二月二十四日立。"内有批字云"咸丰元年（1851）十一月初十还本利曹平宝银五佰两整。"[3]另有立于道光三十年（1850）的会票言："凭票会到翁万丰宝号九七八洋钱贰仟串整，言定每月壹分行息，期订次年九月内交还，此据。立会票陈裕丰典，经收王学文，凭中杨位中，道光三十年（1850）十一月五立。"中有批字云："同治十一年（1872）二月廿二日销。"[4]

以上所引十六例会票借贷契约，有关情况列简表如下：

---

[1] 黎雁萍：《新见徽商会票简介》，《中国钱币》2004年第4期。

[2] 《吴秋士等会票》（道光二十二年），《徽州千年契约文书》（清·民国编）卷二，第422页。

[3] 《陈裕丰号会票》（道光三十年），《徽州千年契约文书》（清·民国编）卷二，第470页。

[4] 《陈裕丰号会票》（道光三十年），《徽州千年契约文书》（清·民国编）卷二，第473页。

表7—1 徽州文书"会票"情况简表

编号	时间	立票人	承会方	银（钱）数	利率	还本利规定
1	雍正三年三月	吴景山	岷宾尊叔翁	100两	年利2分	一年带本利还12两，十年还清，共本利一百二十两。
2	乾隆十九年六月初一	吴若千		1000两	月息1.4分	其利四季交清。
3	乾隆二十六年正月	汪世兴	吴	200两	月息1.8分	至本年十二月本利归还。
4	乾隆四十五年十二月	吴西邻	廷彩族叔	40两	年息1.6分	至来年春本利奉还。
5	嘉庆元年六月	程翼文	方	50两	月息1.2分	息对周归楚，本三年归还。
6	道光九年十月十六日	许道善典	恒记	1000两	月息1.2分	期至对周本利一并清还。
7	道光九年十一月初七日	许道善典	恒记	500两	月息1.2分	期至对周本利一并清还。
8	道光十年正月初七	许道善典	恒记	1000两	月息1.2分	期至冬间本利一并清还。
9	道光十年四月初六	许道善典	广记	500两	月息1.3分	期至冬间本利一并清还。
10	道光九年十一月二十三日	许道丰典	恒记	1000两	月息1.2分	期至来年秋间本利一并归还。
11	道光十年正月初九	许道丰典	恒记	500两	月息1.2分	期至来年秋间本利一并归还。
12	道光十年二月十五	许道丰典	恒记	500两	月息1.2分	期至来年秋间本利一并归还。
13	道光十年六月二十一日	许道丰典	恒记	500两	月息1.2分	期至对来年秋间本利一并归还。
14	道光二十二年十一月二十日	吴秋士吴秉周	陈	400两	月息0.7分	利年终缴付，本五年归款。
15	道光三十年二月二十四日	陈裕丰典	翁万丰宝号	1000两	月息1分	次年对期交还。
16	道光三十年十一月初一日	陈裕丰典	翁万丰宝号	2000串	月息1分	次年九月内交还。

以上借贷，数额都比较大，利息都比较低，期限也都比较长，故而都极像是某种经营性资金的借贷，尤其是第六至第十三八例可以肯定是经营性资金借贷。不过此处所谓的"会票"、"会书"、"会券"究竟是一种向异地汇兑款项的证书，还仅仅是一种纯粹的借贷契约，还是二者兼而有之，即既是一种借贷契约，又是从异地汇兑而来的款项的票据，从"会票"本身所叙，尚无法证

实。尽管如此，作为一种资金性借贷，契券的意义则是不容置疑的。

从下例来看，这种"会票"也是一些殷富之家的部分财产。如嘉庆四年（1799），陕西巡抚秦承恩被撤职，逮京问罪，清查其家产时，发现有"会票借券十纸，共借出市平色银一万三千零六两，内除还过银一千三百两已用去无存，实借出银一万一千七百零六两。"又有关于另一宗家产的记载言："以上共计当本银一千一百八十五两，将来应于今借银内照数给还各当铺，理合登明。"[1]可见秦承恩家的会票是一种借贷契约，这也从一个侧面证明了以上所引徽州文书中的会票作为一种借贷契约的可能性。这样我们也就能理解以下实例的含义，据一份涉及徽商家族内部"门差"应役问题的"缴票"叙述，有兄弟五人共同占有祖遗店业，乾隆十六年（1751）由长房主持将店业阄分明晰之后，仍由长房负责经营，原有五房已阄分的资本仍合在一处经营，由长房写立收本票为凭。因为这样，原有的祖遗"门差"也由长房（长房过世由其子侄光浩）负责应付。至乾隆三十五年（1770），可能因为经营不善或透支过多[2]，店业陷入不景气之中，原有"门差"长房亦无力应付，于是乾隆五十八年（1793）十一月写立缴票，规定日后"门差"由五大房轮流接管，其他四房叔父对于以前长房侄光浩负责经营店业，应付"门差"时的借贷、透支之类"前帐"均不计，"照票收本，仍找银六百五十两，与浩自为生理。"实际上，店业在乾隆三十五年（1770）时，"仅剩余银千两存与四位叔父处，与立会票生息，以给家需。"[3]此处所立"会票"当是指由负责经营的长房侄光浩给四位仍未抽本的叔父写立"会票"，按照固定的利率，给叔父交纳利息，以应家里日用。显然，从光浩角度看，此会票乃是一种较长期的借券，但须按期付息；从接受会票的四位叔父看，则既类似于借券，又像是存款取息之票。而商人对这种票据的利用似乎也司空见惯，如前引各借贷性会票中，道光年间陈裕丰典给翁万丰号所立会票即是如此。而这种借贷若发生在异地，则这种"会票"既是一种借贷契约，也是一纸真正的汇票，如有乾隆年间尺牍范本言："郡城小典，客腊开张，生意甚属清淡……不料三月桃花涨发，近乡各典俱以阻水停当，致乡间质物者鳞集郡城，晨下小典所存，仅足支应本月……兹特奉恩太翁，鼎力于省中代会银二千两，或尊处可以通融，更免一番辗转。"[4]这就是

---

[1] 《文献丛刊》第二十四编，《秦承恩获罪事件·查抄秦承恩家产物件清单》。

[2] "缴票"中叙：光浩曾因家计日大，"透用过本银五千有零。"

[3] 《□光浩缴票》（乾隆五十八年），《徽州千年契约文书》（清·民国编）卷二，第99页。

[4] 《分类详注饮香尺牍》卷三《借贷类》。

说，设立于府城中的某当铺，因春洪涨发，乡间质钱者集中，导致流动资金不够，于是请求住在省城的某位亲朋（"太翁"）代为借银二千两，或直接从这位亲朋处借银，然后汇过来。可见既要借贷，又要汇兑。这种会票，既是借贷契约，又是真正的汇票。这位当铺老板已经懂得运用汇兑方法调拨资金，满足经营需要。

四、其他用途的商业信用票据

前文分析的几种商业票据所完成的任务多是现代银行的职能，这些票据与商业信用和银行信用都有关系。据笔者所见，清代前期见诸史料的信用票据除"会票"、"期票"、"兑票"、"行票"外，还有"发票"、"欠票"、"谷票"等票据，这些票据只停留在商业领域中，但也属于商业信用票据。

"发票"[1]是委托买卖中的信用票据，一般由委托方出具。在乾隆朝"高朴私鬻玉石案"中，"山西商人王万士供称，伊之妹夫乔云焕先在甘肃兰州杂货铺生理，与卫全义交好，因闻卫全义在苏州做玉器发财。乔云焕今年带伊同到苏州，即在卫全义寓处居住。卫全义将如意三枝，玉器四件，议定价值，开明发票，托其妹夫乔云焕觅售。乔云焕转遣王万士带了玉器于九月初十日起身回山西。正要觅主销售。今蒙查起，所有万福如意，及其余六件原物，现在并有卫全义图记发票，一并呈缴。此卫全义转托带回货卖，并非张鸾亲交。……臣随细验……亦与王万士呈出发票相同。"[2]可以推断，这张发票上记有所托售货物的种类、质量、双方议定的价值，并盖有托卖方的图记，由受委托者所执。

"欠票"是在双方出现债务关系时，欠债方出具的承诺清偿债务的票据。江苏如皋县人王永发，贩卖棉花生理，与在江阴县开设牙行之程添顺，并无仇隙。"乾隆三十九年（1774）十月间，王永发贩花投行，经程添顺售卖，结欠钱三十九千文，写立欠票，约至次年二月偿还。王永发执票归家。"[3]这张欠

[1] 牙行所立之发货给坐商的票据亦称发票。
[2] 《巴延三折十二》（乾隆四十三年十月二十八日），《史料旬刊》第二十五期，《高朴私鬻玉石案》，第902—903页。
[3] 《江苏巡抚萨载题》（乾隆四十一年四月十五日），转引自吴奇衍：《清代前期牙行制试述》，载《清史论丛》第六辑，第47页。

票是因商业信用而写，其性质类似于期票。

"谷票"是一种特殊的由卖方出具给买方收执的提货单。在湖南湘潭县，据事主李谦让供："乾隆十六年（1751）十二月十六日，谢若添等拿四两九钱银子向小的买谷伍石四斗，小的当时将银子收下，并给一张谷票叫他到黄粟庄仓里向佃户李常英去挑，次日小的探知市价那时每银一两只卖得稻谷八斗，他止有四两九钱银子，不能买谷五石四斗。"[1]这张"谷票"是在交付谷价后，由售货方李谦让出具给购货方谢若添的挑谷凭证，也属于商业信用票据。谷票上可能写有应付货物的数量，出票人的签名，但执票人的姓名不一定注明。

清代史料中对以上三种票据的记载并不多见，也没有被专门研究过，为了更全面反映清代前期商业信用票据的种类，在此列出，但仍需进一步研究。

综上所述可见，清代前期商业信用已经在相当程度上利用票据的方式完成，据文献记载，这些票据有"会票"、"期票"、"兑票"、"行票"、"粮帖"、"钱帖"等称呼，如按规范的现代金融学概念分析，他们分别具有汇票、支票、本票的性质。明清时期，所谓"会票"，有时是为了完成资金异地拨兑的汇票，有时则是一种借贷货币资金的契约，这种契约有时还具有完成存款取息的功能。就后一含义而言，它是一种高利贷信用。所谓"期票"、"兑票"，有时是债务人写给债权人，约定将来某个地方、某个时刻取款的本票，尤其是商人在某个店铺进货，便开立票据，让债权人去另一个自家开的店铺取款时更是如此；[2]有时则是债务人在某处有存款，便开立让债权人去该处取款的支票。当然巴县档案中所反映的"招兑"，即由另外信誉状况良好的商号或个人负责在将来某个约定的时刻，或将来随时随兑还债务款项，因此所立票据则既有本票性质，也有担保借贷之义。诸种票据的应用对于商人避免风险、节省资金、加快商业交易，扩大商业资本规模发挥了积极的作用，这表明清代前期商业信用票据化已经有了初步的发展。尤其是商业店铺与钱铺间的金融关系，使商业信用与银行信用相结合，加强了商业票据的可信程度。

清代前期，诸种票据的流通还存在较大的局限性。迟至18世纪甚至19世纪初，中国商业信用票据还未能通过买卖、贴现等途径，在商业交易过程中流通起来，发挥更多的节省交易所用金属货币的功能，更遑论建立集中的商业信用票据交易所，或银行业对商人的投资进行商业信用票据的贴现了。而西方自中

[1] 《署理湖南巡抚将炳谨题》（乾隆二十二年五月初七日），刑科题本1126。
[2] 如自家所开属于当铺、银号、钱庄之类金融店铺更是如此。

世纪以来的集市（交易会），既是大规模商品批发贸易，也是金融信用集中交易的场所。与商业交易相关的货币兑换、货价清偿也往往与商品交易同时集中进行。为逃避教会的高利贷禁令，商人之间的资金借贷多采取开具汇票、购买汇票的方式，与此相关的制度还有公证人制度、冲账、转账制度等，这样往往以少量的金属货币结清大量的商品交易，避免了大量三角债，节省了货币，便利并扩大了交易。后来更发展为于某一国际贸易中心城市（如阿姆斯特丹、里昂、伦敦等）建立长年不断的商品交易所，相应地通过银行，成立了票据交换所[1]。这些交易所所在城市同时也成为活跃的国际金融中心。这种背景下的商业信用便逐渐突破狭隘的人的关系，呈现出社会化、无限化的特点。

因票据化程度的差异，中西商业信用表现了类型上的差异，而商业信用类型的差异又是形成中西资金市场差异的关键因素。因为这种差异对商品经济的发展、工业化的推进产生了完全不同的影响，这是我们今后应当加以注意的。

---

[1] 据马克思《资本论》第三卷，"票据交换所是1775年在伦敦伦巴特街成立的，参与其业务的有英格兰银行和伦敦其他较大的银行，它的任务是为这些银行的票据和支票等互相间抵消债权。"人民出版社2004年版，第1056页。

第八章　清代前期广州对外贸易中的
商业信用关系

清代沿海对外贸易以鸦片战争为分界线，前后变化很大。清代前期虽然实行"闭关自守"的对外政策，但是中外贸易从未中断过。中国的对外贸易可以分为私人对外贸易与朝贡贸易。私人贸易又可区分为陆地上的边疆贸易和沿海地区的海外贸易；朝贡贸易主要是清政府与周边国家和地区间的官方贸易。清代前期的边疆与海外贸易早已受到清史学界的关注和研究，这些研究多侧重于清代对外贸易政策、商品种类和结构变化、商品货值、贸易地点、贸易对象等内容，也有对中外贸易中的大商人的研究，尤其是广州对外贸易的研究成果颇多。[1]但这些成果对中外商人交易中货价交付形式、资金转移使用过程的研究还很薄弱，对中外商贸往来中的赊销与货款预付现象，至今还无人做专门研究。实际上，清代前期中外商人的信用往来已达到很高程度，是鸦片战争后中外贸易与商业信用进一步发展的基础。本章意欲对鸦片战争前沿海对外贸易中

[1]　近年来关于清代海外贸易的主要成果有黄启臣：《清代前期海外贸易的发展》，《历史研究》1986年第4期；［日］松浦章：《清代海外贸易史的研究》，［日］朋友书店2002年版；陈国栋：《论清代中叶广东行商经营不善的原因》，《新史学》，台北：新史学杂志社1990年第1卷第4期；黄启臣、庞新平：《明清广东商人》，广东经济出版社2001年版；叶显恩：《世界商业扩张时代的广州贸易（1750—1840）》，《广东社会科学》2005年第2期；吴建雍：《十八世纪的中西贸易》，《清史研究》1995年第1期；庄国土：《茶叶、白银和鸦片：1750—1840年中西贸易结构》，《中国经济史研究》1995年第3期；庄国土《鸦片战争前100年的广州中西贸易》（上、下），《南洋问题研究》1995年第2、4期；张博：《清代盛京沿海贸易重心转移述略》，《南开学报》2001年第6期；黄启臣、庞新平：《清代活跃在中日贸易及日本港市的广东商人》，《中山大学学报》2000年第1期；陈君静：《略论清代前期宁波口岸的中英贸易》，《宁波大学学报》2002年3月第1期；苏全有：《论清代中英茶叶贸易》，《聊城大学学报》2004年第2期；张坤：《道光时期中英贸易研究》（暨南大学硕士论文）；李宽柏：《鸦片战争前对华贸易中英国散商的贸易研究》（江西大学硕士论文）；吴义雄：《兴泰行商欠案与鸦片战争前的行商体制》，《近代史研究》2007年第1期；萧国亮：《清代广州行商制度研究》，《清史研究》2007年第1期等。

中国商人与国外商人的商业信用往来进行尝试性探讨。

一、清代前期广州行商与外商的商业信用关系

虽然多数学者认为清政府实行了"闭关锁国"的对外政策，但清代前期海外贸易还是有发展的。黄启臣先生指出："在清代前期的196年中，只有顺治十二年（1655）至康熙二十二年（1683）实行了比较严格的海禁，康熙五十六年（1717）至雍正五年（1727）实行了部分地区海禁，总计不过39年，其余157年的海外贸易基本上是开放的。即使在禁海期间，也没有完全断绝与外国的贸易往来。"[1]广州是清代前期海外贸易的重要口岸，广州行商与外商的贸易往来常常采取定买与赊销的方式，这既扩大了双方的贸易额度，同时又给彼此带来信用风险。

（一）清代前期广州的中外贸易

清政府一直以天朝大国自居，在海外贸易政策的指导思想上，认为中国物产富饶，不需要外国的商品，对外交易是"加惠远人"、"怀柔远人"。清初为防范台湾郑成功反清势力而实行海禁政策，平定台湾后，要求开海的呼声日起，开海贸易提上了康熙帝的议事日程。康熙二十三年（1684）七月十一日，康熙在与大学士石柱议此事时曾说："先因海寇，故海禁未开。为是今海寇既已投诚，更何所待！"[2]就在这一年，准许浙江、福建、广东沿海人民出海贸易，实行了二十八年的海禁政策结束，不仅中国商人可以出海贸易，海外商人也可自由到中国沿海来交易。次年，清政府设立了闽、粤、浙、江四海关，作为对外贸易的窗口。后又于乾隆二十二年（1757）撤销宁波、泉州、松江三海关的贸易，仅准许外商在广州交易。为了实现对外商的有效税收和管理，清政府沿袭了明代的牙行，即行商制度，俗称广州"十三行"，其实并非真正只有十三行。为保护行商共同的利益，康熙五十九年（1720），广州十六家势力最大的行商在神前宰鸡啜血共同盟誓，订立公行行规一十三条[3]，十三行进一步发展成为一种共同组织——公行。乾隆二十二年（1757），行商基本上垄断

[1]　黄启臣：《清代前期海外贸易的发展》，《历史研究》1986年第4期。
[2]　《康熙起居注》第二册，中华书局1984年版，第1200页。
[3]　梁嘉彬：《广东十三行考》，广东人民出版社1999年版，第84页。

了对外贸易，政府命令番商"将来只许在广东收泊交易，不得再赴宁波。如或再来，必押令原船返棹至广，不准入浙江海口。"[1]从此，公行的地位骤然提升了，广东的对外贸易，包括南洋和欧洲的一切纳税、出售和买办货物等事务，都由十三行行商办理。乾隆二十五年（1760），"洋行立公行，专办夷船货税，谓之外洋行；别设本港行，专管暹罗贡使及贸易纳饷之事；又改海南行为福潮行，输报本省潮州及福建民人诸货税；是为外洋行与本港、福潮分办之始。"[2]自此，十三行分为外洋行、本港行、福潮行三行，分别办理西欧、南洋及福州、潮州的货税之事。

清代前期的对外贸易主要是外商到中国沿海来交易，中国商人主动出海对外贸易较少。据广东《海阳县志》记载，"康雍时，服贾极远，止及苏松、乍浦、江赣之间，近数十载，则海邦偏历，而新加坡、暹罗尤多"。[3]中国沿海交易的商人主要有来自荷兰、英国、西班牙、葡萄牙、法国、意大利、丹麦、美国等欧美国家的洋商，还有来自日本、朝鲜、印度及东南亚地区的周边商人。在鸦片输入之前，中国一直处于出超地位，中国输出的主要商品是茶叶、瓷器、生丝及丝织品、土布、糖、药材等，进口的商品主要有米、象牙、香料、燕窝、鱼翅、棉花、哔叽缎、毛织品、自鸣钟、玻璃器皿、珊瑚、洋参等。由于外商输入的商品在中国销路不好，而贩卖中国商品能获取丰厚的利润，为购买中国的商品，洋商运往中国大量的白银，以致中国物价上涨，南方一些地区用银元作为流通货币，"银元在下述各省自由流通：广东、广西、福建、江西、浙江、江苏、安徽和湖南的南部和东部。烂版银元的流通，几乎全限于广东、福建和江西。"而"中国北部的广大省区（指长江以北），物价一直是按银两定价。华中的大城市汉口以及西部广大地区的情况，亦复如此。"[4]自从鸦片大量输入中国后，白银开始外流，银价又不断上涨。

广州行商在18世纪以前，大多是资本不大的，或兼营操船的中介商人。随着公行制度的确立，行商成了具有垄断性质的专门负责外商买卖的中介商人，又因"捐输得官"，称为"某官"。行商的主要职责是：在经济方面，担任中西贸易的中介，为外商出售和收购货物，给商品定价，代政府收缴进出口关

[1] 《著署两广总督李侍尧遍谕番商嗣后口岸定于广东不得再赴浙省贸易事上谕》，引自《清代广州"十三行"档案选编》，《历史档案》2002年第2期。
[2] 《粤海关志》卷二五，《近代中国史料丛刊续编近代》第十九辑，文海出版社1970年版，1797—1798页。
[3] ［光绪］《海阳县志》卷七《舆地略六·风俗》，第6页。
[4] 《中国近代对外贸易史资料》第二册，中华书局1962年版，第1087—1088页。

税；外交方面，成为清政府与外国人的媒介，既要为清政府向外国人传达各种命令，又要为外国人向清政府递交种种申诉和要求，同时为外商在中国的一切活动作担保。"行商不仅是垄断海外贸易，而且其他中外交涉事件，也由其居间经办，是外商与中国政府联系的媒介，实际上具有经营海外贸易和经办外交事务的双重职能。"[1]要充任行商，必须为身家殷实、诚信可靠之人，并需向政府缴纳领取执照的规费并经由官府批准。而一旦成为行商后，不仅有垄断外商大宗商品（如茶叶、丝绸）买卖的权利，同时也得承担官府的各种责任和义务，包括各种捐输。

行商在承担中介贸易、税饷捐纳和外交事务时需要雄厚的运转资本，因此，能否顺利解决融通资金的问题，对行商非常关键。因为在清代前期行商承担无限责任，行商之间又有互保的责任，一旦洋行被债务拖垮，这不仅关系着本洋行行商全家的生存，而且会给其他行商带来沉重负担。行商除了自备资金外，解决资金问题有两条途径、两种方式。两条途径分别是国内和国外；两种方式分别是商品赊买和银钱借贷，银钱借贷又包括抵押借贷、信用借贷等。下面仅分析清代前期外商与行商的商业信用关系。

（二）外商提供给行商的商业信用

明代沿海地区有倭寇出没，这与对外贸易有关。"世宗嘉靖二十五年（1546），自罢市舶后，凡番货至，辄主商家。商率为奸利，负其责（债），多者万金，少不下数千，索急，则避去。已而主贵官家，而贵官家之负甚于商。番人近岛坐索其负，久之不得，乏食，乃出海上为盗。"[2]嘉靖二十六年（1547），"倭寇百艘久泊宁、台，数千人登岸焚劫。浙江巡抚朱纨访知舶主皆贵官大姓，市番货皆以虚值，转鬻牟利，而值不时给，以是构乱。"[3]嘉靖时番商就把货物赊给商家，商家却拖欠番商的货价不还，而且数额很大，多者万金，少不下数千，番商长期居住在外，不能讨回货价，缺少食物，于是出海为盗。清代对外贸易开放后依然如此，"向来各国夷商货船到粤，将货物议定价值，交各行户报税发卖，兑换货物，如短少价银，均俟下年夷船到粤算还

---

[1] 黄启臣：《清代前期海外贸易历史研究》，《历史研究》1986年第4期。

[2] ［清］谷应泰：《明史纪事本末》卷五十五《沿海倭乱》，中华书局1977年版，第845页。

[3] ［清］谷应泰：《明史纪事本末》卷五十五《沿海倭乱》，第845页；卷八十一《食货五》，第1981页。

旧欠，另交新货，往往牵前搭后，不能年清年款。"[1]外商与行商的关系非常类似于内地客商与牙行的关系，往往是前账搭后账，形成持续性的商业信用关系。

广州十三行的性质类似于其他城镇的牙行，但是它们主要是在沿海对外贸易中起中介作用，是内地商人与外商的中介，帮助外商将货物卖给内地商人，再为外商购买中国的商品，行商则赚取行用。行商在与外商买卖货物的过程中，先是评议确定物价，再交接货物，然后行商再找内地客商销售洋货，等内地客商将货价交给行商后再交付外商，或者用货价直接为外商买好返航时携带的货物，实行以货换货方法。所以行商买卖洋货都是信用赊买，同时承担着货物积压的信用风险。清代前期，困扰广州洋行的最大问题就是商欠，即行商拖欠外商的债务。"行商拖欠外商的债务，是在两种情况下发生的：通过货物的普通贸易过程以及由于外商贪图高利而作的放款。"[2]行商所欠外商债务主要有两种原因，一是货物买卖时所欠货价，一是外商向行商进行高利放贷。前者是商业信用，后者是高利贷信用。有时两种信用又结合在一起，在商品赊卖的同时，收取货价的利息，而外商故意不在当年收取货价，却留到来年和利息一同收取。外商与行商的连年交往是以外商货物的顺利销售为条件的，如果外商货物不能或以低于货物的价格卖出，外商的货账、关税就可能无从支付，行商要渡过难关，只好凭借信用，而且是足够的信用。由于国内流通领域资金不足，在国内行商只能高利借贷，或者通过抵押，或者通过保人，必须有极好的信用才行。向外商借贷比较容易，因为有保商和公行制度，凭借的不仅是借债行商自己的信用，而是所有行商，即整个公行组织，甚至清政府的信用。行商向外商借债，年利率通常达12%—20%，并不比国内利息率高，但由于不能按时偿还的利息又转为本金，不断累积，最后利息往往超过本金，反而导致了行商债务的日益沉重，最后只能破产，还拖累其他的行商。

关于广州行商的商欠问题，章文钦先生在《清代前期广州中西贸易中的商欠问题》[3]一文中进行了认真详细的研究。文章上篇通过纵向研究，指出康熙到乾隆时期（1716—1795）是商欠的发生和初步发展阶段，嘉庆时期（1796—1820）是商欠的进一步发展阶段，道光时期（1821—1843）是商欠的恶性发展

---

[1] 《两广总督百龄等奏审拟负欠关饷、夷账及串同夷商私顶名代定货物之案犯折》（嘉庆十五年十一月初三日），故宫博物院编：《嘉庆朝外交史料》第三册，第32页。

[2] ［美］马士：《中华帝国对外关系史》第一卷，上海书店出版社2000年版，第183页。

[3] 连载于《中国经济史研究》1990年第1、2期。

和终结阶段。文章下篇通过横向研究，比较了中西两种商业资本的不同，探讨了商欠形成的原因、影响和实质。商欠形成的原因之一就是采用信用方式对外商货物的统购包销。18世纪英国商人取代葡萄牙、荷兰等国商人成为最大对华贸易商团。英商到广州贸易的有公司与港脚商人，港脚商人又被称为散商，他们是经过东印度公司[1]特许的非公司商人，主要从事于印度、东印度群岛同中国之间的贸易。

1. 乾隆朝商业信用

清代第一起商欠案，是发生在乾隆二十四年（1759）资元行商黎光华案。担任保商的黎光华不仅拖欠进口税饷，而且拖欠公司货款五万余两。据西洋人洪任即洪任辉供称："我系英吉利国四品官，向在广东澳门做买卖，因行商黎光华欠我本银五万余两不还，曾在关差衙门告过状，不准；又在总督衙门告状，也不准；又曾到浙江宁波海口呈诉，也不准。今奉本国公班衙派我来天津。"[2]乾隆二十四年六月二十八日（1759年8月20日）《天津镇总兵昌福奏闻英商赴天津海口呈控粤海关监督李永标情形折》的附件中列出英商控告略节：

> 一故商黎光华拖欠货本五万余两，任伊子兆魁兜吞，措偿赴禀，关部总督各衙门不但不为追偿，且出示不许再渎，使夷商实削骨难填。

> 一设保商贻累，夷商船只缘货饷总归保商输纳，而保商任意挪移，一旦亏耗，遂将外国货银转填关饷，是以有拖欠情事，且关宪取用物件，短发价银，俱系保商赔垫，有一垫不前，即将商船延搁，以至迟误风信。[3]

公司代表洪任辉不仅告了行商黎光华，同时把粤海关监督李永标揭发出来，此事事关大局，涉及天朝的颜面。于是乾隆专门派新柱等人到广东，会同

---

[1] 1600年，英国伊丽莎白女王颁布特许状，成立东印度公司，这家公司有垄断好望角以东各国的贸易权，其他英国商人不得在这一地区从事贸易活动。1689年，公司董事会决定在印度增加税收、扩大贸易、保持武力和建立国家。从此，东印度公司不再是一个简单的贸易公司，而且是一个拥有武装的政权机构。1813年，英国议会通过新的公司《特权法案》，取消了公司对印度的贸易垄断权。1833年，英国议会通过的公司《特权法案》中，取消公司对中国的贸易垄断权，同时规定公司行政机关成为"受英王委托"管理印度的代理机构继续存在20年。1858年，英国议会通过《关于改善治理印度法案》。该法案规定：撤销东印度公司。下文简称"公司"。

[2] 《直隶总督方观承奏英吉利商人洪任辉来津投呈折》（乾隆二十四年六月二十九日），《史料旬刊》第4期，第114页；另见《明清时期澳门问题档案文献汇编》（二），人民出版社1999年版，第314页。

[3] 《军机处满文录副奏折》，《明清时期澳门问题档案文献汇编》（二），第313页。

总督李侍尧调查此案。经过审查，"夷商赴粤贸易，与内地行铺交易多年，难免无货账未清之事，向来俱系自行清理，资元行商黎光华在粤开张洋行年久，夷商信服，向与英吉利商交易往来，彼此交好，货账未清，拖欠亦非一日，光华生前并未控迫。缘上年佛兰西夷商吡任呋有胡椒等货，寄贮黎光华行内，于该商病故后发卖，吡任呋索价无偿。于九月内控迫到臣，李侍尧因查吡任呋系寄贮之货，于黎光华故后发卖，明系该故商子弟私行盗卖，非欠项可比，是以批准追给。迨本年三月内英吉利商人六郁洪任辉藉词禀迫追旧欠，臣李侍尧因其期所控银两，俱系黎光华生前欠项，从前既未控迫，而故商财产业因欠帑变抵，因批令向黎光华子弟自行清理。"[1]

公司货账被行商拖欠，英商认为直接原因是货银被行商挪移用作关饷，或者赔垫关宪取货所欠价银。这的确是一个原因，如李永标家人七十三在总巡口办理税务，婪取各项陋规，就曾向泰和、义丰、达丰三行赊买绒缎、吡吱等物，此短发价银五百四十五两五钱六厘，所买各物陆续带京。[2]但是更主要的原因则是公司的货物在中国没有市场。行商接受毛织品等英国货物，作为他们向行商购买中国丝茶等货物的条件时，就等于将几乎没有市场的商品赊买过来，将市场风险从公司转嫁到公行。早期商欠主要由于外国货物滞销所致，而行商之所以要从公司接手这些货物，是因为他们不得不这样做，这是行商垄断对外贸易的"专利"，同时他们有权向英商提供丝茶等中国商品，从中可获利。通过出口商品的利润弥补进口商品的亏损，行商与公司的交易是以物易物。据乾隆四十二年（1777）四月十五日八家外洋商人复李抚台（即巡抚李湖）禀内称：

> 具禀，外洋商人八家等禀：……
>
> 一奉查"外洋夷商到广，现在该行商等，有无货已销售，不即交价，掯留夷商守候之弊"一款。商等查外洋各国夷船到广贸易，每于夏末秋初进口，至冬季即行扬帆回国，为期不过四五个月之久，而每年所到夷船，自二十余只至三十余只不等，所带货物充塞繁多，价值累累，商等既难先为代填，又势难按期售清，必须代为运往各省发卖，始能陆续归楚。故向来各国都有住班夷人，凡洋船带来各货，皆

[1] 《新柱等奏审明李永标各款折》（乾隆二十四年九月初四日），《史料旬刊》第4期《英吉利通商案》，第120页。

[2] 《新柱等奏审明李永标各款折》（乾隆二十四年九月初四日），《史料旬刊》第4期《英吉利通商案》，第121页。

起贮各该夷馆,一面将出口货置买明白,装载原船回国。如有未经销售货物,即交该住班夷人留粤料理,随时附带。是以乾隆二十四年间奏定章程条内,曾经核准各国夷人数名在粤住班,于各船出口后往澳(澳门)居住,候该国船到,仍复来料理各船未清事务。是从货出,货壅难销,势所必然。商等实无货已销售,不即交价,致掯留远夷藉口逗留之弊。

又奉查"现在夷商到广是否俱在该行馆寓歇?该行商如何稽查出入?有无奸猾之徒擅入行馆引诱,及夷人自雇内地民人服务?"一款。查夷商到广,现在俱已遵照定例,在于商等行馆寓歇居住;并于行馆适中之处,开辟新街一条,以作范围。街内两旁盖筑小铺,列市期间,凡夷人等水梢等所需零星什物,以便就近买用,免其外出滋事。

一奉查"夷商将带来货物售卖后,置买别货回国,每有不肖行商,于代买之时,将价值比别行稍减,以小信邀结,而于代销售物则嗟跌其价,且拖欠不还,并于代买货物中挽低搭假,夷商贩运回国,不能销售,仍复载来退换"一款。商等查买卖交易,诚如宪谕,俱应画一公平,以示诚信。但良莠不齐,人心叵测,其贵买贱卖,希图邀结者,亦难保无其人,明鉴实为烛照。

一奉查"夷商寓歇行馆,嗣后凡内地民人俱不许擅入,与夷商见面,即在行司事伙伴,亦不得与夷商闲谈交结。如有铺户自向夷商赊货借贷。及领本代置货物,将行商一并拿究。其拖欠价银,即于该行商名上追赔"一款。商等遵照向例,凡夷商一切交易事宜,俱系责成行商经手,以杜内地民人勾结滋事。立法最为尽善。无如日久玩生,内中一二庸阘之行商懈于稽查,遂间有铺户潜入行馆,妄生觊觎,实属抗玩。兹夷船将次陆续进口,吁恳宪恩俯察定例,给示严行申禁,庶共知儆畏,实为恩便!至不法铺户民人乘间混入夷馆者,均系无籍之徒,不过些少什物私与贸易。至于大货物及资本银两,夷人亦不敢轻为信手托,断不肯赊价,并无给本倩其往别处置货。但商等转司防范,嗣后并当加谨稽查,一概闲人,均不得与夷人聚谈交结,倘有故违,随时禀请拿究。并谆切开导各夷,毋致受愚被累,仰副宪天体恤栽培。以上各条,商等谨奉谕查,将现在情形据实禀复。其一切规条事宜，俱系照旧章，恪遵办理，不敢稍有玩违。理合禀明，伏乞大人察核施行。[1]

李抚台读后批曰：

> 夷人到广，货物繁多，虽不能一时全数销售，但各省客商来广装买洋货者，亦复不少，该行商如将已销货价随时交收，自无措留守候之弊。所称代为运往各省发卖，始能归楚，殊不思行户只能从中评价销货，岂有代为运卖之理？此即因为住班夷人代为收账，藉为延缓之计。嗣后该行商等务宜信实公平，毋有稍存诡诈，致干察究。至夷商居住行馆，稽查出入，乃该行商专责，岂可听铺户民人私相交易？近日竟有赊欠夷人货价盈千累万者，如此大宗货物，皆系该行商司事、伙伴，藉与夷商熟悉，遂以自开洋行货铺为名，任意赊取，而夷商因系行商伙伴，可以信托，以致受愚被累。但货物既在行馆发卖，必经行商之手，岂能诿为不知？嗣后如有铺户赊欠不还，惟该行是问。余俱悉。其申禁铺户不许擅入夷馆之处，已会同关部出示在案。该行商亦即实力遵照可也。[2]

八家洋行的回复和李湖的批复真实地再现了当时行商与外商的买卖过程，说明赊欠外商货物的既有行商，也有一般铺户。"外夷商船每年五六月收泊，九十月归国，或因货物未销，或有行欠未清，向准其在粤海关请照下澳住冬，俟行帐算明，即于次年催令回国"[3]。每年到广外国商船二十多只到三十多只，受季风影响，外商集中在五六月份到来，九十月份起航归国，在广州行馆居住四五个月左右。由于外商货物集中到来，货物繁多，行商没有足够的资金将外商货价给付，先将货物起贮于各该"夷馆"，在出售货物的同时，行商还得帮外商置买出口货物。行商称外商货物充塞繁多，必须代为运往各省发卖，始能陆续归楚。李抚院则指出，行户"只应从中评价销货，岂有代为运卖之理？"说明了行商的中介职能，但是外商的货价必须经过行商之手，外商不能直接与内地铺户往来。行商欠外商的货价在本年度很难全部归楚，难免有拖欠外商账目的情况。由于"夷人于回国时，将售卖未尽物件作价留于行商代售，

---

[1] 许地山编：《达衷集》（卷下），台湾文海出版社1974年版，第138—146页。

[2] 许地山编：《达衷集》（卷下），第146—148页。

[3] 《军机处奏片五》，《史料旬刊》第3期，第104页。

售出银两，言明年月几分起息。洋商贪图货物不用现银，辄为应允，而夷人回国时，往往有言定一年，托故不来，迟至二三年后始来者；其本银改按年起利，利银又复作本起利，以致本利辗转积算，愈积愈多，商人因循负累，久而无偿。"[1]这是早期行商欠债的重要原因。

乾隆四十年（1775）后，行商因债务危机倒闭案不断发生。四十二年（1777），行商倪宏文赊欠英吉利国外商货银一万一千余两，监追无着，"经伊胞兄倪宏业、外甥蔡文观代还银六千两，余银五千余两遵旨于该管督府司道及承审之府州县照数赔完贮库，俟夷商等到粤给还"，并谕令将倪宏文发往伊犁，"永远安插，以示惩儆"[2]。之后行商破产后发往伊犁成了惯例。

道光十四年（1834），据总商伍敦元查询，称：

> 洋行饷欠、夷欠，自乾隆四十五年查办泰和行商颜时瑛等一案为
> 始。以后五十七年有吴昭平一案，五十九年有石中和一案，嘉庆年间
> 又有沐时芳、郑崇谦等案。均系于洋行闭歇之后，查出欠款，或奏设
> 公柜，抽提现商行用代还，或由各商分摊归款。道光四年以后，丽泉
> 等五行相继闭歇，现商代赔欠项多至二百余万两。[3]

乾隆四十五年（1780）查办泰和行商颜时瑛案时，中国商人（主要是四家行商）欠英国债权人债务达3808076元，这些债款欠了1年至11年之久。其中小部分是将进口货高价赊给行商引起，大部分是近七年所欠的。原来的债款，由于利上加利，时间愈长，数额愈大，通常年利率为18%—20%。几年之间就由原来的1078976元增加了3倍。其他行商有裕源行张天球、义丰行蔡昭复和陈姓求官的广顺行。[4]所欠债务除变卖行商家产赔偿外，剩余部分由其他行商分期归还。之后成为惯例，行商宜官于1790年破产，欠帕西（Parsee）商人棉花货款250000元以上，1791年1月颁发告示，"其他行商负责于5年内分六次清还，第一次还款在3月间开始。"[5]商欠的债款先由欠债人变卖家产赔偿，余额都由

---

[1] 梁廷枏：《粤海关志》卷二十五，《近代中国史料丛刊续编》第十九辑，第1808—1809页。

[2] 梁廷枏：《粤海关志》卷二十五，《近代中国史料丛刊续编》第十九辑，第1800页。马士在《东印度公司对华贸易编年史》第二卷（中山大学出版社1991年版，第346页）记述："怀官（即倪宏文）预付的价款及货物，共欠银11726两，无法偿还。10月8日上呈海关监督，请求法律保护；我们在11月10日的会计记录上见到：库存收入：抚院付来怀官部分欠款11216两。差额510两，记入损益帐户借方。"

[3] 《两广总督卢坤为查办洋行各商积欠粤海关饷银事奏折》（道光十四年十一月初十日），引自《清代广州"十三行"档案选编》，《历史档案》2002年第2期，第20页。

[4] 马士：《东印度公司对华贸易编年史》第二卷，第366—369页。

[5] 马士：《东印度公司对华贸易编年史》第二卷，第499页。宜官（Eequa）应该是前文所提到的乾隆五十七年的吴昭平。

其他行商承担。这无疑给了外商（放债人）一个可靠的担保，虽然清政府明令禁止向外商借欠，但行商在经营过程中的货物赊欠是不可避免的，由资金短缺引发的借贷，利上加利，终于因不能还清债务而破产倒闭。

乾隆五十九年石中和案是指1794年石琼官（Shy kinqua Ⅱ）的破产。石琼官是继承父亲充当行商的，他和公司常有大量交易。在1794年广州管理会的账簿上，他欠公司719215两货款，后来又收了茶叶合约的预付款245690两，即总共欠公司964905两债务。而且按照过去几年的办法，在委员会离开广州时，他还为公司保管了价值338400两的银元。石琼官除和公司交易外，还和英国散商、美国、荷兰商人交易。由于长期负债，他被迫将货物（毛织品等）亏本出售以便得到现款，但他的资金仍然周转不灵。在公司和其他行商的帮助下，石琼官将欠公司的债款减低到310829两，这也不能改变其破产的命运。1795年清算他所欠外国人债款时，欠公司仍是310829两，欠私商的达754961两，共计1065790两。在变产抵还外，还欠586992两，由其他行商分六年还清，每年偿付97832两。[1]石中和所欠外商债务之多是史无前例的，超过以往所有行商的负债额，乾隆皇帝觉得如此巨额拖欠外商债务，实在不成事体，谕令"嗣后洋商拖欠夷人货价，每年结算不得过十余万两，如有拖欠过多，随时勒令清还。"[2]可是这道谕令并未能阻止行商的欠债与破产。也许是因为债务负担的加重，也许是受石中和家破人亡的刺激，嘉庆元年（1796），万和行商蔡世文（文官）自杀身亡。

2. 嘉庆朝商业信用

嘉庆十四年（1809）发生沐士方案，缘由其没能预测到商业价格风险，经营不善而破产：

> 沐士方籍隶浙江宁波府慈溪县，嘉庆八年贩有茶叶货来粤生理，九年报捐布政司经历职衔，十一年承充万成行洋商，每年夷商到粤，交该行议定价值，报税发卖，陆续给还价银，或以货物作价抵换。十三年六月内沐士方揭买港脚夷商呵啰吔之等棉花、沙藤、鱼翅、点铜等货，该价番银三十五万一千零三十八圆，折实九八市银二十四万七千六百九十二两四钱一分三厘，嗣因市价平减，价银亏折，沐士方又经理不善，将货价用缺，以致无力偿还，尚非有心指

[1] 马士：《东印度公司对华贸易编年史》第二卷，第575—577、585页。

[2] 梁廷枬：《粤海关志》卷二十五，《近代中国史料丛刊续编》第十九辑，第1815—1816页。

骗。即讯之各行商，并饬通事传问，该夷商等均供：实系现年承买货物，并非积年欠帐。[1]

沐士方承充万成洋商仅三年，因为一次交易的失败就破产倒闭，是商业信用风险中暗含的价格风险将其击跨。沐士方家产被变卖抵债，本人"发伊犁当差，以示惩儆"，"未完夷欠，著落各行商分年代还"。按照惯例，"将各行用银，按限扣存，本年十二月内选还银八万余两，统于十五、十六两年限内给与夷商呵啰哋之等收领，出具认状。"[2]

嘉庆十五年（1810）又发生郑崇谦拖欠外商账款案，说合英吉利大班代出资本，希图以行用扣偿外欠案。向来各国外商货船到粤，将货物议定价值，交各行户报税发卖，兑换货物，如短少价银，均俟下年夷船到粤算还旧欠，另交新货，往往牵前搭后，不能年清年款。"郑崇谦因所买货物不能得利，难以出售，每遇夷人索欠，即向亲友及众行借银偿还，辗转加利，以致亏本。从前尚能称贷他人，应付夷账，迨至嘉庆十四年（1809）冬间，共计欠饷银八万九千余两，又拖欠英吉利公司夷人番银四十五万余两，工、港脚花旗蓝旗夷人等番银五十二万九千余两，为数较多"，一时难以清结。公司大班喇咈乘机与郑崇谦协商，策划直接投资洋行。"邀会在夷馆受雇之民人吴士琼代管行务，仍以会隆行名收货售卖。将行内应得用银，每年除扣给吴士琼工银三百圆，每月给郑崇谦火食银二百五十圆外，余银陆续扣还旧欠，俟旧欠扣清，仍将会隆行交还郑崇谦，管业吴士琼到行，另刻盛记字号图章，以为收货发货记号。"郑崇谦实际以洋行牙帖、行名作股与公司合作，公司则通过投资完全控制了行商，郑崇谦被架空，行务由吴士琼主持。"十五年三月内，喇咈交过番银三万八千余两，令吴士琼定买安徽茶商洪全泰等松罗茶八千五百箱，又付哔叽三万四千匹，作番银二十二万余两，交吴士琼定买福建、江西茶叶四万零八百箱，俱立有定单，盖用吴士琼盛记字号图章，约十月内茶到，扣除定银，找清价值，所定各茶尚未到粤。喇咈又给过吴士琼番银三千余两，作行中零用。"[3]通过向会隆行投资，喇咈完全控制了该行，通过吴士琼，喇咈直接与内地茶商往来，立有定单、预付货款、定买茶叶。这就打破了行商定价的传统，并减少了花在

---

[1] 《两广总督百龄等奏审拟拖欠夷商货价之行商折》（嘉庆十四年十一月二十九日），《清代外交史料·嘉庆朝》第三册，第28—29页。

[2] 《两广总督百龄等奏审拟拖欠夷商货价之行商折》（嘉庆十四年十一月二十九日），《清代外交史料·嘉庆朝》第三册，第28—29页。

[3] 《两广总督百龄等奏审拟负欠关饷、夷账及串同夷商私顶行名代定货物之案犯折》（嘉庆十五年十一月初三日），《清代外交史料·嘉庆朝》第三册，第32页。

洋行的费用，这样一来，喇咈的出口茶叶成本比其他夷商要低，茶叶质量也更有保证，其茶叶的竞争力自然要强。通过会隆行，他还可能吸引其他外商资本，谋取高额利润。行商郑崇谦虽然成为傀儡，成了喇咈在内地的保护伞。但若是真的凭借与喇咈的"合作经营"还清债务，对他也是有利可图的，不仅能保全会隆行，也能使全家安然无恙。然而事情败露后，吴与郑倾家荡产，双双被发往伊犁，欠债余额仍由其他行商以行用分年还清。与此同时，另一行商"倪秉发亦因不善经理，递年亏折，至嘉庆十五年（1810）四月止，共欠饷银八万八千余两，又拖欠英吉利公司夷人银十八万余两，港脚花旗等夷人银二十三万余两。"所欠债务，既有货账欠款，也有借款和利息。

从郑崇谦案不难看出，行商在欠人债务时，就可能受制于外商。为了维持洋行的正常运转，一些资本贫乏的行商只能仰人鼻息，靠借贷度日，外商则乘机要挟行商，高价赊卖货物给行商，致使商欠连绵不断。"近年以来英吉利货船到粤专与乏商交易，积欠夷账不少，该夷人所以愿将货物付与无力洋商者，利其多算价值，辗转取偿，因而夷欠愈积愈多。"[1]外商之所以同缺少资金的行商交易，是因为能挟制行商赚到更高的利润。要使行商与外商交易公平，行商必须"身家殷实、办事明妥"，不欠外国人私债。"迩来充当洋商者，共有十人，实在资财素裕者，不过三四家，其余虽皆有同商互保承充，而本非殷实，不过图得行规，承充后又不善经理，无处揭借，不能不欠夷人之账，既有夷账，即不能不赊客商之货，以抵还夷人，迨至积欠愈多，不敷挪掩，为夷商所挟制，是以评估货价不得其平，内地客商转受亏折之累。"[2]随着行商债务的加重，信用风险必然会转嫁到内地客商，导致客商的亏折，进而影响国内的商业与生产。当时十家行商中，只有伍敦元、卢观恒、刘德章三家资财素裕，其余七家都欠有外商账款，靠借贷维持。公司和港脚散商为了自身的利益，并不愿意让行商破产，向疲乏行商贷款，行商的利润全部用来还债，完全被债主所控。为了结束这种局面，政府出面清理债务。嘉庆二十年（1815）正月，两广总督蒋攸铦会同粤海关监督祥绍责令总商伍敦元等清理各行债务。

> 据洋行总商伍敦元、卢棨荣及复充洋商之潘致祥禀称，商等亲
> 到夷馆向英吉利国大班嗌花臣及管理港脚账目夷商嘎啰喱等确查各

---

[1]　《军机处寄两广总督蒋攸铦将前者英船进口原委及英夷啊当东有无劣迹，并洋商积欠该夷人等货价各事宜妥议具奏上谕》（嘉庆十九年十一月二十八日），《清代外交史料·嘉庆朝》第四册，第24页。

[2]　《两广总督蒋攸铦等密陈夷商贸易情形及酌筹整饬洋行事宜折》（嘉庆十九年十月十九日），《清代外交史料·嘉庆朝》第四册，第23页。

行所欠账目，当据夷商嗌花臣等声称，夷等在广与各行贸易货物，重大盈缺靡常，偶因生意亏折，以致挂欠银两，彼此常有，现在各行所欠货价银两，夷等业已止息，分年扣还归款。计自嘉庆十七年（1812）起，递年各行将所得生意余羡银两，陆续拨出，分还各欠，照此办理，约计三五年间，便可清还。此系夷等两厢情愿，恳免开报等语。随即向各行商人查询欠帐数目。据福隆行商人关成发禀称，实欠英吉利国公司及港脚夷帐共银三十三万八千九百二十九两九钱八分八厘，求准分限六年清还；又据亚成行商人黎光远禀称，实欠英吉利国公司及港脚夷帐共银二十九万五千一百九十四两三钱。求准分限六年清还；又据丽泉行商人潘长耀禀称，实欠英吉利国公司及港脚夷帐共银二十二万八千九百五两一钱三分，求准分限四年清还；又据东裕行商人谢庆泰禀称，实欠英吉利国公司及港脚夷帐共银九万一千九百八十七两九钱二分，求准分限三年清还；又据同泰行商人麦观廷禀称，实欠英吉利国公司及港脚夷帐共银八万八千九百三两九钱六分，求准分三年清还；又据万源行商人李协发禀称，实欠英吉利国公司及港脚夷帐共银一万一千四十两八钱七分，恳限一年清还；又据天宝行商人梁经国禀称，实欠英吉利国公司及港脚夷帐共银六千九百六十二两四钱六分，恳限本年底清还；又据七行商人关成发等同称各行欠项自嘉庆十七年至十九年（1812—1814）共还过银一百三十万两零，现尚欠夷账银一百六万零，按照欠数多寡，分定年限归还该商等。经此次清厘之后，自遵照定限，一律清还，毋令再有拖欠，惟是该夷人以货易货，乃垄断盘剥，任令疲商赊欠，即明知亦有不得过十万之旧章，朦胧匿报，亦应严行饬禁各夷帐目于嘉庆十七年（1812）止息，委系实情。自十七年至十九年（1812—1814），合计共还过银一百三十万两四千七百九十四两六钱四分九厘，现在共计尚欠夷账银一百六万一千九百二十四两六钱二分八厘。各商所欠银数多寡不一，是以分别求限。自本年至三四年至六年清还，届期如不清还，情甘治罪等语。据七行各将夷账备具清单粘连，甘结前来，商等优思中外贸易，原欲日久相安，今查各商所欠夷人账目，已于十七年停止利息。该夷商大班亦称，递年拨出生意余羡，约计三五年间便可清还。即七行商人关成发等亦经开明欠数，求限清还，系属两厢情愿，自可相安理合，带同各商呈缴清单限结伏乞。[1]

在官府的主持下，总商伍敦元与公司大班、港脚管账之商分别清查了七家行商的欠债情况，各行欠项自嘉庆十七年至十九年（1812—1814）共还过银1304794两，现尚欠夷账银1061924两，这些债务已于嘉庆十七年停止利息，双方设定了清还年限。按照欠数多寡，分定年限归还该商，最迟的六年清还。并晓谕各大班今后"务须照旧章将出入货物议定时值、公平交易，夷商不得偏向疲商多赊货物，疲商亦不得以内地商民银货诓抵拖累，庶中外一视同仁，贸易相安无弊，倘再不遵旧定章程，赊欠过多，除将行商斥革治罪外，欠项即归无著，毋贻后悔"[2]。清政府本想一次性算清行商欠账，结束"天朝大国"的被动局面。就像软弱的父母管束不听话的子女似的，只是一再申明今后不要再赊欠了，却想不出其他更好的办法。同年十一月初八日"军机处寄两广总督蒋攸铦等严禁夷商将洋商拖欠朦胧匿报，并勿用重价购买夷货以节财流上谕"中再次申明："经此次清厘之后，自遵照定限，一律清还，毋令再有拖欠，惟是该夷人以货易货，乃垄断盘剥，任令疲商赊欠，即明知亦有不得过十万之旧章，朦胧匿报，亦应严行饬禁。"[3]一遍遍地劝说，一次次地犯过，每次外商的债务都能顺利结清，获得预期的利润。外商像摸透大人脾气的小孩，只要能得到好处，绝不会终止对行商的赊欠与贷款；行商却像落到后娘手里，不仅受政府的盘剥，还有遭贪官的鱼肉，外商的乘机压榨。由于受资本和交易方式的限制，赊销不仅未成为行商融资的手段，反而成了陷入深渊的诱饵。

3. 道光朝商业信用

道光年间行商的债务破产案周期更短，直到鸦片战争前，商欠从未中断过。由于鸦片的大量输入，中国白银外流，导致国内货币资本更加紧张，而公司大班自道光元年（1821）起开始严格限制借给小行商的预付款。从道光十年（1830）起，公司大班改变以往在贸易季度结束时与行商签订下一季度的茶叶合约，并预付60%—70%的现款的交易办法，不再签订合约，使小行商不得不向外国代理商借入现款，付给内地茶商。甚至通过用较贵价格赊来商品，低价出售的办法来获得现款。[4]道光三年（1823）七月内，"丽泉行"商

---

[1] 《两广总督蒋攸铦等奏查明洋商拖欠夷人货银请勒限分年清还折》（嘉庆二十年九月二十八日），《清代外交史料·嘉庆朝》第四册，第38页。

[2] 《清代外交史料·嘉庆朝》第四册，第40页。

[3] 《清代外交史料·嘉庆朝》第四册，第42页。

[4] 章文钦：《清代前期广州中西贸易中的商欠问题》，《中国经济史研究》1990年第1期。

人潘长耀身故，生前因生意亏折，未完饷银二万二千五百二十八两零，又拖欠各国外商货银十七万二千二百零七元元。其家产变卖后抵作饷银，仍短少饷银一百七十四两零。所缺部分和"夷欠"由伍敦元等行商分限五年摊还。[1]仅隔两年，西成行洋商黎光远因办理行务不善，至道光五年（1825）共欠进口关饷及捐输河工各款银一十四万九千七百六十九两零，又陆续积欠港脚花旗各国外商货价银共四十七万七千二百一十六两零。除查抄家产变抵外，尚欠饷项及"夷账"共银六十一万八千九百四两零，处理的办法仍沿袭惯例，从其他行商的行用中分期偿还。[2]福隆洋行商人关成发由于经理不善，递年亏折，积至道光八年（1828），共欠饷银三十四万五千三百一十一两零，又陆续积欠英吉利等国各外商货价银一百零九万九千三百二十一元零。除查抄家产估变银两备抵外，尚欠饷项银二十六万二千六百余两及"夷帐"银一百零九万九千三百余元，据洋商伍受昌等情愿在于行银内先行垫完饷项，其余"夷欠"，自道光八年（1828）为始，限六年代为摊还，具有代还认状。福隆行革除。道光九年（1829）东生行又因拖欠"夷帐"甚多关闭。[3]兴泰行在1836年突然宣布倒闭，"欠了查顿·孖地臣一百六十万元"[4]，外商提出该行欠账2738768元，要求索赔。后经过行商与外商组成的六人查账委员会调查，查证结果是2261438.79元为兴泰欠资，其中欠英商是大头，为2179386.47元，欠他国外商为82052.32元。否定的款额主要是附加的利息或未经认可的对低劣货物的要求。兴泰行的债务依然由行商分期摊赔，最后定为八年半还完，在债务偿还期间，战争爆发。[5]战争进行期间，中方仍与英方商讨还欠事宜，道光二十一年（1841），"付保纯缒城出，就义律商之。会夷用正急，思得资以济。旋议定，饷军六百万元，计四百二十万两，作清收内商夷欠，约限五日内银项交足。"[6]行商的设立与破产时断时续，直到鸦片战争后《南京条约》的签订，行商的最后一次商欠成为英政府在《南京条约》中要求"赔偿"商欠的理由，

[1] 《两广总督阮元等奏查办拖欠夷账之洋商折》（道光四年三月二十五日），《清代外交史料·道光朝》第二册，第1页；《明清史料》庚编下第八本，第1605页；《史料旬刊》第4期，第126页。
[2] 《两广总督李鸿宾等奏审办拖欠饷项并积欠夷账之洋商折》（道光六年九月十六日），《清代外交史料·道光朝》第二册，第25页；《明清史料》庚编下第八本，中华书局影印本1987年版，第1610页。
[3] 《李鸿宾片》，《史料旬刊》第9期《道光朝外洋通商案》，第312页。
[4] 格林堡：《鸦片战争前中英通商史》，商务印书馆1961年版，第60页。
[5] 郭卫东：《转折：以早期中英关系和〈南京条约〉为考察中心》，河北人民出版社2003年版，第305—307页。关于兴泰行商欠案的处理经过详见吴义雄：《兴泰行欠案与鸦片战争前夕的行商体制》，《近代史研究》2007年第1期。
[6] 梁廷枏：《夷氛闻记》卷三，中华书局1959年点校本，第74页。

行商垄断对外贸易的特权被取消，"十三行"的历史宣布结束。

　　据章文钦先生统计，从乾隆二十三年至道光二十三年（1758—1843）85年间，破产行商无力偿还的商欠款项达16581238元。[1]商欠主要由货物赊欠款项、高利借贷款项和利息三部分组成。利息在商欠中占有极大比例，有时达到本金的三倍。在乾隆朝四十年（1775）左右时，八家行商中的四家欠外商债务。"这笔债务中没有任何部分是欠东印度公司的，而统统是欠私商或其他人士的，并且主要是按高利率或利息借给中国人的银钱。在调查这些要求之后，东印度公司商馆的大班们声称：在所说的四百万元债务中，中国人所得到的货物或现银似乎不超过1078976元，余额都是利息；仅一项要求便曾按照这种方式从9609两增长到81900元。有些契约所规定的未清偿的债务超过本金三倍以上，契约上的姓名已很难辨认；关于某些契约，已偿付原来所借的款额，然而，由于累积的利息，契约所规定的债务仍有很大的款额尚未付清。不过有些契约所规定的债务是关于货物的。"[2]实际上嘉庆、道光年间商欠中的利息也占相当比例。从这段文字可知，行商所欠外债主要是英国散商的，行商与散商的交易多是现银交易，"那些卷进英国散商进口货贸易的行商一般都遭遇到财务上的困难，因为这是一项蚀本生意。关成发和兴泰行两个最大的破产户，都与查顿大作英国匹头货。"[3]而行商中两个最老而且最有钱的伙伴——浩官（伍秉鉴）和庭官（潘正炜），"在过去许多年甚至在东印度公司特许状未届满的期间，几乎完全撤出与散商们进行直接的进口货交易。这个情况本身有助于使那些交易中的大部分落入那些力量较弱而且现已破产的行商手中"，与散商的交易成了商欠的重要原因之一。商欠中的货物赊欠款项是由外商提供给行商的商业信用直接引起，而行商向外商高利借贷的契机也由商业信用引起。行商在外商货物滞销时，缺少资金交付货价和税款，在国内资金市场无法融资，急需资金的情况下，只好冒着风险向外商借贷，结果越陷越深，或者成为外商利用的工具，或者走向破产。

　　（三）中商提供给外商的商业信用

　　清代前期在广州行商与外商一百多年的贸易交往中，行商因为欠外商债务太多，不断破产倒闭，似乎行商总是处于债务人地位，而外商则是债权人。实际

[1]　章文钦：《清代前期广州中西贸易中的商欠问题》（续），《中国经济史研究》1990年第2期。
[2]　胡滨译：《英国档案有关鸦片战争资料选译》（上册），中华书局1993年版，第278页。
[3]　格林堡：《鸦片战争前中英通商史》，第62页。

上行商也曾慷慨地提供给外商信用，且主要是以货物赊销的方式提供给外商的商业信用，这成为行商经营不善、积欠债务的一个诱因。在1777年季度结束时，行商瑛秀欠债甚巨，他之所以无力还款，"是因为丹麦公司将欠他的茶叶货款40000元扣除，作为抵偿瑛秀对丹麦私商所欠的债务；同时，瑞典公司亦以同样理由扣除货款。"[1]可见行商在对外贸易中赊销给外商的茶叶货款数额巨大。

乾隆五十九年（1794），在石中和（石琼官）的资产列表中，有欧洲人欠款118160两，应该是他赊销货物给他们的货价银。在清理债务时，公司和私人债权者同意接受一些由外国商人签署给琼官的期票，这是石中和提供给外商的信用。[2]

道光三年（1823），潘长耀去世后丽泉行的破产与该行大量赊销商品，提供信用给外商有直接的关系。表8—1主要根据"巡回法庭档案"列出潘长耀自乾隆五十八年（1793）至嘉庆二十二年（1817）给美国商人的赊账额的不完全统计。[3]

表8—1　1793—1817年潘长耀对美商赊账

时间	赊账额及托运数目（元）	时间	赊账额及托运数目（元）
1793	43821.005[4]	1806	138976.565[5]
1798	3410.505[6]	1807	50724.635[7]

[1]　马士：《东印度公司对华贸易编年史》第二卷，第348页。

[2]　马士：《东印度公司对华贸易编年史》第二卷，第576、584页。

[3]　根据［美］小弗雷德里克·D.格兰特著，周湘译：《丽泉行的败落——诉讼对19世纪外贸的危害》，《史林》2004年第4期。原文附表中金额与注释不一致的数字，笔者采用注释说法计算后得到。以下关于丽泉行的赊销茶叶史料未注明出处的均出自该文。

[4]　1795年5月11日豪威尔致巴惹尔的信件（说joseph Ingraham 船长拖欠了潘长耀43821元债款，但没有说明赊账的日期及款项的由来），reprinted in Frederic W.Howay ed.,Voyages of the "Columbia" to the Northwest Coast, Massachusetts Historical Society, Collections, p.79（Boston: Massachusetts Historical Society, 1941）,pp.489,490;另见Seaburg and Paterson, Merchant, p. 101（Ingraham 于1793年初到达澳门）。

[5]　巡回法庭档案，1816年10月期，卷宗11，潘长耀控告米尼案（1806年11月18日签下的期票，金额为20021.60元）；1816年10月期，卷宗15，潘长耀控告里德案（1806年12月2日签下的期票，金额为3922.79元，1806年12月15日签下的期票，金额为3565.21元；1806年12月16日签下的期票，金额为400.00元）；1820年4月期，卷宗6，潘长耀控告史密斯案（1806年2月5日签下的期票，金额为2766.15元）；1810年10月期，卷宗28，威灵斯和弗兰西斯公司控告潘长耀案（判决书表明，44220.00元的金额是1806年12月1日后生效的）；威灵斯控告潘长耀案，30 F. Cas. 55,59（C.C.D. Pa. 1816）（No.17,767）（"亚洲号"船货赊账60000元）；潘长耀控告凡宁案，3 Johns. Ch. 587,589（N.Y. 1818）（1806年2月6日签下的期票，金额为4080.81元）。

[6]　巡回法庭档案，1810年10月期，卷宗52，潘长耀控告豪威尔案（1798年11月26日签下的期票，金额为3410.50元）。

[7]　巡回法庭档案，1811年10月期，卷宗39，潘长耀控告安士礼案（1807年11月24日签下的期票，金额为1752.00元）；潘长耀控告凡宁案，3 Johns. Ch. 587,587–588（N.Y. 1818）（1807年12月22日、24日托售金额分别为19837.00元、29135.63.元）。

时 间	赊账额及托运数目（元）	时 间	赊账额及托运数目（元）
1800	83142.235[1]	1808	1365.005[2]
1801	30827.505[3]	1809	89690.635[4]
1803	20000.005[5]	1810	104519.28[6]
1804	12189.00[7]	1811	35711.50[8]
1805	43680.89[9]	1817	4900.00[10]
总 计	566477.33元		

　　茶叶是中国重要的出口商品，在英人饮茶成为习惯后，整个西方世界开始把茶当做重要的饮品，英商和美商大做茶叶贸易。英国东印度公司主要通过以物易茶的方式和行商进行贸易，也曾经采用预付货款购买茶叶的方法。有的行

---

[1]　巡回法庭档案，1805年4月期，卷宗47，潘长耀控告巴克尔案（1800年12月11日签下的期票，金额为51130.50元）；1805年10月期，卷宗60，潘长耀控告威尔斯案（1800年11月8日签下的期票，金额为2574.15元）；卷宗38，潘长耀控告威尔克斯案（1800年12月12日签下的期票，金额为29437.58元）。

[2]　Captain Nathaniel Pearson in Account Current with Edward Carrington, dated 22 January 1811 ,Edward Carrington Papers, box211,folder 1811, Rhode Island Historical Society, Providence.

[3]　巡回法庭档案，1804年4月期，卷宗37，潘长耀控告莫里斯案（1801年11月28日签下的期票，金额为25000.00元）；1805年4月期，卷宗46，潘长耀控告雅德案（1801年1月30日签下的期票，金额为2200.00元）；1810年10月期，卷宗10，潘长耀控告帕斯奇尔案（1801年8月8日签下的期票，金额为3627.50元）。

[4]　巡回法庭档案，1809年10月期，卷宗26，潘长耀控告阿什案（1809年5月1日托售货物50000.00元）；卷宗27，潘长耀控告托兰德（同阿什案）；卷宗28，潘长耀控告阿什和托兰德案（同阿什案）；另，潘长耀控告凡宁案，3 Johns. Ch. 587,588（N.Y. 1818）（1809年12月签下的期票，金额为39690.63元）。

[5]　巡回法庭档案，1809年10月期，卷宗71，潘长耀控告彼得斯案（1803年11月4日签下的期票，金额为20000.00元）。

[6]　潘长耀控告凡宁案，3 Johns. Ch. 587,588（N.Y. 1818）（1810年11月25日托售货物64828.65元，1810年11月29日托售货物39690.63元）。

[7]　巡回法庭档案，1810年10月期，卷宗33，潘长耀控告布里吉斯案（1804年12月13日签下的期票，金额为10000.00元）；另见，Edward Carrington's Consular Letter Book, Edward Carrington Papers, Rhode Island historical Society, providence, Rhode Island（记录了Ephraim Prescott于1804年10月6日签下的期票，金额为1819.00元）；潘长耀在1809年5月7日在广州就Munro, Snow & Munro 公司归还于1804年3月赊借的370.00元所签署的收据，Edward Carrington Papers ,Box 211,folder 1809,Rhode Island Historical Society, Providence, Rhode Island。又参见 Downs, "A Study", pp.1,5。

[8]　潘长耀控告凡宁案，3 Johns. Ch. 587,588，590，593，608（N.Y. 1818）（1811年1月19日签下的期票，金额为35711.50元。

[9]　巡回法庭档案，1816年10月期，卷宗15，潘长耀控告理德案（1805年12月12日签下的期票，金额分别是5612.86元、8442.30元、1553.69元、1593.81元、1593.80元及8442.31元）；1810年10月期，卷宗28，潘长耀控告威灵斯和弗兰西斯公司案（判决书表明，16442.12元的"金额是1805年11月16日后生效的"）。

[10]　巡回法庭档案，1821年10月期，卷宗44，潘长耀控告斯图亚特（1817年1月13日签下的期票，金额为4900.00元）。

商为了顺利出售茶叶，冒着极大的信用风险将茶叶赊给外商。丽泉行是陷入商业信用风险最深的行商，表8—1中潘长耀起诉过的美国商人或公司达17起，总计赊款金额达566477.33元。按照起诉的时间顺序分别是1804年4月莫里斯案、1805年4月巴克尔案、1805年4月雅德案、1805年10月威尔斯案、1809年10月威尔克斯案、1809年10月彼得斯案、1809年10月米尼案、1809年10月阿什和托兰德案、1810年10月豪威尔案、1810年10月帕斯奇尔案、1810年10月布里吉斯案、1810年10月威灵斯和弗兰西斯公司案、1811年10月安士礼案、1816年10月理德案、1818年凡宁案、1820年4月史密斯案、1821年10月斯图亚特案。实际上与潘长耀进行贸易并赊购货物的美商并不止这些。1808年潘的债务人杜南德及吉尔平兄弟竟然宣称潘1805年提供给他们的茶叶质量低劣，在费城将潘起诉并且申请到了外国财产查封令。1808年4月2日，法院查封了"在20个商人手中的'潘长耀所有的货物、动产及信贷款项'，两天后，在第21位商人手中的崑水官（潘长耀）的财产也被查封。这笔财物的总额是50万元，是索偿茶叶价值的10倍。"[1]可见，1808年仅在美国潘长耀同时与至少21个商人来往，他几乎尽其所能向美商提供商业信用。丽泉行在赊销货物时基本没有风险控制，"它将大部分资金甚至是全部资金赊给了西方私商"[2]，而且主要是美国商人。"他慷慨待人，他赊账的时候不拘泥于常规，给外国人的赊账远比此间其他人要高，别人却如此粗暴地对待他，不知感激。"[3]因为美国诉讼程序的拖沓，受美国商人债务困扰的潘长耀于1814年2月直接向美国总统麦迪逊写信提出申诉，他称：

> 花旗人来往广东，寓省城时，崑于中国官府处，不能告他们，因
> 本处法律，严禁百姓与夷人告状之事。如此恳请花旗国头一位大人，
> 勿以我之不先在本处官府前呈告为怪，此亦非犯中国之律法也。崑今
> 呈此禀于头一位大人之前，因闻贵国法律公平，不论贫富，不拘近
> 远之人，视为一体。崑乃远地之人，不晓贵处人告状时，当用何言何
> 礼，又因隔涉，一时不能尽诉我之凭据，必要几年，此事之决方能到

---

[1] ［美］小弗雷德里克·D.格兰特著，周湘译：《丽泉行的败落——诉讼对19世纪外贸的危害》，《史林》2004年第4期。

[2] ［美］小弗雷德里克·D.格兰特著，周湘译：《丽泉行的败落——诉讼对19世纪外贸的危害》，《史林》2004年第4期。

[3] 1813年4月3日，潘耀耀致多贝尔的信件，Breck Family Papers, Library Company of Philadelphia, on deposit with the Historical Society of Pennsylvania。［美］小弗雷德里克·D.格兰特著，周湘译：《丽泉行的败落——诉讼对19世纪外贸的危害》，《史林》2004年第4期。

我处。……因崑昔日信华旗人，故赊货物与他们，今若不还我，致使崑一家败坏，后来谁肯与头一位大人属下之人交易哉？[1]

从信的内容可以反映出潘长耀的经商思想依然是中国传统的经商之道。在商业往来中，人际关系、情感、个人品德在交易中起着重要作用。应该说潘长耀勇于远隔重洋到美国起诉欠债人，他已经成长为一个国际商人，但限于交通通信的阻隔及对美国法律的陌生，债款的回收并无成效。

丽泉行赊销茶叶的债款不能按时收回，还遭到美商的反诉，美商的理由是货物质量问题。行商优质的茶叶，一般得现金交易。"费城大的茶叶商人，史蒂芬·杰拉德指出赊买茶叶的弊病：我不相信讲信誉的中国商人，特别是那些经营优质茶叶的商人，会象那些为了获得长期赊账的商人那样手段低劣地购入茶叶。赊账的商人可能获得两到三年的信用期，但既然他在价格上占了便宜，茶叶的质量大概就比信誉卓著的商人买到的茶叶差了许多。"[2]外商赊买茶叶的价格中应包含利息和风险价格在内，用同样的钱赊买的茶叶肯定不如现金交易买到的茶叶质量好，这是"一分价钱一分货"。行商的劣质茶叶用现金交易难以出售，自然会通过赊销的方式来售卖。应该说在赊买、赊卖时，双方对于茶叶的质量是心知肚明的，价钱也是按照时价议定的。赊买商人的违约造成行商资金的流失，从而使其无法还清所欠其他商人的债务，最后倒行，家破人亡。

荷兰东印度公司由于资金困难，也曾赊买劣质茶叶，"公司拿不出足够的现金购买较好的茶叶，只能在广州采买在欧洲茶市不再属于热门货的武夷茶，而且还大量赊账。1788年荷兰欠广州行商的债款多达250万荷盾。荷兰在中国商人中信誉扫地，无法与其他国家争购茶叶。"[3]行商在对外输出茶叶时，大量向外商赊销，当外商不能偿还货款时，却束手无策，根本不敢奢望政府的援助。

中国海商的出海贸易在海洋开禁后，日益兴盛起来，海商将中国货物出口到东南亚或更远的地方，清人李汝珍的小说《镜花缘》反映了海商的出海贸

---

[1]　Fu, Documentary Chronicle, pp. 391–393。转引自［美］小弗雷德里克·D.格兰特著，周湘译：《丽泉行的败落——诉讼对19世纪外贸的危害》，《史林》2004年第4期。

[2]　1810年1月3日，吉拉德（费城）致爱德华·乔治（Edward George）和萨缪尔·尼科斯（Samuel Nichols）的信件，载Letter 428,Letterbook 11, Stephen Girard Papers, Estate of Stephen Girard, deceased, microfilm copies on deposit with the American philosophical Society。引自［美］小弗雷德里克·D.格兰特著，周湘译：《丽泉行的败落——诉讼对19世纪外贸的危害》，《史林》2004年第4期。

[3]　张应龙：《鸦片战争前中荷茶叶贸易初探》，《暨南学报》1998年第3期。

易。在海外贸易中，中国海商同样采用赊销货物方式，往往因为不能按时收回货账，耽误了回国的风信。"自海洋开禁以来，垂数十余年，贸易日盛，船只亦日多，稽查之法未尝不密，是海洋所适之处，风信皆有定期，内地各省往返固属甚便，即外洋诸番一年一度亦习以为常。间有货物被番拖欠以至风信偶逾，辄延隔岁者谓之压冬，然亦不过两年即可回棹（棹）。"[1]中国海商在海外贸易中也会接受外国商人提供的信用，"在会安港（越南），中国人和日本人各有领地，相互毗邻。在农历年底，借助于东北季风而来的日本商船载着大量的白银和铜钱，来到此港。这些白银被用来交换中国人的丝绸、白糖、沉香木、生丝和陶瓷。日本人用预付定金的方法控制了这里的丝绸和白糖市场。中国人在这四个月的'博览会'上，用他们的丝绸和铜钱来交换日本人的白银，以及东南亚的货物，特别是胡椒、檀香木、樟脑和其它香料"。[2]

（四）英国东印度公司与行商的信用关系

早期中英贸易中，东印度公司为按时获得出口货物要预付货款给中国商人，而中国商人也曾提供信用给英商。1702年9月到广州贸易的伦敦公司的"舰队号"欠下中国商人黎安官的债未还，1704年，其他船只的大班在广州遇见他们曾和公司有过满意关系的人表示高兴时，黎安官拿出从前"舰队号"大班的期票，这令他们非常吃惊，因为"舰队号"大班没有将这笔欠债通知他们。[3]公司大班与行商在交易中彼此赊欠、预定，这成了固定的交易方式。公司来华船只在1775年以前各船的资金和投资都是分开的，通常各船之间是不转让的。东印度公司广州管理会从1775年建立每年交易总账，每年总账的开头都记录了上年移交来的项目，包括行商欠款与公司欠行商款项，反映了上一年公司与行商的信用关系，表8—2列出公司管理会1775—1833年的账簿所记录的公司与行商互相欠款情况（包括可能是其他中国商人的债务）[4]：

[1] 《福建按察使王丕烈奏折》，《明清史料》（庚编下），第1471页。
[2] 瓦特莫：《越南和东亚的贵金属流动》，载《贵金属》第380页。转引自倪来恩、夏维中：《外国白银与明帝国的崩溃》，《中国社会经济史研究》1990年第3期。
[3] 马士：《东印度公司对华贸易编年史》第一卷，第124、136页。
[4] 本表所用资料均出自马士的《东印度公司对华贸易编年史》第二、三、四卷。1777、1779、1780、1781四年缺乏记载。

表8-2　英国东印度公司与行商相互欠款（1775—1833）

账 簿 时 间	行商及中国商人欠 公司款项（两）	公司欠行商及中国 商人款项（两）	中方欠款与公司欠 款款项差额（两）
1775	128806[1]		128806
1776	24025	64179[2]	−40154
1778	85138[3]	169122[4]	−83984
1782	24790	266560	−241770
1783	239628[5]	245110	−5482
1784	先官52763	207983	−155220
1785		452865	−452865
1786		1271284	−1271284
1787		1352272	−1352272
1788	106394	580948	−474554
1789	305502	144332	161170
1790	73109		73109
1791	308689		308689
1792	473142	仁官128937	344205
1793	1606669	3645	1603024
1794	1488642	59224	1429418
1795	850827	46743	804084
1796	305191[6]	962642	−657451
1797	210473[7]	2151100	−1940627
1798	石琼官85596	3143789	−3058193
1799	石琼官57064	1108158	−1051094
1800	343561[8]		343561
1801	414498	156648	257850
1802		744655	−744655
1803	谦官263	793539	−793276
1804	鹏官18848	1163923	−1145075
1805	323770	70244	253526
1806	1445964		1445964
1807	1728813		1728813
1808	2340459		2340459
1809	2847652	22337	2825315

---

[1]　其中潘启官103100两，另五位商人欠款25706两。

[2]　其中欠潘启官59614两，其他两位商人4565两。

[3]　其中瑛秀58078两，求官11532两，其他债务人15528两。

[4]　其中欠潘启官85482两，其他债权人83640两。

[5]　其中先官欠款236880两（除"嫩实兹号"的鸦片款外），其他欠款2748两。

[6]　其中石琼官欠款142659两，文官欠款141438两，鹏官欠款21094两。

[7]　其中石琼官欠款114128两，文官欠款96345两。

[8]　其中茂官生丝预付款204000两，沛官南京布预付款111600两，石琼官欠款27961两。

清代前期民间商业信用问题研究

216

账簿时间	行商及中国商人欠公司款项（两）	公司欠行商及中国商人款项（两）	中方欠款与公司欠款款项差额（两）
1810	2617313[1]	庭官3920	2613393
1811	1516287[2]	章官40507	1475780
1812	998276[3]	391301[4]	606975
1813	880805[5]	749516[6]	131283
1814	854623	328815	525808
1815	250323	1062618[7]	−812295
1816	746167[8]	320628[9]	425539
1817	936710[10]	1602	935108
1818	1407684[11]		1407684
1819	628158[12]		628158
1820	364634[13]	922818[14]	−558184
1821	924648[15]	行商借款77779	846869
1822	691019[16]	141667[17]	549352
1823	昆水官财产246852	1282437[18]	−1035585
1824	199940[19]	1183726[20]	−983786
1825	1239071[21]	610543[22]	628528

---

[1] 欠款的中国商人分别是：沛官170180两，茂官331366两，鹏官265854两，章官174482两，谦官396793两，昆水官610626两，西成81968两，人和183466两，鹏年官34822两，黎官252345两，发官115411两。

[2] 其中破产行商鹏官欠款210000两，破产行商谦官欠款412601两，有清偿能力的行商欠款893686两。

[3] 其中破产行商欠款530738两，有清偿能力的行商欠款467538两。

[4] 其中欠沛官359087两，欠其他商人32214两。

[5] 其中鹏官和谦官欠款519308两，有清偿能力的行商欠款361497两。

[6] 其中欠茂官129380两，欠沛官548974两，欠其他商人71162两。

[7] 其中欠沛官662813两，欠其他中国人399805两。

[8] 其中鹏官和谦官欠款337095两，小行商欠款409072两。

[9] 其中欠沛官215711两，茂官138两，潘启官63467两，章官34461两，经官6851两。

[10] 其中鹏官和谦官财产273662两，行商欠款663048两。

[11] 其中鹏官和谦官帐款210228两，中国商人欠款1197456两。

[12] 其中鹏官和谦官财产146795两，六位小行商（经官除外）481363两。

[13] 其中鹏官和谦官帐款83362两，中国商人欠款（昆水官、西成和发官）281272两。

[14] 其中欠沛官531378两，茂官74698两，潘启官24528两，章官136484两，人和、鹏年官、鳌官和经官155730两。

[15] 其中昆水官417649两，其他行商506999两。

[16] 其中沛官130082两，茂官68598两、章官176257两，昆水官271387两，发官44695两。

[17] 其中欠西成1020两，人和14041两，鹏年官69293两、鳌官57313两。

[18] 其中欠沛官767204两，茂官18648两，潘启官135789两，章官105129两，鳌官184957两，其他五位商人70710两。

[19] 其中昆水官财产185139两，行商欠款14801两。

[20] 其中欠沛官857330两，潘启官100947两，西成111675两，其他行商113774两。

[21] 其中昆水官财产1234226两，发官欠款4845两。

[22] 其中欠沛官292979两，欠其他七位行商317564两。

账簿时间	行商及中国商人欠公司款项（两）	公司欠行商及中国商人款项（两）	中方欠款与公司欠款款项差额（两）
1826	194451[1]	568815	−374364
1827	沛官33274		33274
1828		550991[2]	−550991
1829		人和592	−592
1830	章官3391		3391
1831		欠行商493462[3]	−493462
1832	132285	477708[4]	−345423
1833		998183[5]	−998183

上表反映了18世纪后期到英国东印度公司结束时55年间公司与行商的信用关系，在55年中，有29个年度公司提供给行商的信用额度较大，有26个年度行商提供给公司的信用额度较大。公司与行商相互之间提供的信用多以预付货款和赊销货物的形式，属于商业信用，只有少量是直接的银钱借贷。在广州的中英贸易中，公司为了自身的利益，曾经通过贿赂方式破坏"公行"组织，也曾通过预付货款方式扶持中小行商。公司大班与行商之间互相尊重，"双方不断冲突，但在整个过程中又是亲密的朋友"。[6]

二、广州中西商业信用比较

清代前期清政府对外贸易的管理方法，完全采用了管理内地贸易的牙行制度，在广州设立的"十三行"的公共职能比内地牙行更加重要。行商的设立与牙行相同，需要有一定资产，有其他行商作保，经官府批准方可充任。行商要代政府收缴进出口货物的商税，负责外商在广州的管理，帮助官府购买所需货物。官府认为行商在中外贸易中主要起中介作用，他们对待外商就像牙行接待客商，而内地的商人铺户则如同本地铺户和商贩。行商的经营方式、经营理念

---

[1] 其中昆水官帐款61713两，沛官欠款132738两。
[2] 其中欠鳌官280956两，章官107002两，其他商人163033两。
[3] 其中浩官59870两，茂官73233两，潘启官39261两，鳌官176162两，经官2467两，发官22947两，中和行31850两，兴泰行14750两，顺泰行53922两。
[4] 其中欠浩官279805两，欠其他商人197903两。
[5] 其中浩官265536两，潘启官259665两，鳌官95298两，发官13556两，兴泰行62018两，顺泰行302150两。
[6] 马士：《东印度公司对华贸易编年史》第二卷，第323—324页。

与各地的牙行如出一辙，行商的经营环境同牙行大同小异，可是与行商交易的对手却不同于牙行的对手，与行商交易的是正处于资本主义上升时期的欧美商人。广州行商与欧美商人的交易，是落后的封建制度与先进的资本主义制度的碰撞，是古代的东方商业文化与新兴的西方近代商业文化的交流。广州的中外贸易体现出中国传统贸易与西方近代贸易在货款结算、融通资金、组织方式、信用制度等各方面的差异。

（一）早期中英贸易

与广州行商交易的外商有来自欧美各国和印度、孟加拉等地区的公司和散商。继葡萄牙、西班牙、荷兰等国之后英国人来到中国贸易，英国人对中国人的直接贸易的第一次努力是在1637年，但直到1685年中国各口岸通商以后，英国人才通过东印度公司获得在广州开设一个商馆的权利，第一艘船在1689年才派来。1715年，东印度公司在广州设置了一个有固定员司的商馆，并且定期派遣船只。[1]从此以后，英国在中国的贸易份额越来越大，长期居于各国之首，英国东印度公司与散商成为对华贸易的重要组成部分。

早期来华的英国商船携带大量白银和少量货物（包括宽幅绒布和毛织品等杂项商品）作为资金，采取预付定金以货易货的交易方式，换取中国货物。1702年伦敦公司开往厦门的两艘船"会场号"与"奥朗泽彼号"与中国商人安官（Anqua）交易，购买货物的支付用白银2/3，货物1/3。在货物装满两船后，尚有预付定银剩余在安官手里未清偿，多尔宾说共计60000两。英国公司董事部曾经表示过不赞同预付定款，但如果不预付货款，英商的贸易会碰到好多困难。"坎特伯里号"大班留在安官手里的未清预付款有10500两——"不给他们预付货款定银，但无办法，不得不跟多尔宾及其他人一样预付定银，因此，他欠的债更多。"预付货款是英国大班在华贸易迫不得已之法，由于欧洲货在中国没有市场，货物长期集压，英商所购货物多用现款，有少部分是以货易货。[2]英商很不情愿赊卖货物，为此"每船都责备别人带头造成这个'坏习惯'，而每人都说自己单独反对过。"[3]实际上如果英商不先交出货物和现款，中国商人是不会按时提供返程货物的，必然影响英船的返航，英商无奈之下只好提供信用给中国商人。渐渐地预付货款成为英国东印度公司对华贸易的

---

[1] 马士：《中华帝国对外关系史》，第56—59页。

[2] 马士：《东印度公司对华贸易编年史》第一卷，第120—124页。

[3] 马士：《东印度公司对华贸易编年史》第一卷，第130页。

习惯，在18世纪30年代，"预付货款已成为该时期的定例，这是给商人到内地搜购茶和丝的货款。10月17日（1731年），在大班与行商订约后的三个月，在首批的两艘船启碇两个月之前，最后的两艘船启碇三个月之前，主要订约人唐康官和陈官的账户，仍然是：借方：预付款257080两。贷方：交来货品93267两。差额，163813两。在同一天又预付给他们37511两。"[1]行商受自有资本所限，必须用公司的预付货款来预买或购买公司所需货物，使公司对行商的预付货款成为定例。英商在与行商签订合约之后预付货款，双方规定预付货款比例与交货时间，1750年"格兰瑟姆号"到广州购买南京生丝400担，与行商约定期限一百天船上交货，预付货款的80%。[2]

（二）汇票的应用

自1775年，东印度公司广州管理会不仅建立了交易总账，而且开始从事银行业务，这一业务帮助公司解决了资金困难问题。在此之前的1761年贸易季度，第一次记载有大班签发伦敦董事部汇票的事。第一张汇票是1761年11月25日签发的，见票后180天付款。[3]因为从伦敦运白银到华的困难，管理会计算资产以备供应命令所规定的茶丝投资时写道："……上述生丝投资仍差202948两。虽然这个数目似乎很大，而寄存此处的款项亦极大，因此，没有比抓紧机会签发汇票更好的意见。"[4]由于供给中国贸易所需银元日渐困难，董事部也很赞成这个办法，1777年7月25日，圣乔治要塞总督和管理会给广州方面写道："……我们对此事的筹划，可以使你们的财库收到款项的唯一办法，就是在此间举办和去年所实行的一样，即签发董事部的票据。……但如果你们愿意收时，他们要将所交运的全部货物的价款付给你们，将他们的付款数额按本年兑换率签发董事部票据。……我们知道在广州的私商手里，现在拥有巨额款项，准备按照在此间已经决定的办法交给你们的财库，只要你们认为适当，随时都可以收到。"[5]设在广州的财库为公司大班职员和其他散商及货币所有者经营存款和汇兑业务，实际上是为广州的管理会解决了资金困难，同时为私商解决了从中国转运白银的问题。在英国对华贸易中，散商是经过公司特许的非公司商人，他们在对华贸易中的份额和作用越来越大，而公司的垄断地位影响了散

[1]　马士：《东印度公司对华贸易编年史》第一卷，第203页。
[2]　马士：《东印度公司对华贸易编年史》第一卷，第290页。
[3]　马士：《东印度公司对华贸易编年史》第五卷，第515页。
[4]　马士：《东印度公司对华贸易编年史》第二卷，第326—327页。
[5]　马士：《东印度公司对华贸易编年史》第二卷，第332—333页。

商的贸易,散商是促使公司在1834年结束的重要力量。"东印度公司的代理人尊重行商的特权,而英国散商以及美国商人却发现同铺户做大宗货品交易,比同行商交易获利更多。"[1]因为公司的垄断,英国散商不能买卖大量茶叶到欧洲,他们多把印度的棉花和鸦片运往中国出售,所得现款往往超过在华投资。由于中国限制白银出口,多余款项的转运成了散商的难题。而公司的广州财库接收散商的白银,然后为散商开出公司伦敦董事会或印度英领区的公司承兑的汇票。这是个一举两得的好办法,从1775年开始,每个交易季度的末期船只离开时,私人便付款入广州财库,管理会相应签发董事部汇票。1775年与公司无关的英国私商交付财库322528两,管理会签发的按本季度兑换率算的董事部汇票136705镑。[2]之后,广州方面每年都用这种办法获得大量现款,1780年签发的伦敦票据总数为1385997两,其中182415两是见票后730天付款,兑换率为每元5先令4便士。其余为见票后365天付款,每元5先令1便士。另外又签发董事部存款单据183295元,交回船长及职员收执,其中半数为见票后90天付款,半数为365天的。[3]散商交付财库的白银成为公司管理会现金的重要来源,因为向行商购买茶丝需要巨额现款,只有这样行商才能从内地商人处买到货物。散商进行的港脚贸易加入了中英贸易的循环:中国向英国出口丝茶,英国向印度出口棉制品,印度向中国出口原棉和鸦片。[4]印度商品在中国出售的收入款在公司1787年贸易季度的投资基金比例中已经超过伦敦的供应:从英伦运出的英国货物的售得款和运到白银共计2654143两;由大总督及总办事处,或非官方途径,从印度直接运来棉花售得款103670两,签发票据给散商贸易的收入款为2875923两,共计2979593两;伦敦供应的占47%,而印度—广州贸易占53%。[5]可见,港脚贸易在公司融通资金中的重要性。

公司通过吸纳散商的款项,并为其开出伦敦董事部或印度英领区的公司承兑的汇票解决了资金困难,"这种方法虽然在公司方面看来是满意的,可是不能适合散商的要求,因为他们的港脚贸易远远超过了固定的公司投资的需要。即使在十九世纪初叶,监理委员会通常所能收受的也只是散商缴来款项的一半左右。"[6]散商只能通过其他途径来将款项运出中国,早期的办法有"船货抵

[1] 郝延平:《中国近代商业革命》,上海人民出版社1991年版,第19页。
[2] 马士:《东印度公司对华贸易编年史》第二卷,第327页。
[3] 马士:《东印度公司对华贸易编年史》第二卷,第373页。
[4] 郝延平:《中国近代商业革命》,第22页。
[5] 马士:《东印度公司对华贸易编年史》第二卷,第460—461页。
[6] 格林堡:《鸦片战争前中英通商史》,第143页。

押贷款契约"和购买"公司信用状"，或者将白银偷运出口。后来，美国商人加入对华贸易中来，并且将伦敦、纽约和广州联结在一个三角的互相交错的信用制度之中，为散商提供了一条新的汇款到伦敦的途径。1810—1811年贸易季度美国商人第一次带进大量的到伦敦商家承兑的汇票。到1830年，美国到中国船只所携带的钱财中足足有一半属于到伦敦的汇票。1831年，他们带来了价值477万元的汇票，而现金却只有68万元。英国商人看到美国人开出的伦敦汇票可以使用，最后使广州行号都肯于广泛地和经常地使用美国汇票了。"这种办法对于同中国贸易有关的所有方面都是方便而有利的。并且它还使广州'英国散商'在财务上能够不依赖东印度公司，这是使他们赢得1834年的胜利的先决条件之一。它还给了他们能够抵抗加尔各答大信用危机风浪的力量。"[1]

（三）广州中西商业信用具体比较

1. 信用环境不同

商业信用与借贷信用（包括封建高利贷信用与现代银行信用）是商人解决资金困难的重要途径，18世纪的广州中外贸易中，中国行商与外国商人都使用了这两种信用方式解决资金问题，但是二者所处的金融与信用环境却存在相当差距。张彬村分析认为："信用交易的价格取决于两个因素：供求关系和风险程度。风险愈高，防患费用愈高，无保证的信用会发生高利贷现象是很自然的……在十六到十八世纪之间，中国信用市场长期存有需求强烈而供给不足的紧张情形。"他指出，"信用机构的资本很小，存款业务不发达，以及信用票据的使用很有限，是十六到十八世纪之间中国信用市场的特点。"[2]因为中国信用供给的不足，中国的利率要高于同期的欧洲。广州非常缺少白银，一般情况下行商支付年利12%—18%的利息，在银根紧急时可能付出更高的利率。"行商要向货币市场寻求资金，便往往不能遂其所愿。即令有办法借得，利息也很高。一般而言，18%的年利率最为通行。然而一旦有急切短期融资的必要时，行商就不得不承受高达40%的利率。"[3]这样，"由于对华贸易容易发财的特点以及资金的缺乏，一种非常之高的利率是可以得到的，这就是广州货币

[1]　格林堡：《鸦片战争前中英通商史》，第147—151页。
[2]　张彬村：《十六至十八世纪中国的长程贸易与信用市场》，《第二次中国近代经济史会议》，第871、873页。
[3]　陈国栋：《论清代中叶广东行商经营不善的原因》，《新史学》，台北：新史学杂志社1990年第1卷第4期。

市场的特色。"[1]在1716年就有"很多欧洲人及其他人等将他们的钱作另外用途：有些把他们的钱留下放债生利，不冒海上危险以免一无所获。"放债使中国商人获得在中国流行的高利率，这回是第一个实际的例子，后来就更为普遍了。[2]通过借贷经营的行商要从其利润中支付相当部分的利息来还贷。

2. 信用票据化程度相差悬殊

从表面看来，广州行商家财万贯，生活奢侈，生意兴隆，被描写为"洋船争出是官商，十字门开向南洋；五丝八丝广缎好，银钱堆满十三行。"[3]实际上只有个别行商资产雄厚，多数行商却是资金单薄，往往靠借贷或外商预付货款、赊卖货物来维持生意。十三行所堆的银钱多是外商的货款，因为在中国商业买卖和政府税收等各领域仍然用现钱进行，行商需要大量的银钱，票据的使用与当时的伦敦相差很远。"虽然款子在广州是非常需要，可是情况同伦敦或同印度英领区完全不同，在那里，由于'票据'贴现的发达，马上可以得到现钱使用。"[4]伦敦是18世纪世界金融中心，"票据"的买卖贴现非常发达，商业信用与银行信用密切联系，凭借信用及信用工具使商品的赊卖、赊购、代销越来越方便和频繁。正如马克思所说："信用使货币形式上的回流不以实际回流的时间为转移，这无论对产业资本家来说还是对商人来说都是如此。二者都会赊卖；因此，他们的商品，是在这些商品对他们来说再转化为货币之前，也就是以货币形式流回到他们那里之前让渡的。另一方面，他们也会赊购；这样，他们的商品的价值，在实际转化为货币以前，在商品价格到期支付以前，对他们来说，已经再转化为生产资本或商品资本。在这样的繁荣时期，回流是容易而流畅的。零售商人会准确无误地付款给批发商人，批发商人会准确无误地付款给工厂主，工厂主会准确无误地付款给原料进口商人，等等。回流迅速而可靠这种假象，在回流实际上已经消失以后，总是会由于已经发生作用的信用，而在较长时间内保持下去，因为信用的回流会代替实际的回流。但只要银行的客户付给银行的汇票多于货币，银行就会开始感到危险。"[5]另外，"至于资本转移所需要的通货，即资本家自身之间必需的通货，那末，这个营业兴旺时期同时也就是信用最具弹性和最易获得的时期。资本家和资本家

[1] 格林堡：《鸦片战争前中英通商史》，第139页。
[2] 马士：《东印度公司对华贸易编年史》第一卷，第155页。"中国商人"根据文中意思，应该是"外国商人"。
[3] 屈大均：《广东新语》（下）卷十五《货语》，中华书局1985年点校本，第427页。
[4] 格林堡：《鸦片战争前中英通商史》，第141页。
[5] 马克思：《资本论》第三卷，人民出版社2004年版，第507—508页。

之间的流通的速度，直接由信用调节，因而，支付结算，甚至现金购买所需要的流通手段量，会相应地减少。绝对地说，它可以增加；但相对地说，和再生产过程的扩大相比来说，它在所有情况下都会减少。"[1]英国东印度公司、英国散商和其他欧美商人是在各国资本主义信用已经相当发达的背景下，在中国与广州行商交易的，他们通过发达的信用来融通资金，在买卖商品过程中使用商业票据进行结算。在广州没有资本主义银行时，公司设在广州的管理会及各代理行"就不得不同时充当金融家"，经营银行业务，包括存款放款业务、银钱汇兑业务。"在中国贸易的遥远的商业往来上，信用的授予是必不可少的，因为这当中时间因素非常重要"。他们垫付货款不用现金方式，而是开出由他们或他们的伦敦代理行承兑的汇票，这种汇票在伦敦的金融市场上是很容易贴现的。[2]虽然外国商人是远道而来中国做生意，但凭借发达的资本主义信用体系，他们可以轻易地解决资金融通与汇兑问题，并且将这种信用逐渐向仍处于封建社会水平的广州行商渗透。如在1816年贸易季度时，当时资本最为雄厚的首席行商浩官[3]实际上是做了公司委员会当地的银行家，委员会在澳门期间，支付小行商的款项，是用支付命令给沛官，从公司的资金中拿出支付的。"他代委员会保存在保险库的现款将近达400000元；他们为他保存46箱（可能是150000元）在保险库；而在季度开始时，他欠他们的往来存款300000元。"在接下来的两年中，浩官继续担任银行家，仍然代委员会预付小行商现款，以应缴纳欠政府捐税的需要，而由公司做担保。[4]

行商在与外商交易时也开始运用信用票据，1816年10月间，"西成恳求委员会给他孟加拉票据，以便他能够向香克和马格尼亚克购办一批棉花，这笔款'约在新年'应付还给他们"，这是行商向委员会汇借货款，信用期限大约三个月。从1813年开始的五年以来，债权人委员会给五位小行商的预付款，便以签发孟加拉或伦敦票据的形式给予。[5]在鸦片走私中汇票也被运用。道光元年（1821），两广督臣阮元严办在澳门的囤户叶恒树，外商在内地没有立足之处，于是贩鸦片于零丁洋。"其地在蛟门以外，水路四通，有大舶七八只终岁停泊。收贮鸦片，谓之趸船。有省城包买户，谓之窑口。由窑口兑价银

---

[1] 马克思：《资本论》第三卷，人民出版社2004年版，第507页。
[2] 格林堡：《鸦片战争前中英通商史》，第139页。
[3] 浩官，也被称为沛官，即伍秉鉴，又名伍敦元。据亨特《广州番鬼录》记载，"1834年，他宣称他的财产的资本价值为26000000元。"（马士：《东印度公司对华贸易编年史》第四卷，第60页。）
[4] 马士：《东印度公司对华贸易编年史》第三卷，第243、304、327页。
[5] 马士：《东印度公司对华贸易编年史》第三卷，第244页。

○ 第八章 清代前期广州对外贸易中的商业信用关系

于夷馆，由夷馆给票单至趸船取货。有来往护艇，名曰快蟹，亦曰扒龙，炮械毕具。"[1]这里的"票"是："夷馆"（公司）开给鸦片商人到伦敦兑付的汇票，"单"应是提货单。内地鸦片贩子先预付货款给"夷馆"，换取汇票，再到趸船取货。所以御史冯赞动提出的禁烟对策时指出："凡由趸送货至窑口者，皆系此船包揽（快蟹）。……其销售各路，除福建之厦门、直隶之天津，广东之雷琼二府，将货过船不须快蟹包带，然必由窑口立券，方能到趸交货，其余各省私贩，则必由快蟹包送入口，包送出境，……俾奸商无由与夷人议价立券，则洋面之私售亦清矣。"[2]在鸦片走私贸易中，中国烟贩对信用票据的使用已与国际"接轨"。然而广州行商与内地商人交易仍然在用现款结算。

3. 商业法律制度与理念的差异

广州行商作为本土商人与国外商人的中介，需要同时适应两种交易方式。本土商人依然以亲情、血缘、地缘等关系为纽带，商品的赊买、赊卖主要靠双方的熟识程度及担保人的信用来进行，商业信用虽然出现了票据化趋势，但票据的贴现与流通依然局限在小范围内。道光之后出现的票号，以汇兑业务为主，但其业务以北方为中心。[3]在遇到债务危机时，首先找权威人士说合，不能解决问题再诉诸官府，还没有专门现代意义的法庭。1803年鹏官欠中国债权人1450000元，欧洲债权人差不多360000元；未缴税款300000元。"中国债权人提出惊人的动议，将他们的债款减去80%，假如其余的20%保证能在两年之内清偿的话。"[4]中国债权人自动放弃债权的提议令外国商人感到不可思议，然而这是在中国封建社会环境下，债权人的最佳选择，即使诉诸官府，也未必能收回债务。官府不会向对待外商债务那样，将行商的家产变卖偿还，不足时再令其他行商用行佣代偿。中国的整体商业水平、商业观念仍处于封建社会，直到19世纪后期，英国商人还强烈地抱怨中国丝商或经纪人的无情和轻率。他们说："他们从不相信他们的定货能得到满意的履行。中国人并不努力使产品质量符合要求，他们对于约定期限也很少考虑。此外，他们不注意给市场配备在质量和数量方面适合的货物。这主要是由于中国商人的漠不关心，这种漠不关心更是山东人的特色。他比大多数其他省份的人更为和蔼可亲，但不像他们那

---

[1] 文庆等纂：《筹办夷务始末·道光朝》，《近代中国史料丛刊》551册，第40页。

[2] 《御史冯赞动奏严禁鸦片烟折》，《史料旬刊》第3期《道光十一年查禁鸦片烟案》，第83页。

[3] 黄鉴晖：《山西票号史》，第118—121页。

[4] 马士：《东印度公司对华贸易编年史》第二卷，第710页。

样长于经商。"[1]

外国商人的经营已经完全资本主义化，他们以商业利润最大化为目的，商品的赊销、赊购凭借合同、票据、银行信用；债务纠纷以商法为准绳，通过法庭来判决。东印度公司与散商在广州都按照某些共同的商业惯例行事，"诸如同行商交易和定货不必有书面协议"。但他们用不同的方式对待行商。"东印度公司倾向于将公行当作一个单位来看待，按照行商的资历深浅安排茶叶合同，并且对他们所有的人定出同样的价格。相反地，散商根据行商开给的最好价格，每船货物分别成交。"[2]外商与广州的行商交易定货不用书面协议，说明行商是诚信可靠的商人，但是商场如战场，由于主观和不可预测的客观原因，商业风险随时可能存在，行商对于可能潜在的风险却没有任何防范措施。从政府的规定到司法实践，行商一旦资不抵债，面临的不仅是破产，而且可能家破人亡，流放到边远地区度其余生。在广州还没有任何公开的保险机关时，私商便把西方的保险制度引入对华贸易。1801年，有些私人临时组织在一起承保船只和它的货载，金额最高12000元。随着港脚贸易的发展，很多加尔各答保险机关在广州设置了代理机构。1805年还成立了广州保险社。[3]外商可以通过保险公司来分担和防范可能的海上风险。至于行商的债务风险，则由清政府来"保险"。

清代前期广州行商的信贷条件与信用发展程度都落后于与之交易的外商，"掌握在英商手中的近代信用工具汇票和期票，不可能给行商带来什么利益，反而使他们掌握的现金更加缺乏，必须依靠借债来维持。"[4]只有改进中国的金融制度和法律制度，才能使中国商人在对外贸易中主动起来。

[1] 姚贤镐编：《中国近代对外贸易史资料》第三册，第1492页。
[2] 郝延平：《中国近代商业革命》，第27页。
[3] 格林堡：《鸦片战争前中英通商史》，第156—157页。
[4] 章文钦：《清代前期广州中西贸易中的商欠问题》（续），《中国经济研究》1990年第2期。

结论　论清代前期民间商业信用

随着中国封建社会商品经济发展的最后一个高峰的出现，清代前期民间商业信用发展出现了前所未有的新局面、新特点、新趋势。尤其是从18世纪以来，经济全球化已初现端倪，资本主义国家为本国商品积极开拓世界市场，中国的沿海地区同样受到冲击，形成的冲击波一圈圈地向内陆扩张并影响着商品经济的方方面面，广州的中国商人与外商的信用关系，也间接地作用于内陆地区的商业信用。本章将着重分析清代前期商业信用的特点及其对当时社会经济生活的作用与影响。

一、清代前期民间商业信用的特点

（一）商业信用的广泛性、多样性

商业信用的广泛性是指商业信用在地域上的分布范围很广，商业信用主体涉及社会各阶层。可以说清代前期全国各地普遍存在商业信用现象，本书涉及的赊销案例涵盖了清代前期十八行省，北方预买、定买、赊买现象较少，南方各省的赊买、赊卖、预买、定买案例较多，这与江南经济的发展水平关系密切。由于长江在交通上的重要作用，清代前期沿长江流域的商品买卖相当繁荣，沿江各省的商业信用表现尤为明显，其中四川省是最为突出的省份，这和四川的物产丰富、人口众多、经济繁荣不无关系。在清代前期民间商业信用中，消费信用地域分布最为广泛，是数量上发生最为频繁的商业信用，它既能缓解贫困农民的衣食问题，又是达官贵人、富裕人家的常用消费方式，他们平时到店铺记账赊买物品，然后定时结账；同样，消费信用也能解普通人家的一时之急。与生产者有关的商业信用既包括广大农业生产者，也包括手工业生产者；既有生产者直接向下游生产者提供的信用，也有商人与生产者之间相互提供的信用。与商人有关的信用涉及各阶层商人，从街头小摊贩到各地大贩运商以及各行牙商、店铺坐商和对外贸易中的行商。清代前期大多数店铺的账本都能反映其赊买赊卖的信用行为，在年终和歇业时，基本都有外账，或者是债权人，或者是债务人，或者两种身份兼而有之。[1]

商业信用的多样性是指商业信用方式的多种多样。由以上所述可见，清代前期的商业信用从不同的角度分析可以分成不同的类型：从涉及的信用主体来分，可分为商人间的信用、与生产者有关的信用、消费信用；按规范程度分为口头商业信用、记账商业信用、票据商业信用；按货款交付的先后可分为预买、定买和赊销。参见表9—1：

表9—1　清代前期商业信用的分类

分类依据	具体种类	主要内容与特点
商业信用主体	商人间的信用	贩运商与坐商间的商业信用关系。
		坐商与商贩间的商业信用关系。
	与生产者有关的信用	生产者与生产者间的商业信用关系。
		商人与生产者间的商业信用关系。
	消费信用	生产者提供给消费者的商业信用。
		零售商提供给消费者的商业信用。
规范程度	口头商业信用	双方不作任何文字记载，也不出具有关凭证。
	记账商业信用	指双方或单方在账簿上作会计记载，信用关系结束时冲销。
	票据商业信用	债务人出具债务或支付凭证给债权人，或者双方立写买卖契约（合同）。
货款交付的先后	预买	买方提前全额预付货款给卖方。
	定买	买方提前预付部分货款给卖方。
	赊销	卖方提前将货物转让给买方，以后收取货款。

清代前期的口头商业信用多发生在亲友之间，记账商业信用多发生在酒

---

[1]　参见《乾隆广丰布店账簿》，《徽州千年契约文书》（清·民国编）第九卷，第426—433页。

店、饭馆、商铺，这些地方的消费者很多是老顾客，与经营者熟悉，赊欠的账目会定期结算。商人之间的信用一般都有书面凭证，是票据商业信用。

（二）牙行在商业信用中表现突出

牙行是明清商人中一个特殊的阶层，关于明代牙行与商业信用的关系，有学者认为："明代的牙行居间是民间自发形成的具有交易代理性质的商业信用运营活动。"[1]到清代前期，牙行在商业信用中表现已相当突出，如果用商品价值量来衡量，可以说最大额的商业信用都与牙行有着千丝万缕的关系。

清代承充牙行必须经过官府的批准，只有家道殷实并有其他牙行作保，经官府登记注册发给牙帖后才能经营牙行买卖。充当牙行者可以是外地人，但监生和胥吏不准充当。各地的牙行设置有数额限制，各行有自己专营的商品。作为官设牙行，要为政府完成一系列经济职能，如维持市场秩序、管理商贩、收缴商税、为官府衙门购买货物等。

牙行的主要职能是中介作用，为买卖双方评估物价、说合交易，从中收取中介费用。在集市上领有牙帖，不设门面的牙纪为双方说合交易时，还起到见证作用，买卖双方若不是现钱或现货交易，牙人还有担保的作用。设在交通枢纽、商品集散地等重要城镇的牙行种类齐全、数量众多，业务繁忙，有些牙行不仅设有门面，还有为客商提供食宿和存放货物的房屋仓库。这些牙行不再简单地在买卖中起中介作用，而是成为外地客商在本地的代理商，能够完全代替商人去完成商品的销售与购买。客商将货物或银钱全权交付牙行，牙行根据客商的要求将货物售卖或置办商品，客商与牙行之间形成了委托买卖关系。本地铺户是外来货物的主要销售对象，牙行通常将客商的货物分散给本地铺户销售，有时是现钱交易，有时则采用赊销方式，这与货物的紧俏程度及店铺的资本状况紧密相关。客商对一些商品如粮食、布匹、纸张的预买得通过牙行将资金预付给生产者，经过牙行的中介将商业资本转化为生产资本。这样通过牙行将客商、店铺、生产者联系起来，他们相互之间的商业信用关系藕断丝连，时断时续，经常是上次的账目尚未算清，下次的新账已经建立，牙行的客欠、外欠经年累月，新旧叠加，客商的生意前搭后账，不能歇手。还有一些牙行则利用自己或客商的资本开店设铺，投机钻营，赚取货物差价，直接与客商或店铺、生产者发生商业信用关系。

[1] 孙强：《论明代居间信用》，《史学集刊》2003年第3期。

清政府禁止客商直接与铺户交易，外地客商输入和运出的货物都要经牙行之手，客商必须与各地牙行交易。牙行在代客买卖时，不论是现钱交易，还是赊销预买，客商都要经过一段时间的等待，客商选择诚实公正的牙行交易是保证客商利益的重要保证。牙行的经营同样面临着风险，客商的货款与商品最终都要向牙行索取，牙行只有保证收回提供给本地铺户的每笔债款，才能偿付客商的债务，而牙行要同时与许多店铺来往，各店铺又会将货物赊给消费者或小贩，牙行能否及时交付客账，与各店铺的顺利经营休戚相关。物价起伏、自然灾害都可能导致信用风险的发生，在清代没有灾害保险和有限责任制度的情况下，牙行对客商提供的商业信用承担无限责任。清代之所以有大量与牙行拖骗客商资本有关的案例，是由清代牙行制度决定的，这是客商从事商业活动随时可能面临的风险。

（三）农业、手工业商品预买与定买现象增多

清代前期商人对农产品的预买与定买较为普遍。粮食是商人预买最多的农产品，包括谷类、豆类和油料作物，具体来说有谷、麦子、燕麦、高粱（秫秫）、稻米、糯米、包谷（玉米）、黄豆、黑豆、胡豆、芝麻、菜子等。粮食的预买多是在春季青黄不接时，商人提供信用给生产者，或者给予现钱，或者给予种子、肥料等实物，作物成熟时向农民收取粮食。其他与农、林、牧、副、渔相关的产品也是商人或生产者预买、定买的商品，如桑叶、茶叶、烟叶、竹子、木材、水果、蓝靛、蔗糖、谷草、木耳、药材等林木山货是商人乐于定买的农副产品。此外，畜牧和水产品如猪、鱼、鱼苗也经常被预买。手工业品的预买、定买多发生在商品经济发达地区，尤其是有手工业品特产地方，在这些地方，手工业可能已经成为百姓收入的主要来源。南方的纸张、生丝、棉布、瓷器是商人重要的预买对象，油、盐被定买的几率也很大，灰、矿石则可能被生产者预买或定买。

清代对外贸易中的出口商品多采用预买形式，这种预买大部分发生在商人之间。茶叶、丝绸和瓷器是清代主要出口产品，鸦片战争前，在中国对外贸易中占主要地位的英国东印度公司一般采用预付货款购买茶叶的方法，这些货款通过行商再预付给内地商人直到茶叶种植者。鸦片战争后，洋商仍然通过买办从内地预买茶叶、丝绸等货物，"近年来预购制度广泛流行，现在商人们不是坐等产品来到市场，而是由中国雇员［按：即买办］将大量货币送往乡村，

他们垫款给丝行并与丝行订立合同。"[1]方行先生指出：清代的预买"到乾隆间臻于鼎盛，乾隆以后，由于市场条件变化，嘉庆道光间的米价下跌、银贵钱贱，以及借贷利息率下降，遂走向衰微。"[2]这里的预买是内地商人向农民生产者的直接预买。在沿海地区通商口岸开放后，商人的预买依然存在，而且更加深入，进一步增强了对内地的冲击。

商人从事预买，"在各种商业中，利润最高"[3]，因为预买包含着风险与利息收入。商人通过预买定买，把商业资本投入生产领域，促进了生产发展，并保证了商品供应，这对于整个清代经济的发展都有积极意义。

（四）商业信用与高利贷信用有机结合

商业信用与高利贷信用是工商业融资的两条主要途径，它们是两种古老的信用。中国古代的商业信用与高利贷信用一直并存，在现代信用制度中，"世界各国，不论其社会制度如何，银行信用虽然居于主导地位，但却不能完全取代商业信用的基础地位。"[4]清代前期，两种信用在工商业中的地位难分伯仲。由于商业信用直接与商品资本的周转流通相联系，与生产和消费关系更加紧密，商业信用应处于基础地位，高利贷信用则是在商业信用基础上的发展、补充与升华。

商业信用与高利贷信用在清代前期是可以相互转化的。在商品买卖过程中发生的信用关系，本来应该属于商业信用，但是往往转化为高利贷信用；有时明明是借贷关系，又似乎转变为赊买赊卖关系，有的债权债务关系则很难界定其性质。下面两例是发生在商人之间的由商业信用转化为借贷关系的案例。据贵州遵义府绥阳县人黎德茂供："嘉庆九年（1804）十月间，小的装笋子来渝投瑞泰行发卖，有郭永新把小的笋子发卖十一包，价银六十三两三钱，言明交银下货。不料又有郭永新的胞弟郭永信乘小的出街，他把笋子私行发卖去了。小的随即跟要银两，他的弟兄言语支吾不给，推延至是年腊月间，才与小的立写借约。小的见年近无期，才回家去了。次年小的又来渝向他取讨，郭永新只给进小的路费钱四两，劝小的回家。去年小的又来渝催讨，郭永新约定今年本利一并相还。到今年小的来渝取讨，不想郭永新不唯不给银两，反串萧老泽从

[1] 姚贤镐编：《中国近代对外贸易史资料（1840—1895）》第三册，第1479页。
[2] 方行：《清代商人对农民产品的预买》，《中国农史》1998年第1期。
[3] 方行：《清代商人对农民产品的预买》，《中国农史》1998年第1期。
[4] 张玉文主编：《货币银行学》，中央广播电视大学出版社1993年版，第92页。

◎ 结论 论清代前期民间商业信用 ——

中包骗，把小的辱骂凶殴。小的无奈，才具控案下。"被告郭永新供："小的是本邑人，在渝千厮门瑞泰行挂平生理。嘉庆九年（1804）有绥阳县的笋子客人黎德茂，运笋子来渝投瑞泰行，是小的与他发卖笋子十一包，价钱六十三两三钱。小的客帐没有收起，无钱开销，小的才出立借约与黎德茂的。连年生意都折了本，无钱给还。"[1]这是客商与牙行间的信用关系，本来黎德茂是要交银下货，牙商却在他外出时，将货物赊卖，不能给付现款，无奈之下，黎德茂同意让郭永兴写立借约，事隔五年后，本利均无收回，还遭到辱骂凶殴，只好诉诸官府。在江苏苏州府阳湖，嘉庆二十年（1815）间，邰瑞如、潘太二各向高阿四买麦十石，每人须交价钱二十四千文，邰瑞如还清，潘太二付钱十六千文，下欠八千文，经邰瑞如作中，起利缓偿。到嘉庆二十二年（1817）八月十三日，潘太二仅还本钱，计应还利钱三千一百文，央退情让，未允。[2]案中三人都是粮食商人，潘太二欠高阿四麦钱八千文，本是商业信用关系。经邰瑞如作中，开始加利息偿还，转为借贷关系，两年后仅还本钱，不愿偿还利息，债主高阿四不依。以下两例是高利贷信用向商业信用转化的案例。在西安府盩厔县，王秀海说嘉庆四年（1799）五月里，乔贵盛借过他莜麦二斗，要作价抵算，乔贵盛每斗莜麦止准抵钱六十文，王秀海说迟了一年多，应照今年时值，每斗作价钱一百二十文。[3]在高利贷信用向商业信用转化过程中，双方因为货物的价格不能取得一致意见。因为物价的上涨，借方要以借时的价格抵还，贷方则要照当年时值作价，每斗相差六十文，二斗共差一百二十文，物价的涨幅达到100%，这对于借方有利，却伤害贷方的利益，所以借方要用过时的价格抵还债务。与此类似，在安徽安庆府望江县，嘉庆七年（1802）正月里，李毛问张禹均借谷二石，说定秋收偿还，七月里李毛只送钱二千，核算时价，尚欠钱八百文。[4]这也是由借到赊的债务关系，都与物价的上涨有关，贷方按高昂的时值计算，借方则用过时的低价来算账。下面三例中的债务关系难以确定为究竟是商业信用还是高利贷信用，而是二者兼而有之。湖北襄阳县，嘉庆八年（1803）四月内，孙谷碧托傅允德作中保，借郑得才大麦一石，讲定秋收时，还钱二千二百文。[5]此案有人作中保，明确说明是借麦，却没有讲明利率、利

[1] 《黎德茂等供状》（嘉庆十四年十一月六日），《清代乾嘉道巴县档案选编》（上册），第363页。

[2] 《刑部章煦谨题》（嘉庆二十四年八月初二日），刑科题本5851。

[3] 《兵部侍郎巡抚陕西陆有仁谨题》（嘉庆六年二月初九日），刑科题本4539。

[4] 《兵部侍郎巡抚安徽等处地方阿林保谨题》（嘉庆八年四月二十九日），刑科题本4728。

[5] 《刑部等衙门觉罗长麟等谨题》（嘉庆九年七月二十九日），刑科题本4770。

息，而是直接约定还钱二千二百文，更类似于赊卖赊买。在湖北黄陂县，王起发供："小的胞伯嘉庆二十四年（1819）二月初十日，托黄玉富向邓上崇赊购棉花十斤，该钱一千元，说定每月利钱三十文。"[1]这是赊买棉花，赊买的价钱里应该暗含利息，不会有明确的利息规定，但是此案中双方又有明确的利息，利率是每月三分。"在宝坻（1838年），李鲁占曾向店主刘锡久赊购了值十吊（或一万文铜钱）的猪肉。在还债上出现争端，双方打了一架，刘告了一状。县令裁决斗殴双方都有错，但李必须在五天之内偿还他欠刘的十吊钱，外加事先讲好的两吊利息。"[2]这一案例中的债务关系既有商业信用又有借贷信用。

清代前期的商业信用与高利贷信用的发展水平不尽相同，这也正是适应各种生活、生产水平的需要。适应生活的低水平的消费信用、消费性借贷在农村、城市普遍存在，这种信用是以"感情"、"关系"和互惠为基础的；[3]适应农业、手工业、矿冶业生产的生产性赊买赊卖与借贷也大量存在，城镇的富商、地主和高利贷者让小农赊购必需商品，或将小额的现金和实物贷放给他们。较大数额的信贷，一般都要以土地为抵；[4]最后适应商业经营、金融业务的资本性赊买赊卖、借贷及金融部门间的同业拆借、汇兑已经达到一定水平。金融业务在清代越来越明显地从商业中独立出来，反过来再和商业信用结合服务于商业的发展。如会票最初是由商号兼营，票号出现后，不仅使商号能集中精力和资本来进行商业活动，而且能帮助商人完成大额货款的远程汇兑，促进了商业与商业信用的发展。钱账的使用同样活跃了短途商贸活动，商人借助钱庄或银号的信用来强化自己的信用程度，使商业信用通过高利贷信用表现出来，使信用风险有了双重保证。商业信用与高利贷信用如同一对孪生兄弟共同调节着清代前期的资本、货币、商品的流通，使得资金合理流动，促进清代商品经济的发展。

总之，清代前期的商业信用与高利贷信用互相转化、互相补充，有机结合在一起，共同调节当时的商业与金融业务。两种信用方式都呈现出多层次、多类型、多渠道的特点，在不同的市场范围内发挥作用，服务于整个社会的经济生活。

[1] 《兵部侍郎张映汉谨题》，刑科题本5876。
[2] 引自黄宗智：《法典、习俗与实践：清代与民国的比较》，上海书店出版社2003年版，第116页。
[3] 黄宗智：《长江三角洲小农家庭与乡村发展》，中华书局2000年版，第111页。
[4] 黄宗智：《长江三角洲小农家庭与乡村发展》，中华书局2000年版，第111页。

（五）商业信用票据化的初步发展

清代前期商业信用除凭借传统的买卖契约、记账和口头约定外，商业信用票据的使用日益增多。见诸文献的信用票据主要有"会票"、"期票"、"兑票"、"行票"、"粮帖"、"钱帖"等，这些票据都是有价证券，而且大多能够转让，为安全考虑，在完成其职能后，出票人或承兑人会立即把票据销毁，所以清代留下来的原始票据更是少之又少。本书所涉及的现存票据实物都是在徽州地区留存下来的，其中一批是康熙二十二年（1783）至二十五年（1786）间由京师前门外日成祥布店承兑的23张会票[1]，它们由徽州谢氏收藏，另外一批是收录于《徽州千年契约文书》（清·民国编）中的会票和期票，其他的零星引用的实物票据也出于徽州。另外的关于票据的史料多出自有关清代案例的记述，没有具体的形制，只有对票据用途、金额的说明以及票据的使用者与使用地和使用环境。应该说这两种材料正好形成互补，对其进行综合研究，基本上能廓清清代前期各种票据的作用与使用情况。

清代的"会票"并不能简单理解为今天的"汇票"，就目前所见清代"会票"分析，其种类和功能要比现代"汇票"更加复杂。清代虽然已出现专门经营金融业务的典当铺、账局、钱庄和票号，但是仍没有现代意义上的银行，上述金融店铺多是完成现代银行的一项或多项业务。值得注意的是一些商业性质的店铺同样涉足金融业务，尤其在清代前期，商营会票的经验为山西票号的出现奠定了基础。[2]清代前期的会票有异地汇兑款项的功能，可以帮助商人异地支付或转运货款；有的会票有异地或本地借贷的功能，异地借贷兼有汇兑作用，本地借贷所立会票和借贷契约的职能相同。

清代前期的"期票"多是商业本票，由于赊买货物不能交付现款，债务人出具期票给债权人，约定另外的时间或地点交款，期票有约定日期一次性还欠款的，也有约定时间分期多次还欠的。"兑票"反映的是债务的承兑行为，即甲方欠乙方的债务由与甲方有财务关系的丙方来承兑偿还，丙方要出具兑票并承诺将来对债务进行偿还，由乙方执票。"行票"是由牙行出具给客商的信用票据，作为货物欠款的凭证，客商凭借行票向牙行收取货款。"粮帖"则是有支票性质的信用票据，一般由债务人签发，执票人持票向粮帖指定的钱庄收款。"钱帖"的功能类似于银行券，但是钱帖的发行者并不限于钱庄，在清代

---

[1]　参见汪宗义、刘萱辑录：《清初京师商号会票》，《文献》1985年第2期。

[2]　参见黄鉴晖：《山西票号史》，第45—55页。

前期，当铺、商号都可能签发钱帖。钱帖由殷实钱庄、当铺或商号发行，具有银钱和信用双重保证，在本地具有通货的职能，用于商业买卖活动，钱帖在道光年间被各地广泛使用，这与道光时期银贵钱贱现象有关，因为铜钱的携带成本太高，很不方便，以致用钱换帖须付贴水。

清代前期所见与商业信用有关的票据还有"发票"、"欠票"、"谷票"。"发票"用于商业委托买卖，"欠票"是承认并承诺归还欠款的凭条，"谷票"则近似于提货单。关于这些票据的记载很少。

前面所列清代前期的诸种票据都是有价证券，它们的签发都以信用为基础，多数票据直接用于商业信用，也有的属于高利贷信用，还有的完全执行现代银行信用的职能，归根到底，商业信用是信用票据的基石。从康熙到乾隆、道光各朝都有关于信用票据的记述，这些票据的使用与流通，既简化了契约签定的繁杂过程，又便利了商人资金的回收，还有效解决了长途贩运过程货币的转输。可以说，清代商业信用已初步实现了票据化，这些票据在票号出现以前，多停留在商业内部，由商业兼营会票。在专营汇兑职能的票号出现以后，大大便利了商人的长途贸易。"清代中叶，钱庄、票号的存款、放款和汇总等信用业务相继展开。其发行的银票、钱票和汇票，初步形成了一个信用货币市场。实际上具备了现代银行的基本职能"。[1]商业信用与银行信用相互为对方保证，共同促进商业与金融业的信用发展。

（六）有关商业信用的法典与习惯的定型

关于商业信用的立法，姜锡东将北宋乾兴元年六月颁布的有关民间赊买赊卖的法令称为《乾兴法》。[2]它对宋代商人间赊买赊卖进行了规范，主要内容是，"诏在京都商税院并南河北市告示客旅等：自今后如将到行货物色，并须只以一色见钱买卖，交相分付。如有大段行货，须至赊卖与人者，即买主量行货多少，召有家活物力人户三五人以上递相委保，写立期限文字交还。如违限，别无抵当，只委保人同共填还。若或客旅不切依禀，只令赊买人写立欠钱文字，别无有家业人委保，官中今后更不行理会。若是内有连保人别无家活，虚作有物力，与店户、牙人等通同朦昧客旅，诳赚保买物色，不还价钱，并乞严行决配。"[3]这个法令要求赊买赊卖时必须有"三五人以上递相委保，写立

[1] 方行：《不要否定中国资本主义萌芽》，《中国经济史研究》2008年第4期。
[2] 姜锡东：《宋代商业信用研究》，第39页。
[3] 《宋会要辑稿》第六册，食货三七之九，新文丰出版公司1976年版，第5438页。

期限文字"。有利于将赊卖货物的风险限制到最小，但是要同时找到三五个有物力的人来作保，其交易成本会大大增加，反而限制了商人的赊买赊卖行为。有关商业的律例在《大明律》户律下设"市廛"一门，计五条，并没有对民间商业赊买赊卖作明确规定。[1]

清代前期民间商业信用的广泛性与普遍性程度超过以往任何朝代，商业信用在商业中的作用与地位日益重要，为规范信用行为，稳定市场秩序，清代法典对此作了明确的规定，而各地民间也形成了与商业信用相关的风俗习惯。清代前期，官府对于商业信用行为的约束、规范集中于关于"牙行"的职责的规定，如在《大清例律》"私充牙行埠头"条例中规定："凡在京各牙行，领帖开张，照五年编审例，清查换帖。若有光棍顶冒朋充，巧立名色，霸开总行，逼勒商人，不许别投，拖欠客本，久占累商者，问罪，枷号一个月，发附近充军。地方官通同徇纵者，一并参处。"[2] "拖欠客本"是客商通过牙行赊销或预买、定买货物时，牙行不能将货款或货物及时给付客商的行为。针对对外贸易中信用行为也有规定，如"赊买及故意拖延骗勒远人，久后不得起程者"[3]要问罪受罚。这些条例多属于刑法性的处罚规定，但从中体现出来的是允许赊销行为的存在，是对赊销货物方（即债权人）权益的保护。

清代前期，法典与条例对信用的规定只是原则性的规定，具有指导作用。在司法实践中，当地的风俗习惯同样是审判的重要依据。在具体的信用实践中，风俗习惯比司法规定更具实用性和广泛认同性。下面是清末《甘肃全省调查民事习惯报告》中关于定买、定卖及违约处理的一些内容，其中的习惯性做法在清代前期当已存在，并被当地人普遍接受。具体问答如下：[4]

> 甲：彼此约定买卖一物，物价均未交割，中途有一人违约，不买或不卖时，其处理之方法如何？
>
> 按：甘省习惯，多以即作罢论。为言各厅州县中，惟靖远则以须得相手（守）方之承诺，方得取消。盖买卖既经约定，则当为种种之准备处分，若任意变更，两造有受损者，狄道则以中有一人食言，即

---

[1] 《大明律》卷第十《户律七·市廛》中有五条关于商业的规定，分别是：私充牙行埠头、市司评物价、把持行市、私造斛斗秤尺、器用布绢不如法。

[2] 田涛、郑秦点校：《大清例律》，法律出版社1998年版，第268页。

[3] 田涛、郑秦点校：《大清例律》，第270—271页；另见［清］沈之奇著，怀校锋、李俊点校：《大清律辑注》（上），法律出版社2000年版。

[4] 《甘肃全省调查民事习惯报告》，《中国西北文献丛书》第120册，兰州古籍书店1990年影印本。

照违约议罚。渭源则须酌量多寡，或偿卖者钱，或偿买者钱，方为平允。华亭则以已定买卖，中途违约必由物价低昂之故，如买主违约，则量减其价；卖主违约则量增其价。以期相与有成，皆处理之法也。

乙：约定买卖，并付有定钱，中途有一人违约时，其定钱作何处理？

按：此亦视其违约之人，以评曲直。买者违约，则定钱即作罢论；卖者违约，则定钱则当倍蓰偿还，此不成交易之说也。如必欲成其交易，亦宜度物值之低昂，以为损益。低则增之，以益卖者；昂则减之，以益买者。定钱仍不乾没，或算入物值，或还之其人。处理之道如此而已。

癸：定买之物，如卖主已先抵押于人，应由何人取赎？

按：此有由买主取赎者，盖买主恐所抵当权者之追及。定买之初即约定代为偿还也，然此种习惯惟靖远、狄道、华亭、隆德、文县、碾伯、河州、安定、礼县、循化厅、永昌多有之。其余各属皆以抵押出自卖主则赎亦应出自卖主，以买主而代卖主取赎，出于无名，押主亦必不应，如以买主代赎，则应从买价中提出，赎价交与卖主，仍以卖主名义赎之，买主不与云。

子：定卖之物，卖主再以卖人时，其对于前后买主有何责任？

按：此非得前买主之承诺，不得取消。盖物既定卖，则买主得为别样之处分，若随意变更必至大受损失，故对于后买主无责任，对于前买主有承认偿利之责任，又有公议处罚之责任，此普通情形也。至若前后买主价平，则前买主得物，后买主无与；后买主价增，则后买主得物，而罚卖主金以与前买主，亦甘省惯例云。

寅：已定买之物因天灾事变致有毁损减失时，其处理之法如何？

按：此视物之交割与否，未交割则由卖主担任，不能索取物价。已交割则由买主担任，仍须给付物价。盖物体虽与事变相伴，权利则不与事变相伴。处理之法一：价已交，物未过手，得由买主索偿原价或酌让一二成；物已过手，价尚未交，得由卖主索偿原价或酌让一二成。处理之法二：卖主当退回原价，买主不得索利，以天灾事变生于不测，与人事不到致有毁损减失者不同。处理之法三：纵览全省，多归卖主认者，其或归买主认，及各认一半以为处理者究居少数云。

以上摘录了五条甘肃省关于商品买卖的习惯，这些习惯都与商品的定买、定卖有关，包括违约后定金的处置，定买物的抵押、取赎、损毁责任、定卖物再卖他人的处理。可以看出在甘肃省境内，各区县的具体商业习惯并不完全相同，明显存在着差别。

各地与商业信用相关的风俗习惯各有不同，有关于买卖契约的签订、违约及违约后定金的处置、中保的权利与义务、货物与货款的清偿等习惯，这些习惯在本省范围内各府县之间就有差别，完全是民间商业发展过程中自然形成的，但是却弥补了法律规定的不足，使清代前期的商业有序进行。清代前期的法律、习俗与人情共同成为清代前期审判经济纠纷与案件的依据。

二、清代前期民间商业信用的作用与影响

信用是当代经济社会不可或缺的经济制度，它在国民经济中的功能与作用已被广泛认识，其对工商企业的发展和人民日常生活的影响越来越大，而商业信用是整个信用制度的基础。清代前期的商业信用远远落后于同期欧洲资本主义国家，欧洲资本主义银行与票据市场业已形成，伦敦成为当时世界金融中心，票据的流通与贴现非常发达，约克郡的银行家威·利瑟姆说："汇票是通货的一个组成部分，其数额比其余一切部分加在一块的数额还要大。"[1] 商业信用与银行信用共同促进了欧美资本主义经济的发展。清代前期的商业信用虽然落后，但它在继承中国古代封建社会民间商业信用的基础上还是有所发展，这与清代前期商品经济的繁荣密切相关，反过来，商业信用对清代前期的经济发展也起到了重要的促进作用，影响着当时人们的社会生活。

（一）加快资本流通与周转，缓解中小商贩资本匮乏

商业的繁荣是清代前期经济发展的重要体现，商业的发展离不开商业融资。清代前期商人资本的来源除自有资本外，主要是借贷资本，刘秋根认为："商业融资，如果是指对商人的经营性资本放贷的话，那么中国15至18世纪的这种资本性放贷是相当普遍的。除典当、钱铺、银号、账局等银行性的机构对工商业者进行经常性资金放贷外，一般商铺如布铺、绸缎铺、杂货铺、盐铺等

---

[1]　马克思：《资本论》第三卷，第451页。

及一般商人、地主、贵族、官僚家庭也常以闲置资金及家财对商人放贷。这种放贷包括开办资本及流动资金放贷。在一些商业发达的城市，主要是同城的金融机构、店铺及私人放贷者与商人之间结下了比较稳定的资金供求关系。"同时他也指出"合伙"与"商业信用"是商业融资的另外两条途径。[1]商业信用的主要形式有赊买赊卖、预买定买、托买托卖。通过商业信用，商品或货币实现了提前支付使用，这对于授信方和受信方都有意义。商人资本由两部分组成，一部分以货币形式存在，一部分则以商品形式存在，对授信方来讲，商业信用可以促进商品销售，也可以加强与生产者的联系，从而建立起比较固定的经济联络网络，保证商品的来源与销售市场；对于受信方来说，则提前得到了需要的商品或货币资本，节约了自有资本。清代前期，长途贩运商将货物运到销售地都得投靠主人家（即牙行），将货物全部委托或赊卖给牙行，约期到牙行领取货款，这样能够加快其货物的销售速度，节约交易成本；中小铺户和商贩往往缺少周转资金，他们通过向牙行赊买货物来得到商业资本，再赊卖或零售给消费者，收取货款后再交还货价给牙行，如果消费者能够及时付款，则铺户和零售商贩不必使用自有资本来营运，大大节约了铺户或商贩资本的投入。如内蒙古地区，债务的清偿有"标期"规定，赊期较长，就大大方便了缺少资金者进行货物买卖。"曩年商家对于户欠，能经长时期之垫办，必待标或年终方清结者，正因商货购办付款，期限较长，足有回旋余地。以茶布大宗而言，类为对年期。其他各货，付款期之最短者，亦当隔一标或二标期。故昔之商情，苟使信用有素，购存货物，无须筹备现款。及期满应行归款，在营业周转一年或数标之内，已可以货易款，本利均回。"[2]一标是一个季度，每年有四标，最短的货物赊期也有三个月，像茶、布这样的大宗商品赊期则为一年，所以信用好的商人不用现款作本就可经营买卖，在赊期内本利均可收回。虽然表面看来，商业资本总量并未增加，是贩运商的资本的减少，才增加了牙行和铺户商贩的资本，但这个过程有利于加速资金周转，能够充分发挥资金的作用。正如马克思所说，"如果货币作为支付手段的应用和由此发展起来的信用制度，同货币作为流通手段的应用结合在一起，那么，商人资本的货币资本部分同这个商人资本完成的交易额相比，就会更加减少。"[3]通过商业信用，会使

---

[1] 刘秋根：《对15—18世纪资金市场发育水平的估计问题——"传统经济再评价"笔谈之七》，《中国经济史研究》2003年第1期。

[2] 《绥远通志稿》卷三十八《金融》。

[3] 马克思：《资本论》第三卷，人民出版社2004年版，第309页。

◎ 结论 论清代前期民间商业信用

239

整个社会的商业资本的货币部分大大小于商业资本实际完成的交易额，缓解商业货币资本相对不足的矛盾。从清代前期商品市场、商品量与商品值的估计、长距离运销的增加可以推断[1]：清代前期通过各地牙行实现的商业信用额度应该很大，这无疑会大大节约了全国范围内商业货币资本，对于缓解中小铺户与商贩的资本缺乏问题起到积极作用。商业信用扩大了明清商业资本规模，是明中叶以后长途贩运发展及全国性市场形成的主要因素。

（二）实现商业资本转化，促进农业、手工业商品生产

商业信用的起始点是商品生产，商品的生产需要投入人力、物力。清代前期的主要商品粮食、棉布基本上还不是商品生产，而是农民家庭生产，农民出售它们是为了换取需要的生活用品。清代前期的商人通过预买、定买，将商业资本渗透到了农民的家庭生产，既保证了商人的货源，又帮助部分农民解决了生产资金不足和产品的销售问题，促进了农业生产的发展。[2]然而，农民接收商人预买定买农产品的银钱并非全部投入生产，许多人是因为贫困无法度日，为了应付眼前生活拮据才将日后的口粮预卖。在这种情况下，商人预买或定买粮食的价钱往往具有高利贷性质，这种信用具有商业信用的外表，实质上与高利贷信用无异，对于农业生产的促进作用很小。

清代前期手工业生产中许多行业出现了资本主义萌芽，如丝织业、制茶业、制糖业、榨油业、冶铁业、铜矿业、制瓷业等，有的行业以农民家庭生产为主，有的行业则出现了专门的生产者。[3]无论在农民家庭手工业中，还是专门手工业者的生产中，商业资本都有渗透，只是程度不同。商业资本渗透并转化为生产资本的途径主要靠商业信用，商人赊卖原料或预付货款给生产者，节省生产者的预付生产资本。本书第二章中引用史料说明清代前期商人对纸、油、盐、丝、糖、矿石等都有预买定买。清代前期的个别行业，商业资本已直接控制生产，如苏州的踹坊业中，布号将布匹（流动资本）送到踹坊研光，直接支付踹匠工价银，踹匠再按月给包头（固定资本的提供者）房租家火之费。布号与包头之间是合同关系，布号将成批生产原料提供给包头，再从踹坊把加工好的布收回，双方存在商业信用关系。

---

[1] 参见吴承明的《论清代前期我国国内市场》，原载《历史研究》1983年第1期；另载《中国的现代化：市场与社会》，三联书店2001年版。

[2] 关于对农产品的预买与定买在本文第三章论述。

[3] 参见许涤新、吴承明主编：《中国资本主义的萌芽》；方行：《清代前期农民的家庭手工业》，《中国经济史研究》2005年第1期。

此外，清代前期生产者相互之间的商业信用关系同时广泛存在于农牧业与手工业中，如农牧业中种子、秧苗、肥料、农具、牲畜等在生产者间的赊买和预买定买，手工业原料中矿石、木炭、丝麻等在生产者间的赊买和预买定买。原料生产者将原料预付给手工业生产者，得到定期支付的凭据是赊卖，手工业生产者将货款全部或部分预付给原料生产者，得到定期交付原料的凭据，是预买定买。这两种方式都没有经过商人的中介，是生产者之间的信用关系，可以节省交易成本和资金，促进农牧业和手工业的发展，尤其是对于难以保存的生物产品和难以运输的笨重产品来说，生产者之间的商业信用还能减少运输和保管费用，保证产品的质量。

（三）促进社会消费，推动经济发展

消费是商业信用的终点，消费对现代经济的拉动作用已受到各国政府的重视。研究"封建社会农民的消费，对研究封建经济的本质与发展，极为重要。"[1]方行先生指出："消费需求是推动商品经济发展的决定性因素。中国封建社会存在三大基本消费群体，即具有贡赋收入的封建国家，具有地租收入的封建地主，和具有生产收入的农民。他们的消费需求共同推动着商品经济的发展。但在不同的社会经济条件下，他们的作用却是各不相同的。从秦汉到唐代中叶，封建国家通过贡赋占有社会剩余产品的绝大部分，商品经济的发展就主要由贡赋收入所形成的有效需求所拉动。唐代中叶至明代中叶，地主制经济有长足发展，地租总量大大超过赋税总量，商品经济的发展就主要由地租收入所形成的有效需求所拉动。明代中叶至清代前期，农民的商品生产普遍发展，他们的消费需求日益扩大，遂与封建国家、封建地主的消费需求一道，大致形成了一种'三分天下'的格局，共同拉动着商品经济的发展。"[2]

封建国家、地主与农民的消费需求共同成为推动明清商品经济发展的三种力量，而清代前期的商业信用对封建国家、地主与农民等各阶层的消费都有促进。本书虽然没有涉及与清政府有关的国家信用，实际上清代各级政府经常向牙行赊买货物；而封建官僚、地主与农民用于生活的消费信用则非常广泛。如叶尔羌办事大臣高朴向商人购买物品向来是赊买；乾隆休宁黄氏《家用收支

---

[1] 方行：《清代江南农民的消费》，《中国经济史研究》1996年第3期。
[2] 方行：《中国封建经济发展阶段述略》，《中国经济史研究》2000年第4期；《中国封建赋税与商品经济》，《中国社会经济史研究》2002年第1期。

帐》[1]详细记录了黄家从雍正十一年（1733）到乾隆八年（1743）共11年的收支状况，其中记有历年来的生活用品的购买，从中可以看出黄家与当地的店铺有长期的消费信用关系，黄氏定期到"道生店"等店铺结算账目；徽州人詹元相的《畏斋日记》记录了作者康熙三十九至四十五年（1700—1706）的日常活动，其中包含作者家庭对日用消费品的赊买赊卖。这反映了官僚、地主日常生活对消费信用的依赖，他们比较富有，信用较好，赊买货物容易且方便。清代前期农民对消费品的赊欠有的是因为应一时之急，多数则是因为生活所迫，为渡过眼前难关而赊买粮食衣物布匹等生活必需品。从前文对消费信用的论述可以看出，清代前期从社会的上层官僚、地主到卑微的穷人、乞丐，从饱读诗书的儒家知识分子到隐居山林的僧人在日常生活中都免不了要赊买货物。

清代前期消费信用涉及的商品范围非常广泛，生活中衣食住行所需的各样货物无所不包：粮食的需求总是居于首位；其次是副食，包括烟酒糖茶、油盐肉菜；棉花、布匹、针线、衣服也是生活必需品；柴草、木炭等是燃料的主要来源；砖瓦、木材是盖房的材料；此外还有日用杂货如各种铁器、铜器、竹木器具。所有这些货物的消费性赊销都有助于增加社会消费，从而推动当时商品经济的发展。

（四）节省银钱输送成本，减少现金运输危险

清代前期的货币采取复本位制，主要有两种货币：银和铜钱。"银两主要只用于批发交易和大量的薪俸支付，而铜钱则主要用于零售市场及日常工价的支付。由于有地方性和时间性的不同，铜和银的使用在一些领域内确实有重迭的情况。"[2]作为货币的银两和铜钱在执行其流通手段职能时，需要不断地从一地运到另一地，从一人手中转移到另一人手中，由于货币本身的重量和交通条件的限制，银钱的携带很费事，尤其是长途搬运更需要耗费许多资本。为保证银钱运送的安全，中国曾出现过专门经营保险业务的"镖局"[3]，帮助护送银钱等贵重物品，但是雇佣镖局的成本很高，也不能确保安全。最好的办法是尽可能减少银钱的搬运，发展银钱作为货币的支付职能，也就是说发展信用制度，缩小银钱的相对使用数量。通过商业信用可以减少银钱的运输，如乾隆年间"高朴私鬻玉石案"中，高朴的家人李福被查出携有"会票"四张，期票一

---

[1] 《徽州千年契约文书》（清·民国编），第八卷。

[2] ［瑞士］傅汉思：《清代前期的货币政策和物价波动》，《中国钱币》1995年第3期。

[3] 黄鉴晖：《明清山西商人研究》第四章，第三节《山西商人创立的古老保险业——镖局》。

张，这五张票据都是在玉石赊销后得到的欠款异地支付凭证。玉石销售地在苏州，而货款的支付地在北京，方便了买卖双方，省去银钱长途来回搬运的成本和风险。[1]

清代前期客商在长途贩运中，通过商业信用和信用票据，省却了许多银钱的运输。在专营汇兑业务的山西"票号"出现前，银钱的汇兑由各地相关联的商号完成，这种汇兑行为完全由民间的商业行为发展而来，是民间商业信用发展的需要，"票号"是汇兑业务脱离商号而独立化的结果。道光初年，"票号"的创立大大便利了长途贩运商资金的转运与支付，强化了商业信用的保险程度，不仅节省了银钱的运输成本，而且避免了银钱丢失和被抢劫的风险。"票号"实行认票不认人的制度，而票号汇票又有一套严密的保密制度，"保证了主客双方的经济利益，没有发生过假汇票骗取汇款的事。"[2]道光年间，"钱庄信用日增，钱帖流通日广"。支票、钱帖等信用票据的使用越来越多，不仅免去携带银钱的麻烦，而且不用测算银两的成色，宁波还出现了类似现代银行的转账业务。商业信用与早期银行信用相结合，不仅减少了货币资金的长途运输，而且使货币资本在商业总资本中的比例缩小。

以物换物也能节省和减少货币的使用。清代前期，在偏远地区或交通不便的山村，货币与货物都很缺乏，商人便将农民需要的生活用品贷放给他们，等收获后收取农民的粮食作为货价，粮食价格往往被压得很低。如甘肃合水县，"邑中无大囤贩，惟铺户赊欠账目有收获。后以粮算还者，必俟贵而粜。"[3]山西著名商号"大盛魁"根据蒙民的需要，将内地货物运到牧区进行赊销，"到期不要现银，而是以牧民的牲畜、皮毛折价付款，而后再将这些畜牧业产品转运内地销售"。[4]这种表面上的商业赊销行为，暗含着高额利息，却也解决了这些地区缺少一般等价物——货币的矛盾，通过赊销不仅实现了商品的转移，而且使商人来回都能买卖商品赚得两次利润。商业信用在一定程度上弥补了清代前期货币资本供应的不足。

商业信用在促进经济发展的同时也会给社会带来消极影响。商业信用总是与商业风险相伴，在清代民国时期的启蒙读物《日平常》中讲到赊销的害处，如"赊账多。难运转，执一又恐碍情面，君子赊去早晚还，无耻一赊便挂欠。

[1] 参见本书第七章的内容。

[2] 黄鉴晖：《山西票号史》，第104页。

[3] ［光绪］合水县志（下），《中国西北稀见方志》（八），第393页。

[4] 史若民、牛白琳编著：《平、祁、太经济社会史料》，山西古籍出版社2002年版，第10页。

始赊时，陪笑脸，过后讨钱躲不见，时常志取古人言：千赊不如八百现。"[1]赊销容易，收回账款则很难。由于自然灾害或物价波动等客观原因，常会使信用单方或双方蒙受损失，从而引起双方的矛盾或纠纷，甚至命案，清代保留下来的大量与商业信用有关的案例绝大部分由上述原因引起。尽管清代商业信用习惯中，有许多是为了保证债权人的利益免遭风险，如契约的签订、中保的见证、法律的规定等，但是债权人的货款或商品总有被拖欠不还的现象。还有一些不法之徒故意利用商业信用来骗取财物，清代前期牙行拖骗客本"各省皆然，惟楚省之汉口为尤甚"。客商为收回货款，往往久居异地，耗费钱财，诉诸官府，甚至客死他乡，给社会带来不良影响；有的客商则血本无归，再没有资本经营商品买卖；客商若是贷本经营，则可能倾家荡产。商业信用的消极作用很难彻底防范，保险制度、法律制度的建立和完善只能减轻商业信用风险。怎样充分利用信用的积极作用，而将信用风险控制到最小，依然需要进一步研究。

　　清代前期民间商业信用发展状况与当时的法律和商业习惯密切相关，由于笔者收集材料所限，这个问题留待以后再研究。

---

[1] 王振忠：《徽州社会文化史探微》第三章，《启蒙读物与商业书类》，上海社会科学院出版社2002年版，第340页。

参考文献

一、古籍文献

[1]《刑科题本·土地债务类》，中国第一历史档案馆部分清代档案。

[2]《宫中档乾隆朝奏折》，台北：台湾故宫博物院1986年版。

[3] 中国第一历史档案馆整理：《康熙起居注》，北京：中华书局1984年版。

[4] 赵尔巽等撰：《清史稿》，北京：中华书局1977年版。

[5]［清］张廷玉等撰：《明史》，北京：中华书局1974年版。

[6]［清］谷应泰：《明史纪事本末》，北京：中华书局1977年版。

[7] 田涛、郑秦点校：《大清律例》，北京，法律出版社1999年版。

[8] 怀效锋点校：《大明律》，北京：法律出版社1998年版。

[9]《清朝通典》，殿本，台北：新兴书局1965年影印。

[10]《清朝通志》，殿本，台北：新兴书局1963年影印。

[11]《清朝文献通考》，殿本，台北：新兴书局1965年影印。

[12] 刘锦藻撰：《清朝续文献通考》，台北：新兴书局1965年影印。

[13]《清实录》，北京：中华书局影印本1986年版。

[14]［清］贺长龄、魏源编：《清经世文编》，北京：中华书局1992年版。

[15]《筹办夷务始末》（道光朝），沈云龙编：《近代中国史料丛刊》第五十九辑，台北:文海出版社1967年版。

[16] 故宫博物院明清档案部编：《李煦奏折》，北京：中华书局1976年版。

[17]《笔记小说大观》，扬州：江苏广陵古籍刻印社1983年版。

[18] 郭成伟、田涛点校：《明清公牍秘本五种》，北京：中国政法大学出版社1999年版。

[19]［明］朱国桢：《涌幢小品》，《笔记小说大观》第十三册，扬州：江苏广陵古籍刻印社1984年版。

[20]［清］周亮工：《闽小记》，上海：国学扶轮社民国元年（1912）铅印本。

[21]［清］佚名编：《雪心案牍》，抄本。

[22]［清］李钧撰：《判语录存》，道光十三年（1833）刻本。

[23]［明］朱祖文：《北行日谱》，《知不足斋丛书》第二十一集。

[24]［清］叶梦珠：《阅世编》，上海：上海古籍出版社1981年版。

[25]［清］王鎏：《钱币刍言》，道光二十三年（1843）刻本。

[26]［清］詹士相：《畏斋日记》，《清史资料》（第四辑）。

[27]［清］李光庭：《乡言解颐》，北京：中华书局1982年点校本。

[28]［清］段光清：《镜湖自撰年谱》，北京：中华书局1960年点校本。

[29]［清］屈大均：《广东新语》，北京：中华书局1985年点校本。

[30]［清］赵慎畛：《榆巢杂识》，北京：中华书局2001年点校本。

[31]［清］李斗：《扬州画舫录》，北京：中华书局1960年点校本。

[32]［清］梁廷枏：《海国四说》，北京：中华书局1993年点校本。

[33]［清］梁廷枏：《夷氛闻记》，北京：中华书局1959年点校本。

[34]［清］顾夷卿：《清嘉录》，《笔记小说大观》第一编第九册，台北：新兴书局1985年版。

[35]《甘肃全省调查民事习惯报告》，《中国西北文献丛书》第120册，兰州古籍书店1990年影印本。

[36]［清］梁廷枏等撰：《粤海关志》，《近代中国史料丛刊续编》第十九辑，台北：文海出版社1970年版。

[37]［清］汪永安：［康熙］《紫隄村小志》，上海：上海市文物保管委员会编1962年版。

[38]［清］朱扆等修，林有席撰：［乾隆］《赣州府志》，乾隆四十七年（1782）刻本，《中国地方志丛书·华中地方》第961号，台北：成文出版社影印。

[39]［清］六十七、范咸撰修：［乾隆］《重修台湾府志》，乾隆十二年

（1747）刻本。

[40]〔清〕李书吉等撰修：〔嘉庆〕《澄海县志》，嘉庆二十年（1815）刻本。

[41]〔清〕张云璈修：〔嘉庆〕《湘潭县志》，嘉庆二十三年（1818）刻本。

[42]〔清〕郑元吉修：〔道光〕《中卫县志》，道光二十一年（1841）刻本。

[43]〔清〕宋灏修：〔道光〕《綦江县志》，同治二年（1863）刻本。

[44]〔清〕汪日桢撰修：〔同治〕《南浔镇志》，同治二年（1863）刻本。

[45]〔清〕宗源瀚、郭式昌修：〔同治〕《湖州府志》，同治十三年（1874）刻本。

[46]〔清〕李昱修、陆心源撰：〔光绪〕《归安县志》，光绪八年（1882）刻本，《中国地方志集成·浙江省专辑·27》。

[47]〔光绪〕《合水县志》，《中国西北稀见方志》（八），中华全国图书馆文献缩微复制中心，1994年。

[48]〔清〕卢蔚猷修，吴道镕等撰：〔光绪〕《海阳县志》，潮安：谢存文馆光绪二六年（1900）刻本。

[49]〔清〕陈璚修，王棻撰：〔民国〕《杭州府志》，《中国地方志集成·浙江省专辑·2》。

[50] 陈伯陶等撰修：〔宣统〕《东莞县志》，东莞：养和印务局民国十六年（1927）本。

[51] 吴翯皋、王任化修，程森撰：〔民国〕《德清县新志》，《中国地方志集成·浙江省专辑·28》。

[52] 杨宗彩修，刘训瑺撰：〔民国〕《闽清县志》，民国十年（1921）铅印本。

[53] 卢学溥修，朱辛彝撰：〔民国〕《乌青镇志》，民国二十五年（1936）刻本。

[54] 傅增湘等纂：《绥远通志稿》，民国三十年（1941）稿本。

[55]《宋会要辑稿》，台北：新文丰出版公司1976年版。

[56]〔明〕谢肇淛：《五杂俎》，上海：上海书店出版社2001年版。

[57]〔清〕吴敬梓：《儒林外史》，会校会评本，上海：上海古籍出版社1984年版。

[58] ［清］曹雪芹、高鹗著，周书文点校：《红楼梦》，北京：北京图书馆出版社1999年版。

[59] ［清］李宝嘉：《官场现形记》，长春：时代文艺出版社2000年版。

[60] ［清］陈森：《品花宝鉴》，上海：上海古籍出版社1990年版。

[61] ［清］庚岭老人：《蜃楼志》，石家庄：花山文艺出版社1993年版。

[62] ［清］艾衲居士：《豆棚闲话》，上海：上海古籍出版社1983年点校本。

[63] ［明］汪道昆：《太函集》，《四库全书存目丛书》本。

[64] ［明］李渔：《无声戏》，北京：人民文学出版社1989年版。

[65] ［明］冯梦龙：《警世通言》，北京：人民文学出版社1981年版。

[66] ［明］冯梦龙：《醒世恒言》，北京：人民文学出版社1958年版。

[67] ［明］冯梦龙：《喻世明言》，北京：人民文学出版社1958年版。

[68] ［明］陆人龙：《型世言》，南京：江苏古籍出版社1993年版。

[69] ［明］凌濛初：《初刻拍案惊奇》，长沙：岳麓书社1993年版。

[70] ［明］凌濛初：《二刻拍案惊奇》，长沙：岳麓书社1993年版。

[71] ［明］兰陵笑笑生：《金瓶梅词话》，北京：人民文学出版社1992年版。

二、资料汇编

[1] "中央"研究院历史语言研究所编辑：《明清史料》（戊编、庚编、辛编），北京：中华书局影印本1987年版。

[2] 故宫博物院文献馆编辑：《史料旬刊》，北京：京华印书局1930—1931年刊印。

[3] 故宫博物院编：《清代外交史料》（嘉庆朝、道光朝），北京：1933年。

[4] 四川省档案馆、四川大学历史系：《清代乾嘉道巴县档案选编》（上、下册），成都：四川大学出版社1989、1996年版。

[5] 四川档案馆编：《清代巴县档案会编》（乾隆卷），北京：档案出版社1991年版。

[6] 王钰欣、周绍泉主编：《徽州千年契约文书》（清·民国编），石家

庄：花山文艺出版社1992年版。

[7] 中国第一历史档案馆编：《乾隆朝惩办贪污档案选编》，北京：中华书局1994年版。

[8] 张海鹏、王廷元主编：《明清徽商资料选编》，合肥：黄山书社1985年版。

[9] 安徽省博物馆编：《明清徽州社会经济资料丛编》（第一辑），北京：中国社会科学出版社1988年版。

[10] 中国社会科学院历史研究所、徽州文契整理组编：《明清徽州社会经济资料丛编》（第二辑），中国社会科学出版社1990年版。

[11] 史若民、牛白琳编著：《平、祁、太经济社会史料与研究》，太原：山西古籍出版社2002年版。

[12] 上海博物馆图书资料室编：《上海碑刻资料选辑》，上海：上海人民出版社1980年版。

[13] 苏州历史博物馆等编：《明清苏州工商业碑刻集》，南京：江苏人民出版社1981年版。

[14] 彭泽益选编：《清代工商行业碑文集粹》，郑州：中州古籍出版社1997年版。

[15] 胡滨译：《英国档案有关鸦片战争资料选译》（上、下册），北京：中华书局1993年版。

[16] 姚贤镐编：《中国近代对外贸易史资料》，北京：中华书局1962年版。

[17] 中国人民银行总行参事室金融史料组编：《中国近代货币史资料》第一辑，清政府统治时期（1840—1911），北京：中华书局。

[18] 彭泽益主编：《中国工商行会史料集》，北京：中华书局1995年版。

[19] 中国社会科学院近代史研究所中华民国史研究室，山东曲阜文物管理委员会编：《孔府档案选编》，北京：中华书局1982年版。

[20] 黄鉴晖编：《山西票号史料》，太原：山西经济出版社2002年版。

[21] 中国第一历史档案馆、澳门基金会、暨南大学古籍研究所合编：《明清时期澳门问题档案文献汇编》，北京：人民出版社1999年版。

[22] 中国社会科学院历史研究所清史研究室编：《清史资料》（第一、二、三、四、五、六辑），北京：中华书局1980、1981、1982、1983、1984、1985年版。

[23] 南开大学历史系编：《清实录经济资料辑要》，北京：中华书局1959年版。

[24] 彭泽益主编：《中国近代手工业史资料》，北京：中华书局1962年版。

[25] 许地山编：《达衷集》（鸦片战争前中英交涉史料），台北：台湾文海出版社1974年版。

[26] 杨一凡、田涛主编，田涛、马志冰点校：《中国珍稀法律典籍续编》第八册《唐明清三律汇编·户律·市廛》，哈尔滨：黑龙江人民出版社2002年11月版。

[27] 施沛生编：《中国民事习惯大全》，上海：上海书店出版社2002年3月版。

[28] 梁小民、睢国余、刘伟、杨云龙主编：《经济学大辞典》，北京：团结出版社1994年版。

[29] 戴鞍钢、黄苇主编：《中国地方志经济资料汇编》，上海：汉语大词典出版社1999年版。

[30] 中国第一历史档案馆：《乾隆前期牙商牙行史料》，北京：《历史档案》1991年第2期。

[31] 中国第一历史档案馆：《嘉庆朝赇存牙商史料选》，北京：《历史档案》1994年第1期。

三、今人著作

[1]马克思：《资本论》，北京：人民出版社2004年版。

[2][美] 马士著，张汇文等译：《中华帝国对外关系史》，上海：上海书店出版社2000年版。

[3][美] 马士著，区宗华译：《东印度公司对华贸易编年史》，广州：中山大学出版社1991年版。

[4][英] 马歇尔著，叶元龙、郭家麟译：《货币、信用与商业》，北京：商务印书馆1986年版。

[5][英] 约翰·希克斯著，厉以平译：《经济史理论》，北京:商务印书馆

1999年版。

[6][英] 布赖恩·科伊尔编著，周道许、关伟译：《信用风险管理》，北京：中信出版社2003年版。

[7][德] 贡德·弗兰克著，刘兆成译：《白银资本》，北京：中央编译出版社2000年版。

[8][英] 格林堡著，康成译：《鸦片战争前中英通商史》，北京：商务印书馆1961年版。

[9][美] 彭慕兰著，史建云译：《大分流：欧洲、中国及现代世界经济的发展》，南京：江苏人民出版社2003年版。

[10][日] 寺田隆信著，张正明等译：《山西商人研究》，太原：山西人民出版社1986年版。

[11]吴承明：《中国资本主义与国内市场》，北京：人民出版社1985年版。

[12]吴承明：《市场·近代化·经济史论》，昆明：云南大学出版社1996年版。

[13]吴承明：《中国的现代化：市场与社会》，北京：生活·读书·新知三联书店2001年版。

[14]林加奇：《第三条融资渠道——解读现代商业信用》，南昌：江西人民出版社2002年版。

[15]王兆星、吴国祥编著：《金融市场学》，北京：中国金融出版社1995年版。

[16]周大中：《现代金融学》，北京：北京大学出版社1994年版。

[17]姚长辉：《货币银行学》，北京：北京大学出版社2002年版。

[18]张玉文主编：《货币银行学》，北京：中央广播电视大学出版社1993年版。

[19]谢名家主编：《信用：现代化的生命线》，北京：人民出版社2002年版。

[20]蒿日昇主编，王汉强等编著：《商业信用与商业汇票》，北京：中国财政经济出版社1986年版。

[21]白寿彝总主编，周远廉、孙文良主编：《中国通史》第十卷《中古时代·清时期》，上海：上海人民出版社1996年版。

[22]陈学文：《明清时期商业书及商人书之研究》，台北：洪业文化事业有限公司1997年版。

[23]邓拓：《邓拓文集》，北京；北京出版社1986年版。

[24]樊树志：《明清江南市镇探微》，上海：复旦大学出版社1990年版。

[25]范金民：《明清江南商业的发展》，南京：南京大学出版社1998年版。

[26]范金民：《明清时期商事纠纷与商业诉讼》，南京：南京大学出版社2007年版。

[27]方行、经君健、魏金玉主编：《中国经济通史·清代经济卷》，北京：经济日报社2000年版。

[28]方行：《中国封建经济论稿》，北京：商务印书馆2004年版。

[29]冯尔康、常建华：《清人社会生活》，沈阳：沈阳出版社2002年版。

[30]傅衣凌：《明清时代商人及商人资本》，北京：人民出版社1956年版。

[31]傅衣凌：《明清社会经济史论文集》，北京：人民出版社1982年版。

[32]傅衣凌：《明清社会经济变迁论》，北京：人民出版社1989年版。

[33]广东历史学会编：《明清广东社会经济形态研究》，广州：广东人民出版社1985年版。

[34]郭卫东：《转折：以早期中英关系和〈南京条约〉为考察中心》，石家庄：河北人民出版社2003年版。

[35]黄鉴晖：《山西票号史》，太原：山西经济出版社1992年版。

[36]黄鉴晖：《中国银行业史》，太原：山西经济出版社1994年版。

[37]黄鉴晖：《明清山西商人研究》，太原：山西经济出版社2002年版。

[38]黄冕堂：《清史治要》，济南：齐鲁书社1990年版。

[39]黄启臣、庞新平：《明清广东商人》，广州：广东经济出版社2001年版。

[40]黄启臣：《黄启臣文集——明清经济及中外关系》，香港：香港天马图书有限公司2003年版。

[41][美] 黄宗智：《华北的小农经济与社会变迁》，北京：中华书局2000年版。

[42] [美] 黄宗智：《长江三角洲小农家庭与乡村发展》，北京：中华书局2000年版。

[43][美] 黄宗智：《法典、习俗与司法实践：清代与民国的比较》，上海：上海书店出版社2003年版。

[44][美] 郝延平著，李荣昌等译：《十九世纪的中国买办：东西间桥梁》，上海：上海社会科学院出版社1988年版。

[45][美] 郝延平著，陈潮等译：《中国近代商业革命》，上海：上海人民出版社1991年版。

[46]洪葭管等：《近代上海金融市场》，上海：上海人民出版社1989年版。

[47]蒋建平：《清代前期的米谷贸易研究》，北京：北京大学出版社1992年版。

[48]姜守鹏：《明清北方市场研究》，长春：东北师范大学出版社1996年版。

[49]姜锡东：《宋代商业信用研究》，石家庄：河北教育出版社1993年版。

[50]蒋兆成：《明清杭嘉湖社会经济研究》，杭州：浙江大学出版社2002年版。

[51]李伯重：《江南的早期工业化：1550—1850》，北京：社会科学文献出版社2000年版。

[52]梁嘉彬：《广东十三行考》，广州：广东人民出版社1999年版。

[53]林仁川：《明末清初私人海上贸易》，上海：华东师范大学出版社1987年版。

[54]刘健生、刘鹏生、燕红忠等：《明清晋商制度变迁研究》，太原：山西人民出版社2005年版。

[55]刘秋根：《中国典当制度史》，上海：上海古籍出版社1995年版。

[56]刘秋根：《明清高利贷资本》，北京：社会科学文献出版社2000年版。

[57]刘秋根：《中国古代合伙制初探》，北京：人民出版社2007年版。

[58]刘秀生：《清代商品经济与商业资本》，北京：中国商业出版社1993年版。

[59]龙登高：《江南市场史》，北京：清华大学出版社2003年版。

[60]缪坤和：《宋代信用票据研究》，昆明：云南大学出版社2002年版。

[61]南京大学历史系明清史研究室编：《明清资本主义萌芽研究论文集》，上海：上海人民出版社1981年版。

[62]聂宝璋：《中国买办资产阶级的产生》，北京：中国社会科学院出版社1979年版。

[63]欧阳琛、方志远：《明清中央集权与地域经济》，北京：中国社会科学出版社2002年版。

[64]彭信威：《中国货币史》，上海：上海人民出版社1965年版。

[65]任放：《明清长江中游市镇经济研究》，武昌：武汉大学出版社2003

年版。

[66]孙丽娟:《清代商业社会的规则与秩序》,北京:中国社会科学出版社。

[67]唐力行:《明清以来徽州区域社会经济研究》,合肥:安徽大学出版社1999年版。

[68]田培栋:《明清时代陕西社会经济史》,北京:首都师范大学出版社2000年版。

[69]王日根:《明清民间社会的秩序》,长沙:岳麓书社2003年版。

[70]王业键:《中国近代货币与银行的演进》,台北:"中央"研究院经济研究所1981年版。

[71]王振忠:《徽州社会文化史探微——新发现的16—20世纪民间档案文书研究》,上海:上海社会科学院出版社2002年版。

[72]许涤新、吴承明主编:《中国资本主义发展史》第一卷《中国资本主义的萌芽》,北京:人民出版社2003年版。

[73]叶世昌:《中国金融通史》第一卷(先秦至鸦片战争时期),北京:中国金融出版社2002年版。

[74]云南中国经济史研究所,云南大学历史系编:《李埏教授九十华诞纪念文集》,昆明:云南大学出版社2003年版。

[75]张海鹏、张海瀛主编:《中国十大商帮》,台北:万象图书股份有限公司1995年版。

[76]张海鹏、王廷元主编:《徽商研究》,合肥:安徽人民出版社1995年版。

[77]张海英:《明清江南商品流通与市场体系》,上海:华东师范大学出版社2002年版。

[78]张小也:《清代私盐问题研究》,北京:社会科学文献出版社2001年版。

[79]张研、牛贯杰:《清史十五讲》,北京:北京大学出版社2004年版。

[80]张正明:《晋商兴衰史》,太原:山西古籍出版社1995年版。

[81]张正明:《明清晋商及民风》,北京:人民出版社2003年版。

[82]《中国保险史》编审委:《中国保险史》,北京:中国金融出版社1998年版。

[83][美]步德茂著,张世明等译:《过失杀人、市场与道德经济——18世

中国财产权的暴力纠纷》，北京：社会科学文献出版社2008年版。

[84]赵学军：《中国商业信用的发展与变迁》，北京：方志出版社2008年版。

四、学术论文

[1]陈伟明：《明清粤闽海商的海外贸易与经营》，《中国社会经济史研究》2001年第1期。

[2]陈忠平：《明清时期江南市镇的牙人与牙行》，《中国经济史研究》1987年第2期。

[3]戴学文：《清代会票析论》，《中国钱币》1995年第4期。

[4]邓亦兵：《清代前期的商业资本》，《首都师范大学学报》1999年第5期。

[5]邓亦兵：《清代前期的官商》，《北京社会科学》1997年第4期。

[6]邓亦兵：《清代前期的民商》，《中国经济史研究》1997年第4期。

[7]范金民：《明清时期江南与福建广东的经济联系》，《福建师范大学学报》2004年第1期。

[8]范丽萍：《19世纪中暹海上民间贸易的市场运作》，《广西师范大学学报》2004年第2期。

[9]樊树志：《明清江南市镇的"早期工业化"》，《复旦学报》2005年第4期。

[10]方行：《清代江南农民的消费》，《中国经济史研究》1996年第3期。

[11]方行：《清代商人对农民产品的预买》，《中国农史》1998年第1期。

[12]方行：《清代前期农村的高利贷资本》，《清史研究》1994年第3期。

[13]方志远、黄瑞卿：《明清江右商的经营观念与投资方向》，《中国史研究》1991年第4期。

[14][瑞士] 傅汉思著，张莉红译：《清代前期的货币政策和物价波动》，《中国钱币》1995年第3期。

[15]高淑娟：《略谈"长崎会所"与"十三行"》，《日本研究》2003年第3期。

[16]郭建、邱立波、赵斌：《中国民事传统观念略论》，《华东政法学院学报》1999年第2期。

[17]黄鉴晖：《清初商用会票与商品经济的发展》，《文献》1987年第1期。

[18]黄启臣：《清代前期海外贸易历史研究》，《历史研究》1986年第4期。

[19]黄启臣：《中国在贸易全球化中的主导地位——16世纪中叶至19世纪初叶》，《福建师范大学学报》2004年第1期。

[20]季羡林：《蔗糖在明末清中期中外贸易中的地位——读〈东印度公司对华贸易编年史〉札记》，《北京大学学报》1995年第1期。

[21]经君健：《清代关于民间经济的立法》，《中国经济史研究》1994年第1期。

[22][美]科大卫著，陈春声译：《中国的资本主义萌芽》，《中国经济史研究》2002年第1期。

[23]孔祥毅：《山西票号与中国商业革命》，《金融研究》2002年第8期。

[24]黎雁萍：《新见徽商会票简介》，《中国钱币》2004年第4期。

[25]李根蟠：《二十世纪的中国古代经济史研究》，《历史研究》1999年第3期。

[26]李则纲：《徽商述略》，《江淮论坛》1982年第1期。

[27]刘兰兮：《民国时期的定货契约习惯及违约纠纷的裁处》，《中国社会经济史研究》2003年第3期。

[28]刘秋根：《论中国古代商业、高利贷资本组织方式中的"合资"与"合伙"》，《河北学刊》1994年第5期。

[29]刘秋根：《中国古代合伙制下盈余的分配》，《河北学刊》1996年第4期。

[30]刘秋根：《对15—18世纪资金市场发育水平的估计问题》（"传统经济的再评价"笔谈），《中国经济史研究》2003年第1期。

[31]刘秋根：《关于中国资本主义萌芽与资金市场的几个问题——对科大卫先生文的商榷和补充》，《文史哲》2003年第3期。

[32]刘秋根：《明代徽商合伙制店铺融资形态分析——以万历程氏染店账本为例》，《河北大学学报》2003年第3期。

[33]刘秋根：《中国封建社会资金市场分析——以高利贷资本为中心》，

《李埏教授九十华诞纪念文集》，云南大学出版社2003年版。

[34]刘秋根：《明代民间商业信用——兼及消费信用》，《河北大学学报》2006年第1期。

[35]吕铁贞：《公行制度初探》，《广西师范大学学报》2004年第2期。

[36]缪坤和：《试论宋代信用票据市场的构成》，《思想战线》2002年第3期。

[37]缪坤和、杨华星：《浅论唐宋时期的信用形式》，《思想战线》2003年第5期。

[38][日]斯波义信：《〈新刻客商一览醒迷天下水陆路程〉略论》，《李埏教授九十华诞纪念文集》。

[39]孙强：《论明代居间信用》，《史学集刊》2003年第3期。

[40]王春瑜：《明代商业文化初探》，《中国史研究》1992年第4期。

[41]王日根：《明清时期商业风险及其防范刍论》，《中国经济史研究》2005年第2期。

[42]王日根：《论清代商人经营方式转换的若干趋向》，《浙江学刊》2001年第1期。

[43]王世华：《明清徽州典商的盛衰》，《清史研究》1999年第2期。

[44]汪士信：《明清时期商业经营方式的变化》，《中国经济史研究》1988年第2期。

[45]汪宗义、刘宣辑录：《清初京师商号会票》，《文献》1985年第2期。

[46]吴承明：《论清代前期我国国内市场》，《历史研究》1983年第1期。

[47]吴奇衍：《清代前期牙行制试述》，《清史论丛》第六辑。

[48][美]小弗雷德里克·D.格兰特著，周湘译：《丽泉行的败落——诉讼对19世纪外贸的危害》，《史林》2004年第4期。

[49]吴义雄：《兴泰行商欠案与鸦片战争前的行商体制》，《近代史研究》2007年第1期。

[50]萧国亮：《清代广州行商制度研究》，《清史研究》2007年第1期。

[49]许檀：《清代前中期东北的沿海贸易与营口的兴起》，《福建师范大学学报》2004年第1期。

[50] 徐迎冰：《中国早期的信用和信用业》（上、下），《广东金融》1982年第7、8期。

[51]杨国桢：《洋商与大班：广东十三行文书初探》，《近代史研究》1996

年第3期。

[52]杨国桢：《洋商与大班：广东十三行文书续探》，《中国社会经济史研究》2001年第2期。

[53]杨国桢：《十七世纪海峡两岸贸易的大商人——商人Hambuan文书试探》，《中国史研究》2003年第2期。

[54]杨其民：《买卖中间商"牙人"、"牙行"的历史演变——兼释新发现的〈嘉靖牙帖〉》，《史林》1994年第4期。

[55]叶世昌：《中国古代的信用和信用机构》（上、下），《河南财经学院学报》1991年第4期、1992年第3期。

[56]叶世昌：《南北朝的信用和信用机构》，《经济论坛》1995年第12期。

[57]俞鸿昌：《清代会票概述》，《中国钱币》1995年第4期。

[58]张彬村：《十六至十八世纪中国的长程贸易与信用商场》，第二次中国近代经济史会议论文，"中央"研究院经济研究所1989年版。

[59]张国辉：《清代前期的钱庄和票号》，《中国经济史研究》1987年第4期。

[60]张晓宁：《广东十三行衰败原因试探》，《中国社会经济史研究》1996年第2期。

[61]张应龙：《鸦片战争前中荷茶叶贸易初探》，《暨南学报》1998年第3期。

[62]章文钦：《清代前期广州中西贸易中的商欠问题》（上篇、下篇），《中国经济史研究》1990年第1、2期。

[63]中国第一历史档案馆：《清代广州"十三行"档案选编》，《历史档案》2002年第2期。

[64]周正庆：《明清时期我国蔗糖外销的流向》，《广西师范大学学报》2004年第2期。

[65]胡铁球：《"歇家牙行"经营模式的形成与演变》，《历史研究》2007年第3期。

[66]倪中连：《明末清初世情小说中的牙行》，《内蒙古农业大学学报》2007年第6期。

[67]刘宗棠：《清朝前中期牙行制度的特点及其利弊》，《江西社会科学》2007年第10期。

[68]张萍：《从牙行设置看清代陕西商品经济的地域特征》，《中国经济

史研究》2008年第2期。

[69]黄东海：《明清商牙纠纷与商业社会控制》，《河南省政法管理干部学院学报》2008年第2期。

[70]李祝环：《中国传统民事契约中的中人现象》，《法学研究》1997年第6期。

[71]楼茜：《明清江南地区的牙人与牙行》，华东师范大学2008届硕士论文。

后 记

本书是国家社会科学基金项目研究成果，项目编号：07BZS020。

本项研究是河北大学宋史研究中心2006年博士学位论文《清代前期民间商业信用研究》的进一步深化，这一课题是在我们的博士生导师刘秋根教授的悉心指导下选定的。在本书付梓前，首先特别感谢刘秋根教授，感谢他为此书付出大量心血，感谢他在生活学习与史学研究中对我们的精心培养与教育！

清代史料浩如烟海，但与民间商业信用相关的资料在正史中很少记载，查阅搜集史料成为本书写作的首要难关。为此，我们向河北大学宋史研究中心各位老师虚心请教，广泛阅读各种书籍，并多次赴国家图书馆和山东大学查阅资料。在材料收集和写作过程中，许多史学前辈给予了悉心指教和热情鼓励。在此，非常感谢山东大学黄冕堂先生和乔幼梅先生，国家图书馆研究员、《文献》杂志常务副主编张廷银博士，他们为本书提供了大量珍贵的研究资料（如刑科题本·土地债务类）。非常感谢河北大学宋史研究中心的姜锡东教授、王菱菱教授、汪圣铎教授、郭东旭教授，首都师范大学李华瑞教授，河北师范大学孟繁清教授、邢铁教授，南开大学李金铮教授，中国人民大学清史研究所张研教授、陈桦教授，安徽大学卞利教授，中国社会科学院经君健先生、史建云先生，北京社会科学院邓亦兵先生，在课题的构思与写作修改过程中，他们给予了有益的指导。史学前辈们科学严谨的治学态度，诲人不倦的奉献精神，增强了我们研究清代前期商业信用问题的信心，从而克服了重重困难，如期完成了课题。

此外，河北大学宋史中心的老师和同学们在查找资料、校对文稿过程中提供了极大的帮助，河北省社会科学规划办公室和河北经贸大学科研处的有关同志为课题的顺利结项给予了很大的支持，河北经贸大学马列教学部柴艳萍主任也给予了支持，课题组的其他成员刘晓芸、臧继红也做了大量细致的工作，在此一并向他们表示诚挚的谢意。最后还要感谢人民出版社邵永忠等编辑为本书的编辑校对出版工作所作的努力。

由于时间仓促和课题组负责人学术水平所限，研究还存在不足之处：一是所用资料仍不够丰富，尽管在史料搜集与整理方面投入了大量的时间与精力，但有些材料仍然较为薄弱，需要进一步挖掘。二是理论分析仍停留于表面，有待从宏观上对理论加以提升，在与以前朝代的纵向比较及与同时代国外的横向比较研究方面需要加强。三是有些问题还需要进一步深入探讨，如清代前期民间商业信用发展状况与当时的法律和商业习惯的关系等。

本书是在大家的支持和帮助下完成的，如果说取得了些许成绩，是大家鼎力相助的结果，而缺陷与不足之处，是由于我们的学力不逮、才疏学浅所致。对于这一题目的研究还远远不够，恳请学界同仁多提宝贵意见与建议。

著者谨识

2012年6月